Hoffmann und Campe *Kritische Wissenschaft*

Redaktion Hans-Helmut Röhring

Rudolf Hamann

Politische Soziologie für den Sozialkundeunterricht

Eine Einführung in das politisch-soziale System der Bundesrepublik

Hoffmann und Campe

Für Matthias

1. bis 5. Tausend 1974

Gesetzt aus der Borgis Garamond-Antiqua
Umschlag Jan Buchholz und Reni Hinsch
Gesamtherstellung Süddeutsche Verlagsanstalt, Ludwigsburg
ISBN 3-455-09110-5 · Printed in Germany

Inhalt

Einleitung

Dieses Buch ist das Resultat aus Erfahrungen der Praxis, genauer gesagt: Erfahrungen einer fünfjährigen Dozententätigkeit am Hamburger Institut für Lehrerfortbildung, wo Volks- und Realschullehrer ebenso wie Gymnasiallehrer in einjährigen Kursen für das Fach Sozialkunde in den Gebieten Recht, Politik, Soziologie und Volkswirtschaft aus- bzw. weitergebildet werden. Erfahrungen sammelte der Verfasser aber auch seit nunmehr sieben Jahren am Seminar für Sozialwissenschaften der Hamburger Universität, wo er vor allem Kurse für diejenigen Studenten angeboten hat, die Soziologie und Politische Wissenschaften schwerpunktmäßig unter dem Aspekt der politischen Bildung im Rahmen der Lehrerausbildung studieren.

Die Bundesländer sind zur Zeit dabei, den politischen Unterricht in den Schulen zu reformieren. Dabei sind speziell die Rahmenrichtlinien Nordrhein-Westfalens und Hessens in das Kreuzfeuer der Kritik geraten. An Schlüsselbegriffen wie Konflikt, Interesse oder Emanzipation scheiden sich die Geister. Während Kritiker von »rechts« vorschnell die Gefahr marxistischer Unterwanderung im Sinne des langen Marsches durch die Institutionen beschwören, geraten die Lehrpläne im »linken« Lager in den Verdacht der Affirmation und des Reformismus. Die gemeinsame Absicht aller Lehrpläne, die Schüler zu besseren Staatsbürgern zu erziehen, ist sicher nicht neu, sondern seit je das Ziel des politischen Unterrichts. Doch weil solche Rahmenrichtlinien notwendigerweise immer relativ abstrakt bleiben, hängt alles von der Konkretisierung dieser Konzeptionen ab, und das heißt vor allem, von der Rolle des Lehrers, seiner Ausbildung und seiner Fähigkeit, hinreichend gesicherte Erkenntnisse aus dem Bereich der Sozialwissenschaften didaktisch und methodisch für den Unterricht aufzubereiten.

Wenn z. B. die Hamburger Rahmenrichtlinien für die Schüler als Lernziele u. a. fordern: Kenntnis von Grundbegriffen, wissenschaftlichen Methoden und theoretischen Ansätzen, Erwerb eines Methodenbewußtseins, um Leistungen und Grenzen der dem Sozialkundeunterricht zugrundeliegenden Wissenschaften beurteilen zu können, oder Erkennen der Interdependenz von Wirtschaft, Gesellschaft und Politik, dann setzen diese Ansprüche selbstverständlich voraus, daß dieser Erkenntnisprozeß bei den Lehrern selbst erfolgreich abgeschlossen worden ist. Daß es sich dabei aber um einen schlichten Trugschluß handelt, zeigen durchgängig alle empirischen Untersuchungen der letzten Jahre, die sich mit der Wirksamkeit der politischen Bildung beschäftigen[1]. Es wäre jedoch zu billig, den Lehrern den Schwarzen Peter zuschieben zu wollen. Solange ihre fachspezifische Ausbildung an den Hochschulen mehr Zufallsprodukt als planmäßiges Resultat einer curricularen Konzeption ist, trifft sie ein Vorwurf zuletzt.

Verstehen wir nämlich Curriculum als den Versuch, den Lernprozeß für alle daran Beteiligten mit Hilfe wissenschaftlicher Analyse seiner Bedingungen auf möglichst klar bestimmte Ziele hin zu organisieren, zu kontrollieren und revidieren, dann besteht ein Curriculum für den angehenden Sozialkundelehrer noch nicht einmal in Ansätzen. Solange über die den Lernprozeß bestimmenden Fragen kein Konsens besteht, nämlich: welche Kenntnisse, Einstellungen und Verhaltensweisen sich der Lernende aneignen soll, anhand welcher Inhalte und mit welchen Verfahren sie erworben und wie Lehr- und Lernerfolg kontrolliert werden sollen, so lange bleibt das Lehrangebot in den Seminaren zufallsbedingt, planlos und abhängig von den Interessen des jeweiligen Dozenten.

Stimpel kommt aufgrund einer umfangreichen vergleichenden empirischen Studie zu dem Schluß, daß die unzureichende Lehreraus- und -fortbildung einen wesentlichen Faktor für die bisher unbefriedigende Erziehung zur Demokratie in den Schulen darstellt[2]. Nach der vorwiegend rezeptiven Phase in der Schulzeit folgt die aktivitäts- und vor allem diskussionshemmende Hochschulausbildung in den Massenfächern, die durch das Prüfungssystem noch verschärft wird. Sozialwissenschaftliche Kategorien oder politikwissenschaftliche Theorien sind nur einer Minderheit bekannt. Insofern besteht heute Einigkeit darüber, daß eine der wesentlichen Ursachen für die mangelnde Effizienz der politischen Bildung in der Person des Lehrers selbst liegt.

Unter diesem Aspekt stellen auch die anspruchsvollen neuen Rahmenrichtlinien für die unzureichend ausgebildeten Lehrer keine Hilfe dar. »Bei ihrer sozialen Herkunft aus den Mittelschichten und einer Erziehung am deutschen Gymnasium ist unter den Bedingungen mangelhafter Ausbildung darüber hinaus zu befürchten, daß sie aus den Plänen, Empfehlungen und theoretischen Schriften die Elemente aufnehmen, die der mittelständischen Gemeinschaftsideologie entstammen. Womöglich könnte eine schichtenspezifische Neigung zu idealistischer Harmonisierung von Gesellschaftlichem, oder die, mehr oder weniger unreflektiert dem Vorgegebenen sich zu integrieren und mit Staat und Nation als einem abstrakten ›Ganzen‹ sich zu identifizieren, für die Stimmen besonders anfällig machen, die von der politischen Bildung Anpassungs- und Opferbereitschaft oder gar ›Erweckung‹ von Nationalgefühl fordern.[3]«

Dieser Hypothese aus einem Forschungsbericht über die politische Bildungsarbeit, der im Auftrag der Max-Traeger-Stiftung erstellt wurde, ist Schefer in seiner Dissertation über das Gesellschaftsbild des Gymnasiallehrers nachgegangen[4]. Zwar beschränkt sich seine empirische Bewußtseinsanalyse des deutschen Studienrats auf eine Befragung hessischer Gymnasiallehrer, aber es besteht kein Anlaß, wichtige Ergebnisse dieser Studie nicht zu verallgemeinern. Die Untersuchung bestätigt, daß es sich bei dem Beruf des Gymnasiallehrers um einen typischen Aufstiegsberuf handelt. Die Rekrutierung erfolgt primär aus der unteren Mittelschicht, während der Anteil der Akademiker nur 20 % beträgt. Stark ausgeprägt ist das Bedürfnis nach vollem akademischen Prestige, an der Spitze der sozialen Außenkontakte stehen Ärzte und Juristen. Dieses vom Aufstiegsstreben geprägte Selbstverständnis bestimmt zugleich das Gesellschaftsverständnis der Lehrer. Die Bevölkerung wird dichotomisch in Masse und Elite eingeteilt, 46,3 % der Befragten (davon 63,9 % der Älteren) halten die These vom unausgeschöpften Begabungsreservoir für ein Sozialmärchen. Begabung wird von zwei Dritteln als biologische Naturkonstante betrachtet und damit identisch mit Minderheit gesetzt; die Frage, wer zur Elite zählt, ist nicht gesellschaftsbedingt, sondern primär durch die Natur determiniert. Dementsprechend sieht sich der befragte Gymnasiallehrer auch mehr in der Auslese- als in der Förderfunktion. Für drei Viertel ist die Schule Hüterin und Vermittlerin abendländischer Kulturwerte, und zwei Drittel glauben, daß die Gesamtschulen einer geistigen Nivellierung Vorschub leisten. Die überkommene Dreigliedrigkeit des Schulwesens wird mit der Funktionsteilung in der Arbeitswelt gerechtfertigt, in der zwischen ausführender, vermittelnder und leitender Funktion unterschieden werde.

Daß ein derartiges Gesellschaftsbild mittelbar oder unmittelbar in den politischen Unterricht eingeht, versteht sich eigentlich von selbst. Die Ergebnisse der empirischen Untersuchungen zur Wirksamkeit der politischen Bildung zeigen deutlich, daß es bisher nicht gelungen ist, den Schülern die Interdependenzen zwischen politischen, sozialen und ökonomischen Prozessen deutlich zu machen (vgl. 2.1.). So kann es auch nicht weiter verwundern, daß Friedeburg und Hübner in ihrer Untersuchung über das Geschichtsbild der Jugend[5] anstatt gesellschaftlicher Strukturzusammenhänge bei den Jugendlichen übermächtige Subjekte, stereotype soziale Ordnungsschemata und anthropomorphe Bezugskategorien festellten.

Unabhängig von den jeweils verkündeten Rahmenrichtlinien ist die Ausbildung der Lehrer in hohem Maße mitentscheidend für die Wirksamkeit des politischen Unterrichtes. Daß es damit nicht zum Besten bestellt ist, wurde bereits erwähnt, und die Situation wird sich auch erst dann grundlegend ändern, wenn die für die angehenden Sozialkundelehrer angebotenen Übungen und Seminare mehr sind als »Abfallprodukte« von Soziologie oder Politikwissenschaft. Erste Anzeichen dafür sind vorhanden. So stellt Stimpel in der bereits erwähnten vergleichenden Studie fest: »Diejenigen Hochschulen, die sich signifikant von den übrigen unterscheiden, sind selten. Aber sie beweisen, daß auch im deutschen Raum die Reform überkommener Systeme möglich ist und daß die Schranken, die bisher den Fortschritt der Lehrerausbildung und der politischen Bildung blockiert haben, auch in Zukunft nicht unüberwindbar sind[6].«

Das vorliegende Buch kann die fehlenden Curricula für die Ausbildung der Sozialkundelehrer selbstverständlich nicht ersetzen. Die Absicht des Verfassers ist viel bescheidener.

Ausgehend von der Tatsache, daß die wissenschaftliche Erkenntnis in den Sozialwissenschaften, speziell Soziologie und Politische Wissenschaften, in den letzten Jahren beträchtliche Fortschritte gemacht hat und selbst »Profis« kaum noch in der Lage sind, in ihren Spezialdisziplinen auf dem laufenden zu bleiben, wird es für diejenigen, die diese Wissenschaften unter dem Blickwinkel eines speziellen Berufsabschlusses studieren, immer schwieriger, sich in einer Flut von Literatur, kontroversen Standpunkten und unterschiedlichen wissenschaftstheoretischen Ansätzen freizuschwimmen. Hinzu kommt, daß die Wissenschaftssprache, so wie sie sich mit der Rezeption des strukturell-funktionalen Ansatzes in Soziologie und Politologie zunehmend durchsetzt, auf Verständnisschwierigkeiten, ja Unwillen stößt. Soweit ein Autor seines Gedankens Blässe hinter einer komplexen Terminologie zu kaschieren versucht, ist der beliebte Vorwurf vom »Soziologie-Chinesisch« sicher berechtigt. Andererseits aber ist nicht einzusehen, warum den Sozialwissenschaften das verweigert werden soll, was man etwa den Naturwissenschaften wie selbstverständlich einräumt: die Verwendung von Symbolen oder Termini, über die Konsens besteht und die letztlich die Kommunikation innerhalb der Wissenschaft erleichtern. Eine Einführung wie diese, die sich an einen ganz speziellen Leserkreis wendet, muß daher zwei Aufgaben erfüllen: erstens eine »Auswahlfunktion«; d. h. eine Behandlung der Problemkreise, die für den politischen Unterricht von Bedeutung sind, und zweitens eine »Übersetzungsfunktion«, d. h. die Darlegung und Analyse wissenschaftlicher Erkenntnis, die die Skylla abstrakter Sprache und komplexer Theoriengebäude ebenso meidet wie die Charybdis unzulässiger Vereinfachungen.

Das Buch versteht sich als eine Einführung in das politisch-soziale System der Bundesrepublik. Der Begriff »System« wurde dabei bewußt gewählt, weil die traditionellen Begriffe wie »Staat« und »Gesellschaft« zum einen wegen ihrer definitorischen Unschärfe heute immer weniger verwendet werden, zum anderen die auf das neunzehnte Jahrhundert zurückgehende Trennung von Staat und Gesellschaft den heutigen Realitäten sowieso nicht mehr gerecht wird, da sich beide Bereiche zunehmend gegenseitig durchdringen und so miteinander verschränkt sind, daß man bereits von einer Verstaatlichung der Gesellschaft und einer Vergesellschaftung des Staates spricht. »Jedes System gewinnt seinen äußeren Zusammenhang dadurch, daß es von einem anderen System durch eine Grenze getrennt ist. Diese Grenze ist freilich nicht beliebiger Natur, sondern wird durch ein oder mehrere besondere Merkmale bestimmt, die das eine System hat und das andere nicht. Das politische System beispielsweise wird vom Sozialen allgemein durch die besondere Art der Sanktionsmöglichkeiten seiner Entscheidungen und ihrer Reichweite (daß die Entscheidungen nämlich gewöhnlich für die Gesellschaft im ganzen gelten) unterschieden[7].«

Analytisch ist gegen diese Unterscheidung nichts einzuwenden, realiter aber wird es immer schwieriger, die sozialen und politischen Faktoren bei der Willensbildung oder in Planungs- und Entscheidungsprozessen (in systemtheoretischer Terminologie: den Bereichen des Inputs und Outputs) voneinander zu trennen. Die Einführung beschränkt sich thematisch auf den Bereich der Bundesrepublik und versucht die wesentlichen, systemimmanenten Faktoren herauszuschälen, die bestimmend sind für die Sozialstruktur der Bundesrepublik. Es werden wichtige theoretische Ansätze und empirische Arbeiten analysiert, die sich mit den politischen und sozialen Bedingungen einer funktionierenden Demokratie beschäftigen, und als erkenntnisleitendes Interesse zieht sich die Frage nach den Möglichkeiten und Grenzen der politischen Bildung bei der Realisierung der Forderung nach mehr Demokratie wie ein roter Faden durch das Buch.

Die Einführung gliedert sich in fünf Themenkomplexe, die miteinander verfugt sind. Der erste stellt *die Entwicklung der politischen Bildung nach dem Kriege* in der Bundesrepublik an ausgewählten Beispielen dar, diskutiert die mangelnde Wirksamkeit und wichtige Vorschläge zur Neugestaltung der politischen Bildung. Diese Vorschläge sind selbst wiederum geleitet von einem bestimmten *Demokratieverständnis,* das dann im zweiten Teil näher untersucht werden soll, wo es um die Dimension des Demokratiebegriffes geht. Dieser wird anhand der Auseinandersetzung zwischen Anhängern und Gegnern einer »normativen« bzw. »realistischen« Demokratietheorie ebenso untersucht wie an dem unterschiedlich interpretierten Begriff der Demokratisierung, der gerade für die politische Bildung wegen der implizierten Forderung nach Emanzipation von Bedeutung ist. Zunächst aber werden die wichtigsten miteinander konkurrierenden wissenschaftstheoretischen Ansätze vorgestellt, die das heute vorfindbare, höchst unterschiedliche Selbstverständnis verschiedener Soziologien begründen, wie es etwa im sogenannten Positivismusstreit deutlich wurde. Erst auf diesem Hintergrund theoretischer und metatheoretischer Annahmen lassen sich spezielle Untersuchungen zu einzelnen Phänomenen des politisch-sozialen Systems der BRD richtig einordnen und Aussagen über die Reichweite ihrer Erklärungen machen. Der dritte Teil untersucht *Probleme politischer Willensbildung.* Schwerpunktmäßig geht es dabei um die Rolle der Verbände, die Kriterien einer pluralistischen Gesellschaft, die Frage, ob die repräsentative Demokratie den Ansprüchen einer modernen Industriegesellschaft gerecht werden kann und inwieweit rätedemokratische Elemente im Prozeß der Willensbildung denkbar sind. Der vierte Teil unter der Überschrift *»Politik als Entscheidungshandeln«* befaßt sich vor allem mit dem akuten Problem zunehmender Machtkonzentration einerseits und abnehmender Kontrollmöglichkeit andererseits. »Elitenherrschaft«, »militärisch-industrieller Komplex«, »Parlamentarismuskritik«, »Planungsprobleme« sind weitere Stichworte, die den Inhalt dieses Themenkomplexes umschreiben, der mit der Frage nach der Rolle der »Öffentlichen Meinung« als mögliche Kontrollinstanz abgeschlossen wird. Der fünfte Teil schließlich fragt nach der *politischen Kultur in der Bundesrepublik,* untersucht die Ursachen politischer Apathie und Möglichkeiten der Partizipation, skizziert die dahinterstehenden Modelle des Bürgers, analysiert Faktoren des Links- und Rechtsradikalismus und nimmt zum Schluß noch einmal die Frage nach der Funktion der politischen Bildung auf, wenn es um den aktiven Bürger und seine Rolle in der Demokratie geht.

Jedes Kapitel ist in sich abgeschlossen und verweist an konkreten Problemen auf die Beziehungen zu anderen Kapiteln. Daß sich der Unterricht heute nach Möglichkeit an dem didaktischen Prinzip des kontroversen Denkens orientieren soll, gehört zu den weitgehend gesicherten Einsichten, die auch in Rahmenrichtlinien sonst sehr unterschiedlicher Provenienz eingegangen sind. Es lag nahe, dieses Prinzip auch für diesen Band zu übernehmen, um daran zu erinnern, daß Wissenschaft nicht mit Wahrheit verwechselt werden darf und die Propagierung von Heilswissen im politischen Unterricht nur schlecht verhüllte Indoktrination ist und sich selbst disqualifiziert. Gerade die unterschiedliche wissenschaftliche Beurteilung eines Problems als legitim herauszustellen, weil *jede* wissenschaftliche Erklärung letztlich auf unbeweisbare Axiome rekurriert, scheint mir eine zentrale Aufgabe eines ernst zu nehmenden politischen Unterrichtes zu sein.

Das Buch versteht sich als Wegweiser, d. h., es ersetzt nicht die Notwendigkeit, den Weg selbst zu gehen, nämlich die wesentliche Literatur zu lesen, aber es kann vielleicht diesen Weg insofern erleichtern, als es hilft, mögliche Irrwege, Umwege oder Sackgassen zu vermeiden. Die Beschränkung auf das politisch-soziale System der Bundesrepublik wird sicher diejenigen enttäuschen, die eine Behandlung ökonomischer Fragen erwarten, zumal die Interdependenz politischer, sozialer und ökonomischer Prozesse evident ist. Diese Aufgabe war von einem Autor allein nicht zu leisten, doch wird in dieser Reihe demnächst von meinem Kollegen Gerald Braun eine »Politische Ökonomie für den Sozialkundeunterricht« erscheinen, die hoffentlich dazu beitragen wird, diese Lücke zu schließen.

2. Kritik der politischen Bildung

2.1. Politische Bildung als Affirmation

Seit Jahren beginnen wie in einem feststehenden Ritual die Beiträge zur politischen Bildung fast regelmäßig mit einer Auseinandersetzung und Verwerfung des Partnerschaftskonzeptes Friedrich Oetingers alias Theodor Wilhelm. Dieses Konzept zur Erziehung partnerschaftlichen Verhaltens muß aber im historischen Kontext gesehen werden, um ihm gerecht werden zu können. Es spiegelt nämlich nicht zufällig die Situation der ersten Nachkriegsjahre wider, als es nahelag, diejenigen sozialen Institutionen in den Blickpunkt zu rücken, die den Zusammenbruch offensichtlich gut überstanden hatten, wie Familie, Gemeinde oder Betrieb, und nicht zufällig fragten die ersten großen soziologischen Studien nach Stabilität und Wandlungsfähigkeit der deutschen Nachkriegsfamilie. Politische Bildung entstand »als ein Reflex des ›Wiederaufbaus‹, und das heißt: der innenpolitischen Restauration. Ihre Aufgabe bestand darin, die neue Ordnung mit pädagogischen Mitteln zu rechtfertigen und zu verteidigen[1].«

Politische Bildung bedeutet für Oetinger die Erziehung zum sozialen Handeln, zur Partnerschaft, in der der Mensch lernt, sich innerhalb geltender Spielregeln zu bewegen, und soziale Verhaltensweisen eintrainiert und damit das Verhältnis zum Mitmenschen in den Mittelpunkt stellt. »Politische Erziehung sucht Konfliktfälle in der Gemeinschaft als Störungen der menschlichen Kommunikation im Wege des redenden und handelnden Dialogs zu bereinigen[2].« Für Oetinger besteht Identität zwischen öffentlicher und privater Sphäre, wenn er schreibt: »Das Spielfeld muß übersichtlich sein – Partnerschaft setzt Verhältnisse voraus, in denen das Verhalten übersehbar bleibt[3].« Macht ist dementsprechend »ein Instrument der Vermittlung im Ausgleich der Spannungen des gemeinsamen Lebens«[4] und »Politische Bildung ist planmäßige Herausbildung der Kraft und Fähigkeit des Vermittelns«[5]. Zu Recht kritisiert Schmiederer an dieser Konzeption, daß sie das spezifisch Politische ausklammere und von jener Ebene ablenke, »wo die Entscheidungen

über das Leben im Staat und Gesellschaft fallen, wo die Auseinandersetzungen um Macht und Herrschaft stattfinden, und von der prinzipiellen Frage nach der Gesellschaftsordnung[6].«
Die Systemstabilisierung der politischen Bildung wird schon damals deutlich. Oetingers Demokratieverständnis entsprach den »reeducation«-Vorstellungen der Besatzungsmächte. Politische Bildung, so wie sie die westdeutschen Kultusminister 1950 beschlossen, wurde verstanden als Teil der allgemeinen Erziehung, die auf die geistige und sittliche Entfaltung der Persönlichkeit im Sinne der christlich-abendländischen Kultur hinauslief. Die politische Bildung wurde entpolitisiert.

»Trotz aller Kritik, die sich schon früh an der Partnerschaftserziehung entzündete, beeinflußte diese Konzeption wie kaum eine andere die Bildungspläne für den politischen Unterricht und fand sie auch in der Schulpraxis – eng verbunden mit einer total entpolitisierten Institutionskunde – großen Anklang. Der unpolitisch gefaßte Begriff von Politik, deren Beschränkung auf die untere, übersichtliche Ebene des ›mitmenschlichen Zusammenleben‹ u. ä., traf genau das mittelständisch geprägte Bewußtsein eines Großteils der Lehrerschaft und erlangte so eine breite Resonanz[7].«

Scharfe Kritik an der Idee der Partnerschaftsbeziehung übten vor allem Theodor Litt, Heinrich Weinstock, Erich Weniger und Eduard Spranger, um nur die bedeutendsten Namen aus der Reihe führender Pädagogen zu nennen. Während für Oetinger politische Erziehung eben *nicht* Erziehung für den Staat bedeutet, proklamieren seine Gegner geradezu einhellig die Erziehung zu Staatsbewußtsein – eine Wendung, die nur verständlich wird auf dem Hintergrund der wieder wirtschaftlich und politisch erstarkten Bundesrepublik. Die für das Gemeinwesen konstitutiven Grundsatzentscheidungen waren zu dieser Zeit bereits gefallen, nämlich pro Kapitalismus, pro EWG und pro Wiederaufrüstung und NATO. Nicht zufällig wurde der Antikommunismus tonangebend parallel mit der Anpassung an die Politik der Vereinigten Staaten und der Restaurierung sozialer und politischer Verhältnisse. Die Propagierung einer Erziehung zu Staatsbewußtsein geriet so aber unter der Hand zu einer Integrationsideologie. Bestehende Herrschaftsverhältnisse werden nicht mehr nach ihrer Legitimationsbasis und ihrer möglichen Änderbarkeit hinterfragt, sondern unreflektiert akzeptiert und als notwendig interpretiert. Mit anderen Worten: Politische Bildung bedeutete Affirmation.
Für Spranger, der hier stellvertretend für eine ganze Richtung politischer Bildung stehen soll, ist der Staat eine »große sittliche Institu-

tion« und »überindividuelle Geistesmacht«[8], womit er fast wortwörtlich an die Hegelsche Definition vom Staat als autonomem sittlichem Objekt anschließt. Gemäß seines Begriffs des »Verstehens« versucht er politisch-soziale Strukturzusammenhänge auf sogenannte »Urphänomene« zu reduzieren, die selbst nicht weiter ableitbar sind. Diesen Reduktionsprozeß auf die in den Erfahrungen der Jugendlichen bereits eingegangenen Urphänomene sollen Lehrer und Schüler im Unterricht gemeinsam leisten. »Der Weg wäre also der, daß zunächst an Gesellschaftsverhältnissen, die dem jungen Menschen schon bewußt geworden sind, weil er in ihnen lebt, Sinnelemente (keineswegs stückhaft Zerrissenes!) hervorgehoben werden, so daß später nicht nur diese selbst wiedererkannt werden, sondern auch die Problematik, die von ihnen unabtrennbar ist, von den einfacheren Grundgebilden her aufgerollt werden kann[9].« Eines der wichtigsten Urphänomene ist für Spranger die Familie. »Das Urmaterial, aus dem so komplizierte Bauten wie die gegebene Rechtsordnung oder ein demokratischer Staat mit parlamentarischer Verfassung errichtet sind, findet man schon im Familienverbande[10].« Da die Jugendlichen, laut Spranger, noch keinen direkten Zugang zu Staat und Gesellschaft haben, käme es entscheidend darauf an, die in den Primärbereichen Familie, Schule und Jugendgruppe gewonnenen Erfahrungen auf die abstrakteren Bereiche zu transponieren. Auch das »Urphänomen Kampf« ist in der Familie nachweisbar: »Selbst in der Familie gibt es Kampf, und an ihn ist wieder ein anderes dialektisch gebunden: der Friede[11].«

Sieht man einmal davon ab, daß die Urphänome wenig erklären und die Gleichsetzung der auf »face-to-face-relations« beruhenden Primärbereichen wie Familie oder Jugendgruppen mit politischen Institutionen nicht haltbar ist, weil an die Mitglieder dieser so unterschiedlich strukturierten Institutionen je spezifisch andere Rollenerwartungen gestellt werden, dann bleibt immer noch der schwerwiegende Einwand, daß gerade durch das Urphänomen Kampf Auseinandersetzungen in der Gesellschaft als naturgegeben suggeriert werden und der Verzicht auf »historisch-gesellschaftliche Konkretisierung doch ganz überwiegend zur Anerkennung des gesellschaftlichen Status quo führt. Solche Einsichten legen die Interpretation nahe, daß der Einsatz für praktische Veränderungen sich doch nicht lohnen könne, wenn gleichsam die Natur schon dafür sorgt, daß sich dadurch nichts Wesentliches verändern wird[12].« Typisch für diese Form politischer Pädagogik ist, das Herrschaftsphänomen konsequent auszublenden, indem der Bogen von individuellen Verhaltensweisen und Einstellungen direkt zu dem das Ganze integrierenden Wert- und Normenkomplex geschlagen wird. Auf dieser Basis ist dann in der Tat politische Bildung nur noch in Form abstrakter Gesinnungsbildung möglich.

Ein entscheidender Schritt vorwärts im Bereich der Diskussion um die Didaktik der politischen Bildung war dann die Konzeption von Giesecke[13], die allerdings auch erst möglich wurde auf dem Hintergrund des allmählich zu Ende gehenden Kalten Krieges, der mit seinem nach außen gerichteten Feindbild zugleich eine Harmonie im Inneren beschwor und eine nur schwer abschätzbare systemstabilisierende Funktion auf die Entwicklung der Bundesrepublik ausübte. Der auf die Konflikttheorie Dahrendorfs zurückgehende Ansatz Gieseckes markiert insofern einen Wendepunkt in der Entwicklung politischer Didaktik, als er sich entschieden gegen alle Versuche wendet, Gesellschaft und Staat voneinander zu trennen, um letzteren mythisch zu überhöhen und statt dessen den Konflikt als zentrale Kategorie politischer Bildung einführt. Giesecke begreift Politik als das noch nicht Entschiedene[14], da zwischen allgemeinem Interesse und besonderen Interessen nur eine partielle Übereinstimmung bestehe, und die daraus resultierenden politischen Konflikte offerieren mehrere Stellungnahmen und Entscheidungsmöglichkeiten. Politisches Leben verläuft für Giesecke kontrovers, und dementsprechend ist es nur in Konflikten zu sehen und zu begreifen. Zielsetzung der politischen Erziehung ist für ihn »politische Beteiligung«[15]. Auf die von Giesecke entwickelten Kategorien für die Didaktik der politischen Bildung, die dann im Unterricht in sinnvolle Leitfragen umgesetzt werden sollen, wird weiter unten noch ausführlich einzugehen sein (vgl. 2.2.). Hier sollen zunächst nur einige Punkte der Kritik resümiert werden, die Giesecke zum Teil in seinem jetzt völlig überarbeitet vorliegenden Ansatz berücksichtigt hat. Diese Kritik, auszugweise in einem Anhang seiner Didaktik der politischen Bildung abgedruckt, bezieht je nach Standort der Kritiker zwei entgegengesetzte Positionen. Entweder wird der Konflikt als Grundmodell politischer Didaktik abgelehnt und statt dessen Grundbegriffe wie Konsensus, Gemeinwohl oder Kooperation empfohlen, oder aber seine Konzeption wird als letztlich affirmativ kritisiert, weil trotz des Konfliktansatzes für die Anpassung an den Status quo votiert würde. Außerdem läuft auch Gieseckes Ansatz Gefahr, wesentliche Herrschaftsstrukturen einer Gesellschaft gar nicht erst in den Griff zu bekommen, weil er nicht, schlüsselt man sein System politischer Kategorien wie Macht, Interesse, Konkretheit, Recht, Mitbestimmung usw. auf, an Institutionen und institutioneller Entscheidungsgewalt orientiert ist, wie Behrmann zu Recht hervorhebt[16], sondern an allgemeinen Bewußtseinsinhalten und Handlungsorientierungen. Giesecke hat seine Konflikt-Konzeption in den letzten Jahren ständig weiterentwickelt und in Anlehnung an die »kritische Theorie« (vgl. 3.2.) die Emanzipation des Menschen als Ziel der politischen Pädagogik neu formuliert. Auf die 1972 erschienene neue Ausgabe seiner politischen Didaktik kommen wir im nächsten Abschnitt ausführlich zurück.

Es dauerte lange, bis die ersten detaillierten empirischen Untersuchungen zur Wirksamkeit der politischen Bildung vorlagen. Bahnbrechend wirkten in dieser Beziehung die zu Beginn der sechziger Jahre durchgeführten Forschungsberichte der Max-Traeger-Stiftung, die auf einer soziologischen Analyse des Sozialkundeunterrichts beruhen[17]. Maßstab für den Erfolg des politischen Unterrichts war der als Ziel politischer Bildung in den Lehrplänen und Rahmenrichtlinien immer wieder genannte mündige Staatsbürger, der nicht nur gut informiert, sondern auch bereit ist, sich aktiv für das demokratische Gemeinwesen einzusetzen. Die wichtigsten Einsichten dieser Untersuchungen sollen im folgenden anhand der von Teschner publizierten Studie ausführlich referiert werden.

Teschner gewann seine Ergebnisse an Abschlußklassen hessischer Gymnasien. Politischer Unterricht wird im Prinzip von allen Primanern befürwortet und als Unterrichtsfach akzeptiert. Dabei variiert die Beurteilung des Unterrichts in den einzelnen Klassen sehr stark: von 100 % Zufriedenen bis zu drei Vierteln einer Klasse, die den Unterricht als schlecht beurteilten.

Auffallend ist, daß die soziologische Perspektive bei der Behandlung politischer Phänomene fast völlig fehlt, obwohl ein starkes *Interesse* der Schüler an soziologischen Problemen vorhanden ist. Im Vordergrund steht der verfassungsrechtliche Aspekt und die philosophisch-ideologische Begründung (z. B. beim Vergleich der Gesellschaftssysteme in Ost und West). Je geringer der Grad des politischen Interesses ist, um so stärker ist die Ablehnung, sich mit Wirtschaftsfragen, Parteien und Interessenverbänden zu beschäftigen; eine bedenkliche Einstellung im Hinblick auf die Bedeutung dieser Probleme für das Funktionieren einer Demokratie.

Auch in guten Klassen wird Sozialkunde vorwiegend als Stoffkunde betrieben, d. h., die Vermittlung von Fachkenntnissen und weniger die Einsicht in gesellschaftlich-politische Strukturzusammenhänge steht im Vordergrund. Der Bezug zur eigenen Person hinsichtlich behandelten Themen wird von Primanern nicht gesehen. Die Einstellung zur Sozialkunde korrespondiert in hohem Maß mit der beruflichen Orientierung. Die Bereitschaft, sich mit sozialkundlichen Themen zu befassen, entspringt nicht einem genuinen politischen Interesse, sondern in erster Linie Nützlichkeitserwägungen. Bei angehenden Naturwissenschaftlern, Medizinern und Technikern wird der Sozialkundeunterricht sowohl als Berufsfach als auch als Lieblingsfach am geringsten bewertet. Politisch sehr interessierte Primaner identifizieren sich in hohem Maße mit der Sozialkunde. Schüler, die aus unpolitischen Elternhäusern kommen, werden dagegen nur in sehr geringem Maße angesprochen. Gerade darin dokumentiert sich die begrenzte Wirksamkeit des Sozialkundeunterrichts. In der praktizierten Form ist der Unterricht kaum in der Lage, zur kritischen Urteilsfähigkeit der Schüler entscheidend beizutragen.

Reichweite und Intensität des politischen Interesses sind sehr gering: Nur ein Drittel der Primaner liest regelmäßig den politischen Teil der Tageszeitung, drei Fünftel haben im letzten Schuljahr kein einziges politisches Buch gelesen. Nur 10 % zeigten ernsthafte Bereitschaft zum politischen Engagement, Aufgeschlossenheit erschöpft sich in einem oberflächlichen Informationsbedürfnis. Auch hier wird die zentrale Rolle der Familie als Vermittlungsinstanz politischen Interesses deutlich. Der Sozialkundeunterricht hat lediglich eine Verstärkerfunktion vorhandener politischer Interessen. Bezogen auf das demokratische Potential bei den untersuchten Gymnasiasten klassifiziert Teschner 29 % als überzeugte Demokraten; 52 % als formale Demokraten; und 19 % als »Autoritäre«. Auch bei der ersten Gruppe, den überzeugten Demokraten, überwiegt die Gesinnung gegenüber der reflektierten Einsicht. Nur bei 10 % verbindet sich politisches Bewußtsein mit der Bereitschaft zum Engagement. Am wenigsten politisch engagiert sind die »Autoritären«, die Vorstellungen und Maßstäbe aus dem privaten Bereich unreflektiert übernehmen und auf den öffentlichen Bereich übertragen (z. B. der fürsorgliche Familienvater als Modell des weisen Diktators).

Die vom Sozialkundeunterricht vermittelten Informationen fördern offensichtlich rationales politisches Denken nicht. Sozialkundeunterricht auf der Basis der Anerkennung von Wirklichkeit und Notwendigkeit gegensätzlicher Interessen ist nicht die Norm. Aus den Antworten der Primaner wird die Unfähigkeit deutlich, politische Phänomene in ihrem gesellschaftlichen Kontext zu erkennen. Ein soziologisch orientierter Unterricht hätte deshalb laut Teschner größere Chancen, die Denkweisen der Schüler zu modifizieren. Er versucht das durch die Beobachtung zu untermauern, daß in den Primen, in denen die Lehrer Sozialkundeunterricht in stärkerem Maße mit soziologischen Kategorien und Fragestellungen vermittelten, der Anteil an überzeugten Demokraten wesentlich höher war als in den übrigen. Teschner faßt das Ergebnis seiner Studie wie folgt zusammen:

»Mißt man den politisch urteilsfähigen Staatsbürger an den Kriterien, wie sie Arnold Bergstraesser insbesondere im Hinblick auf die politische Bildung an höheren Schulen formuliert: als Vermögen, die Gegenwart als historisch gewordene zu verstehen und sie nach den in ihr wirksamen Kräften sowie nach den Bedingungen zu befragen, die das Geschehen für das zukünftige Handeln bietet, so hat die politische Bildung in der höheren Schule weitgehend versagt, die Schüler zu solchen Staatsbürgern zu bilden[18].«

In unserem Zusammenhang ist aber auch die ebenfalls untersuchte Einstellung der Lehrer zur politischen Bildung von Interesse. Das Ansehen, das der Sozialkundeunterricht in den meisten Lehrerkollegien genießt, ist ausgesprochen gering! Sozialkunde hat den Makel, kein wissenschaftliches Fach zu sein, und das Prestige des Sozialkundelehrers hängt primär von seiner Qualifikation in den »akademischen Fächern« ab. Andererseits besteht der Verdacht, daß Sozialkunde als Vehikel zur eigenen Karriere benutzt wird:

»Es ist einfach eine Tatsache, daß diese Leute, die Sozialkunde machen, auch Karriere machen können. Man braucht ja nur den Philologenkalender anzuschauen und nachzusehen, wer in letzter Zeit Oberstudiendirektor geworden ist. Alle haben sie dieses neue Fach. Das ist aber noch kein Grund für eine Abneigung gegen das Fach. Man weiß nur, daß dieses Fach im Vordergrund stehen soll. Und wer Ambitionen hat, der kann es dadurch leichter haben, daß er Sozialkunde macht.«[19]

In ihrem beruflichen Selbstverständnis fühlen sich die meisten Lehrer an höheren Schulen in erster Linie nicht als Pädagogen, sondern als Wissenschaftler, also als Fachleute mit einem an der Universität erworbenen Wissen. Teschners These: Solange die Ausbildung der Sozialkundelehrer diesen verfestigten Rollenerwartungen der Gymnasiallehrer nicht entspricht, wird der Rang der Sozialkunde an den Schulen wahrscheinlich nicht entscheidend verbessert werden. Das Engagement der Lehrer ist entsprechend gering, was durch die fachliche Unsicherheit noch gestützt wird:

»Wenn ich von meinen Referendaren ausgehe, so kann ich sagen, daß sie, wenn sie von der Universität kommen, beleidigt sind, nochmals so viele

Prüfungen ablegen zu müssen in ihren eigenen Fächern. Wenn dann obendrein auch noch eine Sozialkundeprüfung verlangt wird, haben sie eine verständliche Abwehr gegen dieses Fach. Sehr bald bekommen sie das Gefühl, daß ihre Kenntnisse in ihren eigenen Fächern nicht ausreichen. Sie müssen dann dabei schon sehr viel lernen und können sich deswegen nicht noch ein ganz neues Gebiet leisten. Eine ausgesprochene Aversion gegen Sozialkunde haben etwa drei Viertel der Referendare zu Anfang ihrer Ausbildung, sie haben, wie einer sagte, das Gefühl, auf Vordermann gebracht zu werden. Diese Aversion legt sich mit der Zeit, aber die Unlust an einer neuen Prüfung bleibt bestehen. Der viele neue Stoff, der bewältigt werden muß, erhöht die Abwehr. Es ist im allgemeinen so, daß die Referendare aufatmen, wenn sie es hinter sich haben. Der Großteil tut dann nichts mehr, besonders wenn er Studienrat ist. Sie haben wenig Interesse an Gegenwartsdingen und beschränken sich auf die Routine ihres eigenen Fachs[20].«

Dabei handelt es sich keineswegs um ein Generationsproblem. Unter den befragten Abiturienten waren diejenigen, die Lehrer werden wollten, bezogen auf ihr politisches Verhalten, eher eine negative Auslese. Bei der Frage nach den Problemen der Unterrichtspraxis wurde vor allem Klage über den Mangel an brauchbaren Lehrbüchern geführt. Schwierigkeiten bestehen ferner darin, hinreichende und fundierte Informationen zu beschaffen. Da der Maßstab zur kritischen Überprüfung des Materials fehlt, besteht die Gefahr einseitiger Information. Die Möglichkeit, die offiziellen Richtlinien in die Praxis umzusetzen, werden damit gleichzeitig stark eingeschränkt.

»Ich habe ganz bestimmte Interessen, oder ich kenne gewisse Dinge, die ich zufällig weiß, oder andere Dinge, wo ich zufällig Material dazu finde. Oder es gibt Dinge, für die ich mich interessiere, über die ich aber nichts weiß, in die ich mich aber einarbeiten kann, und das tue ich auch. Das, was ich mache im Unterricht, das sind die Ziele der politischen Bildung in der Praxis. Das richtet sich eben danach, was ich kann und wo ich mich einarbeiten kann ... Es wird natürlich viel vom Fach her bestimmt, welches man studiert hat. Oft erwischt man dann wichtige Themen, aber vielleicht auch bloß Randgebiete[21].«

Entsprechend der Vorbildung der Sozialkundelehrer kommen vor allem ökonomische Problemstellungen zu kurz oder fallen ganz weg. Oft wird der Bildungswert der Nationalökonomie überhaupt bestritten! Je mehr aber ökonomische und soziologische Aspekte der Politik unberücksichtigt bleiben, je mehr wird der politische Unterricht zur bloßen Verfassungs- und Institutionenkunde. Wissensvermittlung steht im Vordergrund. Darin drückt sich zugleich die Unfähigkeit aus, die vermittelten Tatsachen auch theoretisch zu durchdringen und den sozialen Stellenwert aufzuschlüsseln. Eine

Verschulung der Sozialkunde kann aber das politische Bewußtsein der Schüler nicht fördern; denn isolierte Fakten lösen keine Reflexion aus.

Zwischen der Forderung nach einer Sozialkunde, die den Schüler zu einem kritischen Urteil führen soll, und der Forderung, der Lehrer solle sich dem politischen Kräftespiel gegenüber möglichst neutral verhalten, besteht offensichtlich eine Spannung, wenn nicht sogar ein Widerspruch. Der Lehrer gerät dabei zwangsläufig in das Dilemma verschiedener Rollenerwartungen der Schüler einerseits und der Schulbehörde andererseits. Politisch kontroverse Themen werden daher nach Möglichkeit nicht behandelt. Dadurch gerät aber die Sozialkunde in Gefahr, ein bloßer Reflex des herrschenden gesellschaftlichen Bewußtseins zu sein und damit praktisch zur Zementierung des Status quo beizutragen.

Wenn Lehrer nicht durch eine wissenschaftliche Ausbildung für den Unterricht in Sozialkunde qualifiziert sind, ist die Wahrscheinlichkeit groß, daß die Interpretation sozialer und politischer Phänomene durch ihr naives und unreflektiertes Gesellschaftsbild geleitet wird. Die Sachverhalte werden daher ganz typisch aus der Sicht des Mittelstandes beurteilt: z. B. die Einstellung zu den Gewerkschaften. Da aber die Ansichten der Lehrer vielfach identisch sind mit den Ansichten der Herrschenden, werden die sozialen Verhältnisse nicht durchschaut, sondern bestätigt. Teschners Untersuchung läßt den Schluß zu, daß durch den gegenwärtigen Sozialkundeunterricht das durch das Elternhaus vermittelte mittelständische Bewußtsein bei den Schülern eher noch verstärkt wird, als ein kritisches Bewußtsein gegenüber den sozialen Gegebenheiten zu fördern. Weiterführende Schulen sind auch heute noch primär »Bürgerschulen«.

Für die Volks-, Real- und Berufsschulen kamen Becker/Herkommer/Bergmann zu denselben Ergebnissen, daß nämlich politische Bildung in den Schulen nicht als Korrektiv für mangelndes politisches Interesse oder gar antidemokratische Einstellung wirkt und die Wirksamkeit des Unterrichts sich auf den kognitiven Aspekt beschränkt, während das affektive und wertend-urteilende Moment zu kurz kommen. Politik denaturiert zu einem außergesellschaftlichen Phänomen und wird vorzugsweise aus der Konsumentensphäre betrachtet.

»Die gegenwärtige Verfassung der politischen Bildung, ihre Konzeption und die Unterrichtspraxis, trägt nicht dazu bei, dem verbreiteten politischen Desinteresse entgegenzuwirken, eher erreicht sie das Gegenteil. Politische Einsichten und kritisches Denkvermögen werden sich schwerlich in einem Unterricht entwickeln, der an den entscheidenden Problemen der Politik vorbeigeht, der die spannungsreichen und konfliktbestimmten gesellschaftlichen Verhältnisse ausspart und die Sätze der demokratischen Verfassung nicht in Beziehung setzt zur Verfassungswirklichkeit. Die Beschränkung auf ein ›unverbindlich-allgemeines, politisch folgenloses Bekenntnis zur Demokratie‹ auf der einen Seite und unverbundene Vermittlung von Faktenwissen über Institutionen und politische Tagesereignisse auf der anderen läßt die Hilflosigkeit fortdauern, mit der auf konkrete politische Erscheinungen und gesellschaftliche Entwicklungstendenzen reagiert wird. Nicht abzuweisen ist die Folgerung aus unseren empirischen Befunden, daß das Unvermögen, politische und soziale Zusammenhänge zu begreifen, Lehrern und Schülern gemeinsam ist[22].«

Obwohl diese Erhebungen inzwischen mehr als zehn Jahre zurückliegen, gibt es bis heute keine Anzeichen, daß sich die Situation der politischen Bildung an den Schulen grundsätzlich geändert hat. Vielmehr stellt Stimpel in der bereits erwähnten vergleichenden Analyse, die sich auf empirisches Material aus dem Jahre 1967 abstützt, fest:

»Die ›Politische Bildung‹, wie sie beispielsweise in der Bundesrepublik Deutschland, ähnlich aber auch in der Pädagogik und in den Schulen anderer westlicher Demokratien verstanden und praktiziert wird, ist – nach den vorliegenden Daten und Analysen zu urteilen – selten mehr als ein wirkungsarmes, formales und unpolitisches Belehren, das nur einzelne Lehrer zugunsten einer aufklärenden, kritischen und einstellungsverändernden Information und Reflexion, die sich in demokratische Aktion umsetzt, überwinden. Die Schule ist insgesamt schwächer als die Welt, die sie umgibt. Die meisten Jugendlichen werden durch die außerschulische Welt weitaus mehr in ihrem Urteil und in ihrer Einstellung bestimmt als durch den Unterricht[23].«

Versucht man eine Art Zwischenbilanz zu ziehen, so wird man Ellwein zustimmen müssen, der drei Vorwürfe gegen die politische Bildungsarbeit formuliert[24]:

1. Im Prozeß der Meinungs- und Willensbildung ist auf die je eigenen Interessen nur unzureichend eingegangen worden, so daß die Motivationslage von vornherein verkürzt war.
2. Auch der Bereich der anderen Interessen und damit die möglichen Konflikte zu den eigenen wurden nicht ausreichend thematisiert. Anstatt politisch Partei zu nehmen, versteckte man sich hinter der Reflexion allgemeiner Werte und Ziele und entpolitisierte damit de facto die politische Bildungsarbeit.
3. Damit wurde eine Art Gemeinwohlorientierung stabilisiert, die letztlich auf bloße Affirmation des Bestehenden hinauslief, weil im Prozeß politischer Willensbildung Pluralismus der Kräfte

und gleichsam »natürlicher Ausgleich« zwischen den Kräften vorausgesetzt wurde und die aufgrund unterschiedlicher Machtverteilung höchst unterschiedlichen Chancen, Interessen durchzusetzen, überhaupt nicht ins Blickfeld der Reflexion gerieten.

2.2. Vorschläge zur Neugestaltung der politischen Bildung

Nach den kontroversen Diskussionen in den fünfziger Jahren hat die Pädagogik die Antwort auf die Frage nach den Inhalten und Zielen politischer Bildung der Politikwissenschaft und der Soziologie überlassen[25]. Speziell in die im Anschluß an die veröffentlichten empirischen Untersuchungen geführten Diskussionen gingen Erkenntnisse der Sozialwissenschaften ein und beeinflußten nachhaltig die politische Pädagogik. Das gilt insbesondere für die in der Soziologie vertretenen kontroversen wissenschaftstheoretischen Ansätze (vgl. 3.2. und 3.3.). Nachweisbar ist vor allem der Einfluß der kritischen Theorie, die bereits bei den Untersuchungen zur Wirksamkeit politischer Bildung Pate gestanden hatte. Das lag insofern nahe, als gerade diese gesellschaftskritische Soziologie auf Gesellschaftsveränderung durch Erziehung abzielt. Die heute in der politischen Pädagogik diskutierten Forderungen nach Emanzipation und Partizipation wurzeln im Demokratieverständnis und Mündigkeitspostulat dieser soziologischen Richtung. Zwei dieser Ansätze, die beide aus der Kritik an der bisher praktizierten politischen Bildung ihren eigenen Standpunkt entwickeln, sollen nun etwas näher dargelegt werden.
Für Schmiederer hängt die Didaktik politischer Bildung ab von ihrer Position innerhalb der gesellschaftlichen Entwicklung, und das bedeutet wiederum, daß sich die politische Bildung innerhalb institutioneller Erziehung und Bildung auf ihre soziale Funktion besinne, die an Demokratisierung und Emanzipation orientiert sein müsse[26]. Soziale Funktion des Bildungswesens sei die Sozialisierung der Jugend durch Vermittlung von Kenntnissen und Fähigkeiten sowie die Internalisierung von Werten, Normen und Verhaltensmustern. Da aber die gesellschaftlich herrschenden Gruppen den Inhalt der Erziehung bestimmten (das Gymnasium als Institution des Bürgertums), sei das organisierte Bildungssystem damit zugleich eine Institution zur Stabilisierung bestehender Herrschaftsverhältnisse. Das organisierte Bildungswesen repräsentiert die bestehende

soziale Ordnung und reproduziert sie zugleich. Erst die sozioökonomische Entwicklung in den hochindustrialisierten Staaten erzwinge eine Veränderung im Stellenwert der Bildung, die nicht mehr Privileg weniger, sondern Notwendigkeit für alle sei. Das aber bedinge einen systemimmanenten Konflikt: einerseits sei die Herrschaftsordnung nur durch vermehrte Bildung aufrechtzuerhalten, andererseits sei die Herrschaft gefährdet, weil mit der Bildung zugleich die Fähigkeit steige, Wert- und Normensysteme in Frage zu stellen.

Von den zwei möglichen Funktionen politischer Bildung, nämlich eine *emanzipatorische*, den gesellschaftlichen Zustand transzendierende, und eine *affimative*, den Status quo verteidigende, sei in der Realität nur die zweite wirksam geworden. »Auch in der Bundesrepublik macht die politische Bildung hiervon keine Ausnahme: Der politische Unterricht war und ist entweder explizit den bestehenden gesellschaftlichen Zuständen verpflichtet, oder er blieb und bleibt – bei partiell progressiven Ansätzen – weitgehend ohne Wirkung[27].« Diese mangelnde Wirksamkeit der politischen Bildung »ist primär eine Folge der Bedingungen, unter denen diese stattfindet: der Schulorganisation, der Lehrerbildung, der Unterrichtsverhältnisse usw. – nicht zuletzt jedoch der gesamtgesellschaftlichen Entwicklung, der Einflüsse sozialer Interessen im Bildungsbereich und der Machtverhältnisse in Staat und Gesellschaft«[28].

Wenn aber eine Erziehung zur Anpassung an bestehende politisch-soziale Verhältnisse überwunden werden soll, dann gilt es die vorhandenen Grenzen nicht als unveränderbare Tatsachen vorzustellen, sondern zu hinterfragen und zur Diskussion zu stellen. Um die Motivation des Schülers zu politischem Handeln zu wecken, muß der politische Unterricht von den konkreten Problemen und Erfahrungen der Schüler ausgehen und die dahinterstehenden Interessen sozialer Gruppen ausleuchten.

»Nur dadurch, daß in der Analyse konkreter und aktueller politischer Konflikte stets die eigenen, objektiven Interessen bewußt werden – die immer zugleich die Interessen von sozialen Gruppen sind –, und aus der Konfrontation dieser Interessen mit den bestehenden Gesellschaftsstrukturen kann sich die Frage nach dem Ziel politischen Engagements ergeben: als Frage nach einer Gesellschaft, die den realen Interessen der Menschen gerechter wird als die bestehende, d. h. nach einer Gesellschaft mit mehr Demokratie und Humanität, also weniger Repression und Entfremdung[29].«

Politische Bildung, die zur Emanzipation des Menschen beitragen will, muß Herrschafts- und Ideologiekritik sein. Grundlage einer so verstandenen politischen Bildung sei einmal die Analyse von Machtverhältnissen in der Gesellschaft, von Entscheidungsprozessen an den Schaltstellen der Macht. Zum anderen komme es darauf an, Ideologien bloßzulegen, die lediglich der Rechtfertigung gesellschaftlicher Gegebenheiten dienten. Die eigene Gesellschaft müsse daher mit ihren eigenen Ansprüchen, den Realitäten und den Interessenpositionen derjenigen konfrontiert werden, die Träger bestimmter Ideologien sind. Politische Bildung sei ein Appell an die Rationalität.

»Nur vermöge seiner Rationalität kann der Mensch die seiner Emanzipation entgegenstehenden Kräfte und Institutionen kritisieren, kann er Herrschafts- und Manipulationsmechanismen durchschauen, kann er Widerstandskräfte und -fähigkeiten gegen gesellschaftliche Manipulation entwickeln. Politische Bildung als kritische Aufklärung bedeutet rationale Erkenntnis gesellschaftlicher Institutionen, Strukturen und Bewegkräfte[30].«

Eine so verstandene politische Bildung kann für Schmiederer selbstverständlich nicht wertfrei sein. Dabei gehe es aber nicht um eine Erziehung zu als »ewig« postulierten Werten, die zwar in der Pädagogik große Tradition habe, in der politischen Bildung jedoch zu einer ideologisch gefärbten Tugendlehre führe, die den Partizipationsaspekt ausklammere. Vielmehr käme es darauf an, die als allgemeingültig akzeptierten Werte auf ihren historischen Kontext hin zu analysieren und auf ihre Allgemeingültigkeit hin zu problematisieren und zu diskutieren.
Die Wirksamkeit des politischen Unterrichts hängt wesentlich davon ab, daß er sich nicht auf die Ergebnisse einer Wissenschaft allein abstützt, sondern fächerübergreifend vorgeht. Durch die Aufsplitterung der Sozialwissenschaften und ihre weitgehende Differenzierung habe die politische Bildung innerhalb der Einzelwissenschaften keinen direkten Partner an den Hochschulen, vielmehr herrsche heute weitgehend Einigkeit darüber, daß die politische Bildung auf die Ergebnisse der Sozialwissenschaften insgesamt angewiesen sei, andererseits aber eine integrierte sozialwissenschaftliche Basis als Voraussetzung für eine erfolgversprechende politische Bildung an den Schulen fehle. Wenn die Probleme von Macht und Herrschaft, politischer Willensbildung und politischem Bewußtsein im Mittelpunkt der politischen Bildung stehen, dann bilden Politische Wissenschaft und Soziologie die wichtigste Grundlage politischer Bildung.

»Nicht nur für die hier aufgezeigte Konzeption Politischer Bildung, sondern auch wenn man den gültigen Bildungsplänen für Sozial- und Gemeinschaftskunde folgt, wird neben der Politikwissenschaft vor allem der Soziologie die Aufgabe der wissenschaftlichen Fundierung der Politischen Bildung zukommen. Insbesondere dort, wo Politikwissenschaft selbst sich nicht vorwiegend als politische Soziologie versteht, benötigt sie die Soziologie als erfahrungswissenschaftliche Basis (wie umgekehrt die Soziologie – nicht nur in der Politischen Bildung – immer zugleich der politischen Betrachtungsweise bedarf)[31].«

Neben der Berücksichtigung der historischen Dimension, die das Bestehende als historisch Gewordenes versteht, steht die Bedeutung der politischen Ökonomie für die Analyse sozialer Prozesse außer Frage; denn hochindustrialisierte Staaten sind primär Wirtschaftsgesellschaften, und ihre Existenz- und Entwicklungsbedingungen sind wirtschaftlicher Natur. Der Soziologie jedoch kommt eine Schlüsselfunktion zu: »Jede durchgreifende Verbesserung der politischen Bildung als Aufklärung und Förderung autonomer Reflexion hat als entscheidende Voraussetzung, zunächst einmal die Lehrer selbst mit soziologischer Denkweise vertraut zu machen[32].«

Während auf die demokratietheoretischen Prämissen der Schmiederschen Konzeption weiter unten noch ausführlicher einzugehen sein wird, sollen hier nur ein paar Anmerkungen zu seinem zunächst einleuchtenden, aber eben doch nicht unproblematischen Postulat gemacht werden, die Auswahl der Unterrichtsinhalte habe sich nach der relativen Nähe zum Schüler und ihren Motivations- und Interesselagen zu richten. Zu fragen ist nämlich, ob die begrenzten, in Primärbereichen gewonnenen Erfahrungen und Interessen der Jugendlichen nicht so diffus sind, daß sie bei der Analyse komplexer Sozialstrukturen nur wenig behilflich sind. »Ihr begrenzter Erfahrungsbereich einerseits und die Komplexität der gesellschaftlichen Strukturen, in denen sie nach Orientierung suchen, anderseits fördern die Neigung zur distanzlosen Übernahme ideologischer Denkungen und die Möglichkeit ihrer Verbreitung. Je allgemeiner das Denkungsmuster ist, desto eher lassen sich die verschiedensten Erfahrungen und Interessen innerhalb desselben erfassen[33].«

Außerdem macht Behrmann zu Recht darauf aufmerksam, daß ein starker schichtspezifischer Einfluß auf Kenntnisse und Interessen der Jugendlichen nachweisbar sei, der von der politischen Pädagogik berücksichtigt werden muß[34]. Vor allem die Unterschicht hat, wie in der Sozialisationsforschung immer wieder festgestellt wurde, eine sehr viel größere Distanz zum Bereich des Politischen, geringeres

Vertrauen in die eigenen Einflußchancen und insgesamt eine höhere Affinität zum Autoritarismus als die Mittelschicht (vgl. 4. u. 6.).

Die zweite hier zu diskutierende Konzeption, nämlich die von Giesecke, rückt von der Forderung ab, die von den Schülern unmittelbar erfahrenen Probleme und Konflikte hätten im Mittelpunkt des Unterrichts zu stehen, und er begründet es damit, daß auch persönlich erfahrene Konflikte von vornherein zu objektiv-gesellschaftlichen Konflikten in Beziehung gesetzt werden müßten, zumal der gesellschaftliche Konflikt nicht einfach die Verlängerung des persönlichen sei[35]. Im übrigen weiß er sich ebenso wie Schmiederer der kritischen Theorie und dem dort vertretenen Demokratiebegriff verpflichtet, dessen Wertbasis die Emanzipation im Sinne der menschlichen Selbstdefinition ist. »Fundiert und konkretisiert man nun die politische Bildung im Rahmen eines so verstandenen historischen Kontextes von Emanzipation, so folgt daraus unausweichlich ihre politische Parteilichkeit[36].« Das Lernziel der politischen Bildung läuft deshalb darauf hinaus, solche Kenntnisse und Fähigkeiten zu vermitteln, die die bisher unterprivilegierten Gruppen in den Stand versetzen, ihre eigenen Interessen durchzusetzen und damit den Prozeß der Demokratisierung voranzutreiben. Dabei muß für Giesecke die politische Parteilichkeit der politischen Bildung gebunden bleiben »an diejenigen politischen Konventionen und Regeln, die eine den partikularen Interessen gemeinsame Politik und politische Pädagogik überhaupt erst konstruieren können«[37].
Mit anderen Worten: der Unterricht muß an die politische Verfaßtheit der Bundesrepublik, wie sie sich im Grundgesetz konkretisiert, gebunden bleiben, zumal das Grundgesetz selber dem historischen Demokratisierungsprozeß verbunden und nur von dorther zu erklären sei. »›Parteilichkeit‹ heißt demnach nichts anderes, als die im Grundgesetz zugestandenen Chancen für die bisher Benachteiligten optimal zu realisieren[38].« Giesecke erläutert dieses Konzept an einigen Beispielen. So sei etwa das im Artikel 2 GG artikulierte Grundrecht der freien Entfaltung der Persönlichkeit abhängig vom sozio-ökonomischen Status des einzelnen, und seine Realisierung erfordere kollektives gesellschaftliches Handeln. Ähnlich sei »der verfassungsmäßige Gleichheitsgrundsatz (Artikel 3 GG) als ein Prinzip zu begreifen, das nur in der Aktion gegen die sozialen und ökonomischen Bedingungen faktischer Ungleichheit der Realisierung nähergebracht werden kann«[39], und die in Artikel 20 GG proklamierte Volkssouveränität müsse als Kern des Demokratie-

begriffes permanent mit den konkreten Herrschaftsverhältnissen konfrontiert werden.

Oberstes Lernziel des politischen Unterrichtes ist für Giesecke »Mitbestimmung«, die mehr ist als »›Mitmachen‹ in den vorgegebenen Institutionen und Organisationen, sondern auch um deren planmäßige Veränderung in Richtung auf zunehmende Demokratisierung der Gesamtgesellschaft«[40]. Um dieses sehr allgemeine und relativ abstrakte Ziel nicht zu inhaltsleerem Formalismus denaturieren zu lassen, müsse dieses Lernziel in fünf Teilziele aufgegliedert werden[41]. So sei es zunächst notwendig, durch die Analyse von politischen und sozialen Konflikten, die auf fundamentalen, d. h. strukturbedingten Widersprüchen beruhen (1), eine auf handlungsrelevanten politischen Realitäten bezogene Urteilsfähigkeit auszubilden. Damit verbunden sein müsse die Korrektur der bei den Schülern jeweils vorfindbaren Gesellschaftsbilder (2), die Schulung historischen Bewußtseins (3), indem der Geschichtsunterricht den Prozeß der gelungenen bzw. gescheiterten Demokratisierung in den Mittelpunkt stellt, ferner das Training selbständiger Informationsermittlung und -verarbeitung (4) sowie (5) das Training politischer Verhaltensformen.

»Ganz allgemein ließe sich also sagen, daß ein politischer Unterricht auf die Dauer dann optimal ist, wenn er diese fünf Teilziele auch tatsächlich realisiert. Umgekehrt heißt das aber auch, daß jedes dieser Teilziele seinen Zweck verfehlen muß, wenn es von den anderen isoliert wird: Die Analyse politischer Konflikte allein stellt noch kein richtiges systematisches politisches Bewußtsein her und garantiert auch noch kein angemessenes politisches Verhalten in Konfliktsituationen; das systematische Training des ›gesamtgesellschaftlichen Bewußtseins‹ allein garantiert noch keine richtige Analyse eines bestimmten Konfliktfalles und ebensowenig ein angemessenes politisches Verhalten; historisches Bewußtsein allein kann zur Abstinenz von aktuellen politischen Kontroversen und zu politischer Passivität führen; das Training von Informationsvermittlung allein nutzt so lange wenig, wie nicht klar wird, wozu man die Informationen eigentlich benutzen will; und das Training politischer Verhaltensformen allein würde nur blinde Aktivität fördern, die für ganz verschiedene Zwecke in Anspruch genommen werden kann – und keineswegs nur für den der fortschreitenden Demokratisierung. Nur wenn man also diese fünf Teilziele in einem Zusammenhang sieht, können sie als Operationalisierungen des übergeordneten Lernziels ›Mitbestimmung‹ verstanden werden[42].«

Auf diesem Hintergrund entwickelt Giesecke seine formalen Kategorien der Konfliktanalyse: Konflikt, Konkretheit, Macht, Recht, Interesse, Solidarität, Mitbestimmung, Funktionszusammenhang, Ideologie, Geschichtlichkeit und Menschenwürde. Die Nütz-

lichkeit und Evidenz dieser Kategorien für die politische Bildung hängen für Giesecke an drei Bedingungen: *erstens* müssen in jeden zu analysierenden Konflikt alle Kategorien eingehen, *zweitens* müssen die in den Kategorien eingegangenen normativen Implikationen sich mit denen des Grundgesetzes decken, und *drittens* müssen die Kategorien für die konkrete Unterrichtssituation das jeweils zu behandelnde Problem in Leitfragen aufschlüsseln können. Schließlich formuliert Giesecke diese Kategorien als politische Grundeinsichten, die das Ergebnis des politischen Unterrichtes sein sollen[43].
Abgesehen von der Schwierigkeit, daß auch Gieseckes Didaktik in der Praxis mit der sozialwissenschaftlichen Ausbildung der Lehrer steht und fällt, worauf er im übrigen auch selber hinweist[44], entzündete sich die Kritik vor allem an den formalen Kategorien und den Grundeinsichten. Behrmanns Kritik, in den politischen Kategorien und deren Umformulierung in politische Grundeinsichten herrsche ein nicht institutionsbezogenes Verständnis politischer Ordnungselemente vor, und eine Vermittlung der Idee der Demokratisierung und Emanzipation mit dem politischen Prozeß und seinen institutionellen Regelungen fände nicht statt[45], läßt sich auch bezogen auf die Neuausgabe seiner Didaktik politischer Bildung aufrechterhalten. Außerdem ist es fraglich, ob sich die politisch-soziale Realität auf diese Grundeinsichten reduzieren läßt, zumal sie durch ihre rein formale Definition im Unterricht immer Gefahr laufen, zu bloßen Begriffshüllen zu denaturieren, die mit je beliebigem Inhalt gefüllt werden können. Da diese Einsichten »weder beweisbar noch widerlegbar, d. h. nicht rational begründbar sind, können sie ebenso einer sachgerechten Auswahl der Unterrichtsinhalte wie einer Auswahl aufgrund vorgefaßter Urteile dienen. Da sie weder empirisch noch theoretisch abgesichert sind, sind sie leicht gegen andere austauschbar, auch gegen solche mit ganz anderen Intentionen«[46].
Neben dieser Detailkritik gibt es einen sehr viel grundsätzlicheren Einwand, der sich gegen den bei Schmiederer und Giesecke zugrundeliegenden demokratietheoretischen Ansatz richtet. So kritisiert Sontheimer[47] die von der Partizipationsthese ausgehenden politischen Bildungskonzeptionen, daß die Idee der Beteiligung und Mitbestimmung zu hoch veranschlagt würde, weil ihrer Propagierung eine weitgehende Unsicherheit und Unwissenheit über die realen Möglichkeiten der politischen Teilnahme gegenüberstände. So schlössen etwa moderne Verbände schon von ihrer Konzeption her eine aktive Beteiligung einer Majorität der Mitglieder aus, und die Zugehörigkeit zu einem Verband sei eine Frage der Vernunft,

nicht aber Indikator staatsbürgerlicher Verantwortung. Dieses Mißverhältnis zwischen dem Ziel politischer Bildung und den politischen Realitäten könnte in der Praxis dazu führen, daß die geweckte Engagementbereitschaft nur partiell oder gar nicht einlösbar sei und in Frustrationen umschlage.

Grundsätzlicher ist die Kritik von Behrmann[48], der der neueren politischen Pädagogik den Vorwurf macht, daß sie, ähnlich wie in der Weimarer Republik, von der Idee »gemeinschaftlicher Vergesellschaftung« geprägt sei. Diese an der Struktur primärer und informeller Gruppen orientierte Idee von der Gesellschaft als Gemeinschaftsmodell enthalte drei Elemente: »1. der idealisierte anthroprologische Ansatz, die zugleich als Wert und Norm wiederkehrende Bestimmung der Natur des Menschen etwa durch die bonté, durch die Vernunft, durch Vernunft und Sentiment, durch Spiel und Arbeit, Interaktion und Kommunikation, Mündigkeit und Reflexivität; 2. die Vorstellung einer solidarischen Gemeinschaft Gleicher, die den einzelnen in seiner ganzen Person umgreift, die eine volle und allseitige Kommunikation und Interaktion, die Entfaltung der menschlichen Fähigkeiten zur Totalität ermöglicht und schließlich 3. die Wendung gegen die institutionellen Systeme moderner Gesellschaften, zumal gegen die Institutionen der Herrschaft, der Ökonomie und der von ihnen abhängigen Träger und Medien kultureller Bedeutung[49].« Anstatt aber das Individuum *dem* Staat und *der* Gesellschaft gegenüberzustellen, sei es viel fruchtbarer, den Menschen als Rollenträger zu verstehen, dem in den verschiedenen Teilbereichen der Gesellschaft unterschiedliche Erwartungen anderer Menschen und Organisationen gegenüberstehen. Diese Rollenerwartungen können sich teilweise decken, partiell widersprechen oder gar gegenseitig ausschließen. Der pluralistischen Struktur moderner industriell-demokratischer Gesellschaften entspräche es daher, »daß der Bürger in bestimmten Phasen des politischen Prozesses aktiv, in anderen passiv ist; daß er nach Einfluß sucht, aber auch loyal gegenüber den einmal gewählten politischen Instanzen und ihren Entscheidungen ist; daß er sich kompetent fühlt, aber um seine Inkompetenz in vielen Bereichen weiß; daß er an die Wirksamkeit seines Handelns glaubt, aber auch die zahlreichen Filter zwischen seinem politischen Handeln und seinen Meinungsäußerungen und den politischen Entscheidungen kennt und anerkennt; daß er seine besonderen Interessen zu verwirklichen sucht, sich aber auch solidarisch verhält; daß er den instrumentalen Charakter der Politik erkennt, aber durch eine auch affektiv gegründete Loyalität und Solidarität ausgleicht; daß er schließlich die Legitimation in Institutionen investiert, sie auf die Träger, Inhaber bestimmter institutioneller Positionen überträgt, sie jenen aber bei mangelhafter Erfüllung der ihnen gestellten Aufgaben auch wieder entzieht, ohne sie zugleich den Institutionen zu entziehen«[50].

Die in den meisten Konzeptionen politischer Bildung unterstellte oder sogar expressiv verbis geäußerte Forderung nach umfassender Information und politischem Engagement des Bürgers zielt daher an der Realität vorbei, weil politisches Handeln nur eine unter vielen Rollen darstellt und eine grundlegende Distanz zwischen der wesentlich in Primärbereichen wie Familie, Arbeitsplatz und Freundeskreis verlaufenden Alltagswelt und dem abstrakteren, ferner liegenden politischen Bereich besteht. Diese Distanz zwischen affektiven und kognitiven Bezügen begrenzt nicht nur grundsätzlich politisches Interesse und Engagement, sondern begünstigt »eher die Entscheidungschancen politischer Instanzen als die Partizipationschancen der Gesellschaftsmitglieder«[51].

Es dürfte unschwer deutlich geworden sein, daß Behrmann die neuere politische Pädagogik von einem ganz anderen Demokratieverständnis her kritisiert. Sein Ansatz ist entscheidend von der sogenannten »realistischen« Demokratietheorie geprägt (vgl. 3.3.), der hohe politische Beteiligung eher für ein Krisenzeichen als für ein Stabilitätsmerkmal moderner Demokratien hält und Politik primär als Kampf um die Macht miteinander konkurrierender Minderheiten begreift. Beide demokratietheoretischen Ansätze, der »normative« und der »realistische«, sind in dem Maße, wie sich Soziologie und Politikwissenschaften den Problemen politischer Bildung angenommen haben, in die Kontroversen politischer Pädagogik eingegangen. Darüber hinaus spielen sie aber bei der Analyse politischen Verhaltens, wie noch zu zeigen sein wird (vgl. 6.1 und 6.2), eine entscheidende Rolle. Was indes bezüglich des politischen Verhaltens ermittelt wird, ist, darin ist Ellwein zuzustimmen[52], »objektiv« nur bezogen auf den jeweils zugrundeliegenden demokratietheoretischen Ansatz.

»Wer den gegenwärtigen Zustand in der Bundesrepublik positiv oder doch überwiegend positiv beurteilt, muß entsprechend den empirischen Befund zuordnen: Relativ geringe politische Beteiligung kann dann als Ausdruck der Zufriedenheit gewertet werden, Wahlverhalten als Absage an Radikalismus, fehlendes politisches Interesse als Übereinstimmung mit der demokratischen Ordnung oder als Vertrauen in die demokratischen Institutionen und Prozesse. Wer dagegen kritisch distanziert urteilt, also etwa den demokratischen Prozeß daraufhin untersucht, in welchem Umfange er in 20 Jahren zur Veränderung von Macht- und Einflußstrukturen geführt hat, in welchem Umfange es bisher unterprivilegierten Gruppen gelungen ist, Anteil an Privilegien zu gewinnen, was mehr beinhaltet als nur Zunahme an Lebensstandard, der wird die geringe politische Beteiligung als Ausdruck von Unmündigkeit, Mangel an Aufklärung oder Resignation einstufen[53].«

Die Frage, welche Chancen politische Bildung hat und was sie eigentlich leisten kann, soll hier nur angerissen werden, weil sie zum Schluß noch einmal ausführlich aufgegriffen werden soll (vgl. 6.3.). Görlitz[54] schreibt der politischen Bildung vier Funktionen zu: *Emanzipation*, d. h. Selbstbestimmung des Menschen durch Reflexion eingefahrener Verhaltensmuster, *Identifikation*, d. h. Verinnerlichung des herrschenden Wert- und Normensystems, *Adaption*, d. h. Anpassung an gruppenspezifische oder gesamtgesellschaftliche politische Standards, und *Integration*, d. h. die Eingliederung in die politische Kultur, wobei zwischen den letzten drei Funktionen sicherlich ein enger Zusammenhang besteht; denn ohne Adaption und Identifikation dürfte die Eingliederung in die politische Kultur kaum gelingen. Soweit Emanzipation im Sinne des Abbaus gesellschaftlicher Abhängigkeiten und der Fremdbestimmung nicht nur mit der kritischen Theorie, sondern auch mit einer marxistischen Gesellschaftsanalyse verbunden ist, ist politischen Bildung strenggenommen in diesem Rahmen gar nicht möglich. Die politischen Entscheidungsträger würden eine derartige Didaktik niemals akzeptieren, weil die Kritik an der Fremdbestimmung durch die Institutionen der Gesellschaft konsequenterweise zur Forderung nach ihrer Abschaffung führen muß. Chancen hat nur eine politische Bildung, die über die Reflexion und Kritik der die Gesellschaft stabilisierenden Werte und Normen einen mittleren Weg zwischen Affirmation und Indoktrination beschreitet. Wieweit die politische Bildung in der Schule lediglich verstärkende Wirkung hinsichtlich der in den Primärbeziehungen geprägten Einstellungen hat oder ob sie auch meinungs- oder verhaltensändernd wirken kann und ob es ihr gelingt, politisches Engagement zu wecken, das hängt nicht zuletzt davon ab, ob die politische Bildung vermittelnden Lehrer selber ein zureichendes Bild von den Prozessen politischer Willensbildung und politischer Entscheidungen gewinnen.

3. Die Dimension des Demokratiebegriffs

3.1 Zur Rolle der Politischen Soziologie

Die Soziologie als Wissenschaft entwickelte sich parallel zu den großen sozialen Umwälzungen des 18. und 19. Jahrhunderts, die schlagwortartig mit dem Begriff »Industrielle Revolution« bezeichnet werden. Drastisch dokumentierte sich dieser grundlegende Wandel in der Französischen Revolution von 1789, als die bestehende soziale und politische Ordnung zuerst in Frage gestellt und dann umgestürzt wurde. Die Ständegesellschaft, für den europäischen Kontinent jahrhundertelang geschichtsprägend, löste sich auf, und die kapitalistisch orientierte Industriegesellschaft stellte Traditionen, alte Leitbilder und das überkommene Wert- und Normensystem in Frage, was eine allgemeine Verhaltensunsicherheit zur Folge hatte. Der Soziologie ging es nun vor allem darum, das Krisenhafte der damaligen Zeit zu analysieren und durch die Verwirklichung einer neuen Ordnung zu beseitigen. Aber mit dem Augenblick, indem die Gesellschaft zum erstenmal Gegenstand eigenständiger Wissenschaft wurde, differenzierte sich die Soziologie je nach ihrem Selbstverständnis in unterschiedliche Richtungen und »Schulen« aus. So stand etwa der Konzeption von Marx, der den sozialen Wandel der Gesellschaft unter den Kategorien des Zwanges und der Konflikte analysierte, eine andere Auffassung gegenüber, für die nicht der soziale Wandel, sondern Faktoren sozialer Stabilität zum bevorzugten Forschungsgegenstand wurden. Diese beiden Extrempositionen lassen sich auch heute noch nachweisen, wobei die jeweiligen Intentionen nur auf dem Hintergrund unterschiedlicher wissenschaftstheoretischer Positionen (vgl. 3.2) deutlich werden. Die eine Richtung versteht Soziologie als eine auf empirisch-analytischer Basis arbeitende Wissenschaft, die sich um eine gesetzmäßige Erforschung der Sozialstruktur bemüht und die mit Hypothesen arbeitet, die intersubjektiv überprüfbar sein müssen. Nach dem Vorbild der Naturwissenschaften sollen Funktionsmodelle zur Ordnung und Erklärung von Daten erstellt werden. Die andere Richtung versteht Soziologie als kritische Theorie der Gesellschaft, wobei Gesellschaft als die Totalität des konkreten Lebenszusammenhanges der Menschen begriffen wird. In der Tradition der Hegelianischen und Marxschen Philosophie wird vor allem die historische Dimension der Gesellschaft betont und ein enges Verhältnis von Theorie und Praxis, Erkenntnis und Interesse angestrebt. Die eine Richtung akzeptiert die bestehende Gesellschaft und versucht, soziale Strukturen und Funktionsabläufe zu analysieren. Die andere stellt die Gesellschaft in ihrer kapitalistischen Ausformung grundsätzlich in Frage, weil sie die soziale Ungerechtigkeit festschreibe, die Emanzipation des Menschen verhindere und darüber hinaus nur eine Minderheit die Chance habe, ein menschenwürdiges Leben zu führen.

Diese auf unterschiedlichen wissenschaftstheoretischen Ansätzen beruhende Auseinandersetzung hat auch innerhalb der Politischen Wissenschaft seine Spuren hinterlassen. Aber wenn hier auch lange nicht so massiv aus Grundsatzpositionen heraus gestritten wurde, so ist es mit dem Selbstverständnis keineswegs besser bestellt, was sich rein äußerlich bereits daran ablesen läßt, daß man sich im deutschsprachigen Raum bisher auf keine verbindliche Bezeichnung der Wissenschaft einigen konnte. »Politische Wissenschaft«, »Wissenschaft von der Politik«, »Wissenschaftliche Politik« oder »Politologie« laufen nebeneinanderher, ja selbst die Existenzberechtigung als eigenständige Wissenschaft wird in Deutschland gelegentlich noch angezweifelt, während »Political Science« im angelsächsischen Bereich längst eine etablierte Disziplin ist. Innerhalb der Politischen Wissenschaft differieren vor allem die Ansichten über den Forschungsgegenstand, da »politisches Handeln« oder der Begriff des »Politischen« selbst viel zu vage Kriterien darstellen. Während die klassischen Konzeptionen auf die politische Philosophie des Aristoteles rekurrierten, für den die *Polis* Bedingung und Verwirklichung des guten Lebens war, und den öffentlichen Bereich des Politischen als Medium der Selbstverwirklichung des Menschen vom *oikos*, dem privaten als soziale und ökonomische Einheit verstandenen privaten Bereich der Hauswirtschaft abgrenzten, setzten sich vor allem nach dem Zweiten Weltkrieg mit der Rezeption der amerikanischen Theorie- und Methodenansätze formale Bestimmungen des Politischen durch. Anstatt das Politische naturrechtlich zu deuten und zu rechtfertigen, dominierten die Ansätze, die das Phänomen der Herrschaft als entscheidendes Kriterium des Politischen hervorheben und damit nicht mehr das Individuum, sondern das gesellschaftliche Gesamtsystem zum Bezugspunkt des Politischen machen. »Das historisch zu beobachtende Zusammenschrumpfen des politischen Bereiches mit umfassendem Ordnungsanspruch und sein Funktionsverlust gegenüber älteren, weniger differenzierten Sozialordnungen, der jedoch gleichzeitig verbunden ist mit einer gewaltigen, wenn auch stark spezialisierten Steigerung seiner Aufgaben, werden dahingehend gedeutet, daß das Politische im Rahmen eines integrierten sozialen Gesamtsystems die spezifische Funktion übernimmt, verbindliche Entscheidungen für nicht bewältigte Probleme aus anderen gesellschaftlichen Untersystemen im Sinne des Gesamtsystems zu treffen[1].«

Parallel mit dieser Reduktion des politischen Bereiches und seiner spezialisierten Aufgabensteigerung andererseits vollzieht sich eine wechselseitige Durchdringung von »Staat« und »Gesellschaft«, die nicht mehr wie in der älteren liberalen Theorie als zwei voneinander getrennte Sphären, sondern als eng miteinander verflochtene, interdependente Bereiche betrachtet werden. Auf diesem realen politischen und sozialen Hintergrund versteht sich die Politische Soziologie als Bindeglied zwischen Soziologie und Politischer Wissenschaft; denn innerhalb der Sozialwissenschaften besteht insofern Einigkeit, als politisches Handeln nur auf dem Hintergrund der jeweiligen Sozialstruktur sinnvoll erklärbar scheint. Ziel der Politischen Soziologie muß es sein, »die eigentümliche Verwobenheit ökonomischer, sozialer und politischer Machtstrukturen im übergreifenden Strukturzusammenhang einer bestimmten gesellschaftlichen Ordnung zu studieren[2]«. Bezogen auf die Gesellschaftsordnung westlicher Prägung bedeutet das, daß die Politische Soziologie an dem soziologischen Hintergrund des Demokratieproblems interessiert ist, weil politische Willensbildung und politische Entscheidungen sich durch die unterschiedlichen sozialen Filter wie Verbände, Parteien oder Bürokratien vollziehen. Eine demokratische Ordnung aber schwebt immer in der Gefahr, »›Überbau‹, Verhüllungsideologie, zu werden, wenn ihre verfassungsmäßige Geltung mit den faktischen gesellschaftlichen und politischen Machtverhältnissen in Widerspruch gerät[3]«.

Die Schwierigkeit besteht nun darin, daß das Demokratieverständnis immer schon doppeldeutig angelegt war: nämlich einmal in der angelsächsischen, auf Hobbes und Locke zurückgehenden Version der *Legitimität der Herrschaft*, und der kontinentalen, auf Rousseau zurückgehenden Konzeption der *unmittelbaren Volksherrschaft*.

Hobbes begründete die notwendige Existenz des Staates aus dem Naturzustand des Menschen. »Der ›natürliche Mensch‹, von dem

Hobbes wie selbstverständlich ausgeht, ist kein anderer als der eben auf der sozialen Bühne auftauchende Bourgeois, der im Konkurrenzkampf mit allen anderen liegende Warenproduzent. Solche Konkurrenz war damals noch relativ neu, ihre Heftigkeit beunruhigend, aber schon erschien sie als ›natürlich‹ und unvermeidlich. Je mehr Menschen in diesen Kampf eintraten, je heftiger er wurde, um so dringender wurde eine staatliche Regelung, die zumindest extreme Formen von physischer Gewalt der Kämpfenden gegeneinander ausschloß[4].« Um die friedliche Koexistenz der konkurrierenden und miteinander in Konflikt lebenden Individuen zu garantieren, ist es notwendig, daß sie ihre Rechte an eine übergeordnete Instanz abtreten, an den Staat, den *Leviathan*.

Das Selbstverständnis der britischen Demokratie ist jedoch vor allem von der Staatsphilosophie Lockes beeinflußt worden, die sich gegenüber Hobbes' Auffassung vor allem hinsichtlich der Bedeutung des Staatszweckes unterscheidet. Die wesentliche Funktion des Souveräns bestand für Hobbes darin, das Leben der Bürger zu schützen, während Locke daneben den Schutz des Eigentums betonte. Historisch diente seine Konzeption, wie Fetscher betont, zur Rechtfertigung der »glorious revolution« von 1688, als das Bürgertum die Stuarts durch eine neue Dynastie ersetzte. »Die Auffassung von Demokratie, die in England bis in unser Jahrhundert hinein bestimmend geblieben ist, geht auf Locke und die Whigs des 17. Jahrhunderts zurück. Ihre wichtigsten Elemente sind:

1. daß der Staat dem Schutz, der Freiheit, dem Wohlergehen und der Rechtssicherheit der Individuen zu dienen hat;
2. daß die Regierungsgewalt eine Art Treuhänderschaft darstellt, die bei schwerer Verletzung des diesem ›trust‹ zugrundeliegenden Auftrags zurückgenommen werden kann[5].«

Eine grundsätzlich andere Auffassung von Demokratie vertritt Rousseau, für den Demokratie identisch ist mit Herrschaft der Gesetze, die aber nicht von einigen wenigen im Namen aller beschlossen werden können, sondern von allen für alle. Eine Delegation des politischen Willens scheidet für Rousseau aus. Statt dessen operiert er mit der Existenz eines vorgegebenen Gemeinwillens, auf den der Wille aller, die volonté générale, ausgerichtet sein muß.

Diese Kluft zwischen dem *liberalen Demokratieverständnis* mit den Indikatoren Repräsentation, Pluralismus, Gewaltenteilung und einem Gemeinwohl a posteriori und dem *radikalen Demokratieverständnis* und den Indikatoren Rätesystem, Monismus, Gesamtwillen und Gemeinwohl a priori wirkt in der relevanten Literatur bis

heute nach. Dabei läßt sich eine Affinität zwischen dem liberalen Demokratiebegriff und einer analytisch-empirischen Wissenschaftstheorie einerseits sowie dem radikalen Demokratiebegriff und der kritischen Theorie andererseits feststellen (vgl. 3.3.).
Sowenig Demokratie eindeutig und verbindlich auf den Begriff zu bringen ist, so groß ist heute bei allen sonstigen Meinungsverschiedenheiten die Übereinstimmung in der Soziologie und der Politischen Wissenschaft darüber, daß die moderne Demokratie, so wie sie sich in den Industriestaaten westlicher Prägung entwickelt hat, insofern unvollkommen ist, als die jeweils an sie herangetragenen Ansprüche mit der Wirklichkeit höchstens partiell übereinstimmen. Diese Kluft zwischen Anspruch und Wirklichkeit kennzeichnet auch die Situation in der Bundesrepublik, wie sich anhand des Grundgesetzes und der politisch-sozialen Wirklichkeit unschwer nachweisen läßt. Verstehen wir Demokratie daher nicht nur als formales Regierungssystem, sondern als menschenwürdige Lebensform (vgl. 3.4.), dann stellt sich die Frage nach dem Bild einer zukünftigen Gesellschaft, auf das eine zukunftsorientierte Politik hinzuarbeiten hat, und das Problem, ob diese Gesellschaft durch Reform oder Revolution Wirklichkeit werden kann[6]. »Die Politische Soziologie begreift sich damit als ›Gegenwartswissenschaft‹, die bereit ist, auch auf die gesellschaftspolitische Weiterentwicklung und den Prozeß der Demokratisierung von Staat und Gesellschaft Einfluß zu nehmen und faschistoiden Tendenzen entgegenzuwirken[7].« In ihrem Selbstverständnis ist die Politische Soziologie nicht zuletzt davon abhängig, daß, wie Stammer und Weingart betonen[8], das demokratietheoretische Erkenntnisinteresse als bedeutsamstes Element in diese Disziplin eingeht. »Die Struktur der Politischen Soziologie als Disziplin erschließt sich nicht in Form der Deduktion von Fragestellungen aus einem geschlossenen theoretischen System, sondern als spezifische Form des Zugangs zu diesem Problemkomplex, der überdies nur mit Hilfe einer Mehrzahl von Disziplinen und Methoden erschlossen werden kann[9].«

3.2. Probleme der Theorienbildung

Ziel der folgenden Darlegungen ist es, dem Leser einen Begriff von Wissenschaft, von ihren Möglichkeiten und insbesondere ihren Grenzen, ihren verschiedenen Methoden und dem relativen Erkenntniswert ihrer Ergebnisse zu vermitteln; um ihn so vor den

Gefahren sowohl übersteigerter Wissenschaftsgläubigkeit als auch vorschneller Ablehnung wissenschaftlicher Erkenntnisse zu bewahren. Diese Einsicht ist an sich fast schon trivial, aber da gerade der relative Erkenntniswert aller wissenschaftlichen Aussagen dazu verleitet, dogmatisch verkündetem Heilswissen auf den Leim zu gehen, scheint es notwendig, an diese Einsicht zu appellieren.

Theorien sind in einem streng erfahrungswissenschaftlichen Sinn deduktiv gewonnene, aufeinander bezogene Aussagesysteme über einen bestimmten Realitätsausschnitt, die, nach Angabe über die auf sie bezogenen Voraussetzungen und Randbedingungen, Hypothesen über zukünftige Ereignisse in Form von Wenn-dann-Sätzen zulassen und empirisch überprüft werden können. Diesen Anforderungen genügen heute die wenigsten Studien in den Sozialwissenschaften, die zumeist eine Kombination darstellen von theoretischen Ansätzen unterschiedlicher Abstraktionsstufen, deskriptiven Zwekken dienenden Modellen, vergleichenden Analysen und metatheoretischen Begriffsschemata, die man nicht wie falsche Theorien widerlegen kann, sondern über deren Gebrauch ausschließlich ihre Fruchtbarkeit zur Erklärung bestimmter Phänomene entscheidet.

Die verschiedenen wissenschaftstheoretischen Ansätze und Methoden sind ein Spiegelbild der Tatsache, daß es auf die Frage nach der Möglichkeit wissenschaftlicher Erkenntnis keine allgemeingültige Antwort gibt. Vielmehr ist die Antwort auf die Frage nach Wahrheit abhängig von den verschiedenen methodologischen Wegen und damit letztlich vom eigenen Selbstverständnis. Jede Erkenntnisabsicht bewegt sich daher in einem tautologischen Zirkel und wird damit zu einem reinen Glaubensbekenntnis. Die Fruchtbarkeit der verschiedenen Ansätze hängt von den je spezifischen Zielen ab, d. h., die Erkenntnisse sind abhängig von dem selbstgesteckten Bezugsrahmen. Für jede wissenschaftstheoretische Entscheidung muß ein Preis gezahlt werden, indem bestimmte Zugänge auf Kosten anderer geöffnet werden. Die Frage des Preises ist abhängig vom Vergleich der verschiedenen Möglichkeiten und läßt sich nicht formelhaft darstellen. Da es Tatsachen »an sich« in den Sozialwissenschaften nicht gibt, sondern diese sich erst im Prozeß des Erkennens konstituieren, wird auch erst mit der Entscheidung über die Methode des Erkennens entschieden, was eine soziale Tatsache ist. Im folgenden sollen nun zunächst die drei wichtigsten wissenschaftstheoretischen Ansätze vorgestellt werden, auf deren Hintergrund sich Theorienbildung in Soziologie und Politik vollzieht, und die

Erkenntnisse über politisch-soziale Phänomene liefern: nämlich normative Theorien, dialektisch-kritische Theorien und empirisch-analytische Theorien.

1. Normative Theorien

Auf den normativen Theoriebegriff waren wir bereits im Zusammenhang mit der Frage nach dem Begriff des »Politischen« zu sprechen gekommen (vgl. 3.1.). Diese auf die aristotelische Philosophie zurückgehende Politikwissenschaft ist an der Frage des wünschbar Guten orientiert und versteht sich als Lehre vom guten und gerechten Leben. Der stark wertende Aspekt der normativen Theorien, die in dieser Hinsicht eine starke Affinität zum dialektisch-kritischen Theoriebegriff aufweisen, wird in den folgenden Ausführungen Oberndörfers besonders deutlich:

»Die Konzeption einer praktischen Wissenschaft von der Politik gewinnt den Horizont ihres Forschens nicht aus dem Ziel der Beschreibung von Geschehenem, sondern aus der Frage, was im Licht des Möglichen und wünschbar Guten geschehen solle und könne. Diese Frage entspricht der politischen Grundsituation des Menschen, ›der Freiheit und der Not entscheiden zu müssen‹ (A. Bergstraesser), also dem Umstand, daß die politische Ordnung und das politisch zu Tuende nicht vorgegeben, sondern aufgegeben, Sache der Gestaltung, der Wahl zwischen Möglichkeiten und der Entscheidung für bestimmte Normen sind. Die Forschung dieser also auf res gerendae bezogenen Wissenschaft richtet sich damit auf mögliches und wünschbar Künftiges. Während in einer an den res gestae orientierten, rein deskriptiv-analytischen Wissenschaft das möglich Künftige nur als eine eventuelle Randfrage mitbehandelt wird, ist letzteres hier gerade der Ausgangspunkt der Forschung. Im Verein mit der Frage nach dem wünschbaren Guten kann dann die weitere Frage nach dem zu Tuenden behandelt werden. Und während eine sich deskriptiv-analytisch beschränkende Wissenschaft ihre Forschungsmotivationen dem Belieben des einzelnen Wissenschaftlers anheimstellen zu müssen vermeint, bezieht eine praktische Wissenschaft ihr kritisches Ethos und damit zugleich ihre letzten Ziele prinzipiell aus einer Reflexion über das Wohl des Ganzen[10].«

Der durchgängig zu beobachtende Versuch der Vertreter normativer Theorien, an die klassische aristotelische Philosophie wieder anzuknüpfen, geschah vor allem, wie Beyme betont, »unter dem Eindruck des Wertrelativismus und des Zusammenbruchs älterer Demokratien und der Entstehung totalitärer Diktaturen im 20. Jahrhundert[11].« Gemäß dem erkenntnisleitenden Interesse, das *Handeln* in den Mittelpunkt der Analyse zu stellen, wird die strikte Trennung von Sein und Sollen, d. h. von wissenschaftlichen Aussagen und Wertungen abgelehnt. Erkenntnis um seiner selbst willen hat in den normativen Theorien keinen Platz. »Das erkenntnisleitende Interesse der Anleitung zu Bürgertugend und kluger Verwaltung führt daher zu einer starken Betonung von Regierungs- und Verwaltungslehre (etwa bei W. Hennis) und zu einem geringeren Interesse für den ›Mitbestimmungssektor‹ der Politik (Parlament, Wahlen, politisches Verhalten der Massen).[12].«

Die aus diesem Theorieansatz ableitbare Einstellung zu Fragen des politischen Verhaltens und zur Rolle der politischen Bildung soll weiter unten ebenso gesondert diskutiert werden (vgl. 6.3.) wie der für die Normativisten typische Hang zu Realdefinitionen, d. h. Definitionen, die das Wesen bzw. die Natur von Tatbeständen beschreiben wollen. Darauf werden wir an einem bekanntgewordenen Aufsatz von Hennis zum Problem der Demokratisierung noch ausführlich eingehen (vgl. 3.4.). Die Kritik hat folgerichtig an den Prämissen der normativen Theorien, nämlich dem als richtig vorausgesetzten Ordnungsgefüge letzter Werte (z. B. das Gemeinwohl) angesetzt. Dieser Wertekanon mit der daraus abgeleiteten Zielorientierung der Politik, das Gute zu realisieren, wobei die Handlungsanweisungen »nicht aus notwendigen, sondern in aller Regel nur aus plausiblen, wahrscheinlichen, annehmbaren Prämissen«[13] gewonnen werden, läßt sich empirisch nicht überprüfen, weil Schlüsse vom Sein auf das Sollen nicht deduzierbar und damit wissenschaftlich nicht beweisbar sind. Was das Gute im Staat konkret ist und wie der Politiker es verwirklichen kann, entzieht sich jeglicher intersubjektiver Kontrolle.

»Normative analytische Aussagen sind daher Leerformeln, die zumeist zwei Funktionen haben. Einmal verleihen sie dem jeweiligen Inhalt die Weihe absoluter Werte und legitimieren ihn damit sozial als Angriffs- oder Verteidigungskonzept. Wer das Gute zu verwirklichen beansprucht, kann mit einem gesellschaftlichen Vertrauensvorschuß rechnen. Zum anderen immunisieren sie gegen Kritik, weil sie Sprachfestsetzungen als Tatsachenbehauptungen ausgeben. Daß Politik die Verwirklichung des Guten bedeute, ist nur eine Festsetzung über den Gebrauch des Begriffs ›Politik‹, nicht aber eine wissenschaftlich beweisbare Aussage über das soziale Phänomen ›Politik‹. Damit ist die Politikdefinition gegen erfahrungswissenschaftliche Einwände abgesichert[14].«

Im Wissenschaftsbetrieb ist der Einfluß der normativen Theoretiker gegenüber den Anhängern der analytischen und der dialektisch-kritischen Theorie heute relativ gering, obwohl es gerade hinsichtlich der Neigung zum Begriffsrealismus Parallelen mit Vertretern der kritischen Theorie gibt.

2. Dialektisch-kritische Theorien

Strenggenommen ist die Dialektik kein wissenschaftstheoretisches Konzept, sondern eine logische Methode und hat sich als Logik mit dem Positivismus und Historismus verbunden. So ist auch der weiter unten noch zu diskutierende sog. »Positivismusstreit« in der deutschen Soziologie eigentlich kein Streit zwischen Positivismus und Dialektik, sondern zwischen analytisch-empirischen Positivismus einerseits und dialektischer Hermeneutik andererseits.

Zentrale Elemente dieses Theoriebegriffs sind die drei Begriffe Geschichtlichkeit, Dialektik und Totalität. Die Geschichte ist gleichsam der Ausgangspunkt der kritischen Theorien, weil jeder sozial relevante Tatbestand, jede zu analysierende konkrete Situation Produkt einer geschichtlichen Entwicklung ist. »Die kritische Theorie ist daher vor allem Theorie der Geschichte, die sich historischer Möglichkeiten und Notwendigkeiten vergewissert. Diese Möglichkeiten und Notwendigkeiten spiegeln sich in der begriffenen Geschichte und sind zugleich das Resultat der begriffenen Theorie, die sie offenbart[15].« Geschichte selbst vollzieht sich als Bewegung, in die Antinomien eingelagert sind, die in der gesellschaftlichen Realität wurzeln, d. h., die Dinge sind selbst kontradiktorisch angelegt. Das Prinzip historischer und sozialer Bewegungen läßt sich nun mit Hilfe der Dialektik als eine Abfolge von Dreierschritten interpretieren und aufdecken: als These, Antithese und Synthese. Diese auf der Hegelschen Philosophie gründende Dialektik geht davon aus, daß jeder Begriff als »Thesis« einen entgegengesetzten Begriff, die »Antithesis«, erzeuge, die beide in der höheren Form der »Synthesis« aufgehoben und bewahrt werden, wobei aufgehoben insofern doppeldeutig zu verstehen ist, als die Synthesis als Thesis höherer Stufe wiederum im Widerspruch zu einer Antithesis steht. Alle Dialektiker denken aus dem Widerspruch, aus der Negation heraus, eine Methode, die als heuristisches Prinzip bereits den sokratischen Dialog kennzeichnete.

Auf die Frage, ob der sokratische Dialog zu Ende geführt wird oder nicht, sind mehrere Antworten möglich. Entweder Dialog und Dialektik sind nur eine Vorstufe zur Lösung und führen nicht zur wahren Erkenntnis, sondern Erkenntnis bleibt im Bereich des Parti-

kularen. Die zweite Annahme ist die, daß es sich bei dem Dialog nicht um einen Dialog von Subjekten handelt, sondern um den Reflex einer objektiven Bewegung zur Auflösung von Widersprüchen. Die Begriffstrias zielt dann als Ganzes auf die Wahrheit, wobei die Existenz von etwas Absolutem angenommen wird, das selber keinen Widerspruch mehr kennt. Das ist bei Hegel der Weltgeist oder bei Marx die klassenlose Gesellschaft. Dritte Möglichkeit: der Dialog ist endlos, denn er ist nur die Methode zur wahren Erkenntnis, die dem Menschen aber nicht zugänglich ist.
Zu jedem Satz, den der Mensch zu denken vermag, kann er nämlich den Gegensatz denken. Es gibt daher keinen endgültigen Beweis für Wahrheit, sondern nur die Möglichkeit der Falsifikation. Die vierte Möglichkeit deutet sich in der negativen Dialektik (Horkheimer, Adorno) an, die zwar auch an die Hegelsche Dialektik anknüpft, aber unter Verzicht auf dessen Identitätsphilosophie. Der Dialog erscheint in dieser Version ebenfalls als endlos, weil zwischen Realität und Idealität, d. h. zwischen dem, was ist, und dem, was sein könnte, ein unaufhebbarer Widerspruch besteht. Der Begriff soll in das umgesetzt werden, was die Sache von sich aus sein möchte, und muß dann mit dem konfrontiert werden, was die Sache ist.
Der dritte Schlüsselbegriff der kritischen Theorien ist die Totalität, als die sich der historische Verständniszusammenhang versteht. Soziale Tatbestände dürfen demnach nicht isoliert und additiv untersucht werden, sondern nur im Kontext der sozialen und ökonomischen Verhältnisse. Gesamtgesellschaftliche Totalität weist dabei über sich selbst hinaus, als in ihr nicht nur die augenblicklichen Gegebenheiten, sondern auch reale Utopien eingelagert sind. Anhand der folgenden Ausführungen Adornos soll der dialektische Theoriebegriff exemplifiziert werden:

»Die Einsicht in Gesellschaft als Totalität impliziert auch, daß alle in dieser Totalität wirksamen, und keineswegs ohne Rest aufeinander reduktiblen Momente in die Erkenntnis eingehen müssen: sie darf sich nicht von der wissenschaftlichen Arbeitsteilung terrorisieren lassen. Die Erfahrung vom widerspruchsvollen Charakter der gesellschaftlichen Realität ist kein beliebiger Ausgangspunkt, sondern das Motiv, das die Möglichkeit von Soziologie überhaupt erst konstituiert. Nur dem, der Gesellschaft als eine andere denken kann denn die existierende, wird sie ... zum Problem; nur durch das, was sie nicht ist, wird sie sich enthüllen als das, was sie ist, und darauf käme es doch wohl in einer Soziologie an ...
War bei Comte der Entwurf der neuen Disziplin getragen von dem Willen, die produktiven Tendenzen seiner Epoche, die Entfesselung der Produktivkräfte, vor dem zerstörenden Potential zu beschützen, das damals be-

reits in ihnen heranreifte, so hat an dieser Ausgangssituation der Soziologie seitdem nichts sich geändert, es sei denn, daß sie zum Extrem sich zuspitzte, und das sollte die Soziologie in Evidenz halten ... Unterdessen ist die Krisis, der die Soziologie sich gewachsen zeigen muß, nicht mehr die der bürgerlichen Ordnung allein, sondern bedroht buchstäblich den physischen Fortbestand der Gesellschaft insgesamt. Angesichts der nackt hervortretenden Übergewalt der Verhältnisse enthüllt Comtes Hoffnung, Soziologie könne die soziale Macht steuern, sich als naiv, es sei denn, sie liefere Pläne für totalitäre Machthaber. Der Verzicht der Soziologie auf eine kritische Theorie der Gesellschaft ist resignativ: man wagt das Ganze nicht mehr zu denken, weil man daran verzweifeln muß, es zu verändern[16].«

Kritik muß u. a. angesetzt werden an dem Begriff der Totalität; denn die Totalität kann nicht beschrieben werden, weil das nur detailliert deskriptiv möglich ist. Speziell Habermas hat in letzter Zeit von dieser strittigen Kategorie (was heißt eigentlich Totalität?) Abstand genommen, wobei abzuwarten bleibt, inwieweit es sich dabei um einen taktischen Rückzug handelt.
Ein weiteres Problem der negativen Dialektik liegt in der Gefahr begründet, zu einer leerlaufenden Bewegung bei ewigen Widersprüchen zu werden. In der Möglichkeit der Kritik und Analyse des falschen Zustandes muß aber zwangsweise der wahre Zustand mitgedacht und damit eine endliche Bewegung zugestanden werden. Für Adorno ist der falsche Zustand in der bürgerlich-kapitalistischen Tauschgesellschaft fast zur Vollendung geraten. Dabei ist die Gleichsetzung des Spätkapitalismus mit der Antithese selbst wiederum einer logischen Beweisführung enthoben. Sie folgt nicht aus der dialektischen Methode, sondern aus den vorausgesetzten Wertungen. Ferner fragt sich, wie eine Analyse der kapitalistischen Gesellschaft, bezogen auf das, was die Geschichte von sich aus sein möchte, überhaupt möglich ist, wenn auf der anderen Seite die völlige Seinsgebundenheit des Denkens zugestanden werden muß. Adorno rettet sich in die Utopie als dem archimedischen Punkt außerhalb der Gesellschaft, von dem aus sich der falsche Zustand kritisch aus den Angeln heben läßt. Letztlich ist aber die Utopie keine Antwort; denn wie kann ein verdinglichtes Bewußtsein überhaupt Utopien produzieren, und woher weiß dieses Bewußtsein, daß es die Wirklichkeit mit einer Utopie konfrontiert und nicht mit einer Ideologie und damit nur die Wirklichkeit als Schein verdoppelt?
Das Problem des dialektisch-kritischen Theoriebegriffs zeigt sich vor allem darin, daß er kaum Ansatzpunkte für immanente Kritik bietet, andererseits aber jede externe Kritik ablehnt. Damit ist aber die Frage nach der Objektivität der Wahrheit gestellt, auf die die nega-

tive Dialektik nicht verzichten kann. Wahrheit wird letztlich behauptet, aber nicht bewiesen. Bei Hegel und Marx ist dieser Bezugspunkt für Wahrheit festgelegt, nämlich der absolute Geist und die klassenlose Gesellschaft. Das bietet die negative Dialektik nicht, die sich auf die Behauptung beschränkt, Wahrheit entfalte sich in der Kritik. Bedenkt man aber, daß es seit je in Gesellschaften extrem rechte und linke Kritik gegeben hat, wird deutlich, daß mit dieser Antwort wenig anzufangen ist; denn entscheidend ist dann ja die Frage, wer über die Richtigkeit der Kritik entscheidet. Selbst wenn man zugesteht, daß die Sache etwas anderes ist bzw. sein will, als die Sprache zuläßt, dann bleibt doch die Frage, inwieweit die negative Dialektik sicherstellt, daß ihre Sprache der Sache adäquat ist und nicht nur eine andere herrschende Sprache ist. Der Anspruch, Wirklichkeit in der Emanation der Begriffe und ihrer kritischen Reflexion zu erfassen, rückt die dialektische Theorie in die Nähe der normativen Theorien. »Begriffe werden geradezu wie magische Symbole und Fahnen vor der Menge hergetragen. Der systematische Faschismusverdacht gegen jede Ansicht, die sich nicht mit der eigenen deckt, ist ein Beispiel dafür[17].«

So ist es auch kein Zufall, daß in den vorliegenden Studien die Wechselbeziehung von Theorie und Empirie in den meisten Fällen nicht hergestellt wurde. Vorwiegend deduktives Vorgehen, geringes Interesse an den empirischen Forschungsmethoden und damit mangelnde Erfahrungskontrolle entsprechen einander. Darauf wird noch zurückzukommen sein (vgl. 5.2.). »Dialektische ›Methode‹ blieb überwiegend eine metatheoretische Position zur Bewertung von Fakten. Eine eigene Methode oder gar eigene Forschungstechniken hat sie nicht hervorgebracht. Die Darstellungsweise der Dialektiker ist überwiegend narrativ und ihr Ansatz historisch-genetisch, gelegentlich modernisiert durch die Benützung aggregierter Daten, jedoch in der Regel ohne Versuch statistischer Korrelationsanalyse[18].«

Ungeachtet dieser kritischen Anmerkungen hat die dialektisch-kritische Theorie auch ihre unumstrittenen Verdienste. Das gilt insbesondere für das (in Anlehnung an Marx) heuristische Axiom der Abhängigkeit von Herrschafts- und Gesellschaftsstrukturen von den jeweiligen Produktionsverhältnissen und die damit verbundene Bestimmung politischer Herrschaft als Mittel zur Durchsetzung massiver ökonomischer Interessen. Naschold hat die Vorzüge der mit dem Instrumentarium der kritischen Dialektik arbeitenden Studien in drei Punkten zusammengefaßt:

»1. wurde der in den meisten Analysen der beiden anderen Theoriebegriffe weitgehend vernachlässigte Zusammenhang von Ökonomie und Politik als erklärungsbedürftiges Problem in die Politische Wissenschaft wieder eingeführt (nachdem dies ja schon einmal, im 19. Jahrhundert, dann aber auch im ersten Drittel dieses Jahrhunderts ins Blickfeld getreten war). 2. wurde die Dimension politikwissenschaftlicher Systematik, die über systemimmanente Kritik hinausgeht, neu gewonnen. 3. wurde die Kategorie der Möglichkeit, der konkreten Utopie als möglicher und notwendiger Bezugspunkt politikwissenschaftlicher Analysen betont und somit ein Gegengewicht zu den strikten erfahrungswissenschaftlich vorgehenden Analysen des empirisch-analytischen Theoriebegriffes geschaffen[19].«

Ohne Zweifel ist auch das Denken in Widersprüchen sinnvoll und fruchtbar, »weil es zur Relativierung von Behauptungen und damit zur Antizipation implizierter Gegenpositionen führt[20]«.
Wenn Görlitz dann fortfährt, es ginge dann darum, »adäquate Strategien zur Überwindung derartiger Widersprüche zu entwickeln, d. h. wissenschaftlich kalkulierte Problemmuster anzubieten und damit soziales Handeln zu rationalisieren«[21], dann nimmt er den Standpunkt des empirisch-analytisch verfahrenden Theoretikers ein, der insofern am Prinzip des Widerspruchs interessiert ist, als er ihn nicht akzeptiert, sondern aufzulösen versucht.

3. Empirisch-analytische Theorien

Ziel der empirisch-analytischen Theorien, auch rationalistische Theorien genannt, ist es, durch Erklärung und Prognose erfahrungswissenschaftlich abgesicherte Aussagen über die Realität zu machen. Dieser Anspruch soll erreicht werden durch Aufstellen genereller Hypothesen, die empirisch überprüft und zu umfassenden Theorien nomologischer Natur zusammengefaßt werden. Am deutlichsten hat Popper diese Ausgangsposition neopositivistischer Wissenschaftslogik[22] in der Auseinandersetzung mit der dialektisch-kritischen Theorie auf dem Soziologentag 1961 in Tübingen vorgetragen. Von seinen insgesamt 27 Thesen interessieren in unserem Zusammenhang vor allem die sechste und siebente These:

»*Sechste These* (Hauptthese):
a) Die Methode der Sozialwissenschaften wie auch die der Naturwissenschaften besteht darin, Lösungsversuche für ihre Probleme – die Probleme, von denen sie ausgeht – auszuprobieren. Lösungen werden vorgeschlagen und kritisiert. Wenn ein Lösungsversuch der sachlichen Kritik nicht zu-

gänglich ist, so wird er eben deshalb als unwissenschaftlich ausgeschaltet, wenn auch vielleicht nur vorläufig.
b) Wenn er einer sachlichen Kritik zugänglich ist, dann versuchen wir, ihn zu widerlegen; denn alle Kritik besteht in Widerlegungsversuchen.
c) Wenn ein Lösungsversuch durch unsere Kritik widerlegt wird, so versuchen wir es mit einem anderen.
d) Wenn er der Kritik standhält, dann akzeptieren wir ihn vorläufig; und zwar akzeptieren wir ihn vor allem als würdig, weiter diskutiert und kritisiert zu werden.
e) Die Methode der Wissenschaft ist also die des tentativen Lösungsversuches (oder Einfalls), der von der schärfsten Kritik kontrolliert wird. Es ist eine kritische Fortbildung der Methode des Versuchs und Irrtums (›trial and error‹).
f) Die sogenannte Objektivität der Wissenschaft besteht in der Objektivität der kritischen Methode; das heißt aber vor allem darin, daß keine Theorie von der Kritik befreit ist, und auch darin, daß die logischen Hilfsmittel der Kritik – die Kategorie des logischen Widerspruchs objektiv sind.
Man könnte die Grundidee, die hinter meiner Hauptthese steht, vielleicht auch folgendermaßen zusammenfassen.
Siebente These: Die Spannung zwischen Wissen und Nichtwissen führt zum Problem und zu den Lösungsversuchen. Aber sie wird niemals überwunden. Denn es stellt sich heraus, daß unser Wissen immer nur in vorläufigen und versuchsweisen Lösungsvorschlägen besteht und daher prinzipiell die Möglichkeit einschließt, daß es sich als irrtümlich und also als Nichtwissen herausstellt. Und die einzige Form der Rechtfertigung unseres Wissens ist wieder nur vorläufig: Sie besteht in der Kritik oder genauer darin, daß unsere Lösungsversuche *bisher* auch unserer scharfsinnigsten Kritik standzuhalten scheinen.«[23]

Auch der Neopositivismus zielt letztlich auf die Frage nach Wirklichkeit ab. Aber während die Dialektik davon überzeugt ist, Wirklichkeit sei vorab strukturiert, und es komme lediglich darauf an, sie nach und nach zu erfassen, geht der Neopositivismus davon aus, daß Wirklichkeit erst im kategorialen Denkungsakt entstehe, wobei es eine *vernünftige* Strukturierung von Wirklichkeit gebe, die die Gefahr der Beliebigkeit der Strukturierung ausschlösse. Vertreter dieser Wissenschaftstheorie sind sich im allgemeinen einig, daß wissenschaftliche *Aussagen* über Tatsachen und die *Bewertung* von Tatsachen strikt voneinander zu trennen sind. Zwar sei Wissenschaft durch Wertungen beeinflußt (z. B. die Auswahl von Forschungsobjekten), aber diese Wertungen seien selber wieder der Analyse zugänglich. Wissenschaftliche Aussagen, d. h. intersubjektive überprüfbare Erklärungen über die Welt der Erfahrungswirklichkeit, werden von Theorien geliefert. Theorien sind nach einem plastischen Wort Poppers Netze, die wir auswerfen, um die Welt einzufangen[23]. Theorien sind logisch-deduktive Systeme von Hypothesen, und ein Sachverhalt gilt dann als erklärt, wenn die Theorie mit den sogenannten Anfangs- oder Randbedingungen, eben dem zu erklärenden Ereignis, logisch verknüpft wird. Görlitz macht dieses Verfahren an einem Beispiel anschaulich. Ausgangspunkt einer Untersuchung ist die Beobachtung, »daß bei der letzten Wahl die Partei A viele Stimmen gewonnen, die Partei Z viele Stimmen verloren hat. Nun könnte es eine bewährte Theorie geben, die unter anderem postuliert, Wähler stimmten stets so, daß ihr ökonomischer Nutzen optimal maximiert wird. Daraufhin stellt man fest, daß die Partei A ein einleuchtendes Konzept zur allgemeinen Wohlstandssteigerung als Wahlplattform hatte, während die Partei Z zur Beseitigung der Umweltschäden an die finanzielle Opferbereitschaft der Bürger appellierte. Da die Wähler durch die Stimmabgabe ökonomischen Nutzen maximieren (Theorie) und nur die Partei A eine Wohlstandssteigerung versprach (Randbedingungen), gewann diese Partei im Gegensatz zur Partei Z Stimmen. Auf diese Weise ist die Stimmendifferenz zwischen beiden Parteien erklärt[25]«.

Die kausale Erklärungsmethode läßt sich bei gleichbleibenden Randbedingungen auch in eine Prognose in Form von Wenn-dann-Sätzen ummünzen. Um bei dem Beispiel zu bleiben: Wenn von zwei zur Wahl stehenden Parteien die eine Wohlstandssteigerung verspricht und die andere finanzielle Opfer verlangt, dann hat die letztere weniger Chancen, sich zu behaupten. Sollte sie dennoch die Wahl gewinnen, gilt die zugrundeliegende Hypothese als falsifiziert, und es muß nach neuen Erklärungen gesucht werden. Wert und Leistung einer Theorie hängen von ihrem Erklärungs- und Prognosegehalt ab. Für den Neopositivismus gibt es in der Wissenschaft keine letzte Wahrheit, und es bleibt vorerst unentschieden, ob dem Menschen je Wahrheit zugänglich sein wird. Dahinter steckt die Einsicht, daß jeder in sich logische Begründungszusammenhang letztlich auf unbeweisbare Prämissen zurückgeht. Da dieser Begründungszusammenhang nicht ad infinitum zurückgeführt werden kann, wird er vorläufig abgebrochen, um jederzeit wiederaufgenommen und reflektiert werden zu können. Zunächst begnügt man sich mit im Konsensus der Wissenschaftler festgelegten Grundannahmen, sogenannten Basissätzen (z. B. die Trennung von Sein und Sollen).

Mit den Fragen nach der Zahl der Basissätze und den Möglichkeiten ihrer Überprüfung stellt sich bereits das grundlegende Problem nach der Fruchtbarkeit und den Grenzen dieser Theorie. So stößt etwa die Revision des Konsens in der Forschungspraxis auf nicht zu unterschätzende Schwierigkeiten, da die Konsensbildung, wie Beyme betont, relativ elitär strukturiert ist: »Es wird weniger nach dem *major pars* als nach dem *senior pars* eines wichtigen *opinion leaders* in der Wissenschaft entschieden, was herrschende Lehre ist[26].«

Auch das Falsifikationsprinzip als konstitutives Merkmal in dieser Wissenschaftstheorie wird nicht von allen Forschern unterschrieben, die dieser Richtung sonst sehr nahe stehen. In der Praxis sind dann auch immer wieder Immunisierungsstrategien entwickelt worden, um die Falsifikation am eigenen Ansatz überhaupt gar nicht erst zuzulassen.

Schwerer wiegt indes der Vorwurf, daß die Vertreter eines kritischen Rationalismus bisher wenig zur Operationalisierung ihrer Ansätze beigetragen hätten. Die Crux dieser theoretischen Konzeption liegt gerade darin, daß ihren Vertretern die sensualistische Erfahrung nur noch als Ausgangspunkt dienen soll, beim Verlassen des sensualistischen Bereiches aber das ganze empirische Instrumentarium ausfällt und nichts Adäquates zur Verfügung steht, um den außersensualistischen Bereich der Phänomene zu erkennen. So stehen sich heute zwei Gruppen von Soziologen gegenüber: einmal die naiven Empiristen, die davon ausgehen, die Welt sei so beobachtbar wie sie ist. Zum zweiten die Neopositivisten, die ihre Theorie noch nicht umgesetzt haben. Wie man etwa die Begriffe »sozialer Prozeß«, »Verhaltensmuster«, »Integration« oder »Konflikt« operationalisieren will, damit sie empirisch zugängig werden, ist vorläufig ungeklärt wie das Verhältnis von Sache und Begriff[27]. Die Nichtverbindung von Erfahrung und erkenntnistheoretischem Ansatz ist typisch für den heutigen Stand der Soziologie.

Die von den Vertretern der dialektischen Wissenschaftstheorie an die rationalistischen Theorien herangetragene Kritik ist als »Positivismusstreit« bekanntgeworden. Kritisiert wird u. a., daß eine rein deduktive Argumentationsweise das Sinnverständnis in unzulässiger Form vernachlässige, während eine hermeneutisch verfahrende Theorie der Gesellschaft es als konstitutiv betrachte. Rationalistische Theorien würden die gesellschaftlich-geschichtliche Dimension der Wissenschaft ignorieren, obwohl im Bereich der Sozialwissenschaften soziale Tatsachen nicht »an sich« existierten, sondern sich immer schon in vorwissenschaftlichen Sinnentwürfen manifestierten. Auch die Basissätze als Ergebnis eines interpersonalen Konsenses würden auf diesem Vorverständnis beruhen. Abgelehnt wird ferner die restriktive Verwendung des Gesetzesbegriffes, weil der Erfahrungsbegriff mit den Kriterien der Objektivität und Intersubjektivität zu eng ausgelegt sei. Auch Frustrationen und Entbehrungen seien Erfahrungen, die in den analytischen Wissenschaftsbegriff aber nicht eingingen. Grundverschieden ist der Stellenwert des Empirismus in beiden Richtungen. Auch die Dialektiker verzichten nicht auf Empirie, nehmen sie jedoch nicht als eigentliche Quelle letzter Erkenntnis. Für sie ist Empirie zunächst nur der verdoppelte Schein der Wirklichkeit und muß selbst erst befragt werden.

Die Frontstellung zwischen Neopositivismus und Dialektik ist nur in Deutschland zum Zuge gekommen. Ohne weiter in die Details einzusteigen, läßt sich jedoch sagen, daß die wissenschaftstheoretische Diskussion auf zahlreichen Mißverständnissen beruht und eine Unfähigkeit zu differenzieren zu beobachten ist, woraus sich höchst problematische Begriffsvermischungen ergeben[28]. »Die Unterschiede reduzieren sich auf zwei Problemkreise: einmal sind Untersuchungsgegenstand bei den Hermeneutikern Deutungszusammenhänge, bei den Rationalisten Theorien. Über konkurrierende Deutungszusammenhänge kann man nur dezisionistisch, über konkurrierende Theorien dagegen intersubjektiv-transmissibel entscheiden. Zum anderen kennen die Hermeneutiker als Richtigkeitskriterium das Nachverstehen, während die Rationalisten nur den empirischen Falsifikationstest zulassen. Die Überführung von Deutungszusammenhängen von Theorien gelingt ... bloß unzureichend ... Der Falsifikationstest spiegelt die gleiche, vermutlich nicht überschreitbare Grenze[29].«

Wichtiger in unserem Zusammenhang sind die verschiedenen erkenntnisleitenden Interessen, die Verknüpfung von Theorie und Praxis, die den hier vorgestellten drei wissenschaftstheoretischen Ansätzen zugrunde liegen[30]. Die empirisch-analytisch vorgehenden Wissenschaften zeichnet, so Habermas, ein *technisches Erkenntnisinteresse* aus, das primär an den Stabilitätsbedingungen und der schrittweisen Veränderung politisch-sozialer Systeme orientiert ist. Der soziale Gebrauchswert liegt in den Prognosen, den diese Erkenntnisse liefern. Dagegen ist das Erkenntnisinteresse der normativen Theorie *praktischer* Natur, weil ihr Ziel eine handlungsorientierende Verständigung ist. »Üblicherweise wird dabei von der Voraussetzung ausgegangen, daß das gegebene Wertesystem und die bestehenden Herrschaftsverhältnisse weitgehend anerkannt werden. Aufgrund der gewonnenen wissenschaftlichen Erkenntnisse, besser: aus der distanzierten und systematischen Einsicht in die konkreten

Problemlagen kann dann von Fall zu Fall dem Politiker Kritik und Rat gegeben werden[31].« Das Erkenntnisinteresse der kritisch-dialektischen Theorien ist laut Habermas *emanzipatorisch*, weil sie durch kritische Interpretation der repressiven Sozialstruktur den einzelnen überhaupt erst in die Lage versetzt, sich durch Selbstreflexion aus diesen Zwängen der Gesellschaft zu lösen, und durch Erkenntnis und Mündigkeit auf die Emanzipation des Menschen abzielt. Dieses emanzipatorische Erkenntnisinteresse spielt vor allem im normativen Demokratiebegriff eine wesentliche Rolle (vgl. 3.3.).

Habermas' Verdienst ist zweifellos darin zu sehen, daß er auf die gesellschaftlichen Voraussetzungen und Bedingungen wissenschaftlicher Erkenntnis nachdrücklich hingewiesen hat. Dennoch ist die einseitige Verknüpfung des technischen, praktischen und emanzipatorischen Erkenntnisinteresses mit je einer wissenschaftstheoretischen Richtung problematisch. Diese Konzeption ignoriert nicht nur den Anspruch der rationalistischen Theorien, daß auch ihre Erklärungen und Prognosen einen Beitrag zur Aufklärung und Emanzipation des Menschen leisten, sondern führt darüber hinaus zu einer überzogenen Frontstellung zwischen analytischer und kritischer Theorie, die sich gegenseitig der Utopie bzw. Technokratie bezichtigen. Nun sind technologische Konzeptionen sicher insofern ambivalenter Natur, als sie affirmativen oder verändernden Charakter haben können, und spätestens seit dem Camelot-Projekt in Amerika[32] ist deutlich, daß auch der Sozialwissenschaftler sich Rechenschaft ablegen muß über die Verwertbarkeit seiner Aussagen, aber das kann nicht darüber hinwegtäuschen, daß Sozialtechnologien notwendig sind und Utopien durch ihren oft hohen Abstraktionsgrad diese Handlungsorientierung und -anleitung nicht leisten. Es kommt daher heute auch nicht darauf an, Strategien zu entwickeln, die eine gegenseitige Ausschließung beider Konzeptionen rechtfertigen, sondern auf eine sinnvolle Verbindung beider Ansätze. Man kann eben nicht, bildhaft gesprochen, mit der »Kneifzange« gegen den »Hammer« argumentieren. Beide Werkzeuge sind für den Handwerker von Nutzen, und ihr jeweiliger Einsatz wird vom Ziel her bestimmt. Narr hat die drei hier vorgestellten Theorien zusammenfassend wie folgt gewürdigt:

»Die eine Theorie sieht ihre Erkenntnisquelle und ihren Erkenntniswert metaphysisch verankert (oder doch im Sein als solchem eingelagert), ihre Wahrheit ist vorgegeben, ihre Aussagen teleologisch-normativ. Wissenschaft und Wahrheit im Sinne des eigentlichen Seins stehen in enger Beziehung zueinander.

Die empirische Theorie will kontradiktorisch dazu auf mathematisch-logische Sätze hinaus, die an der Erfahrung überprüft werden müssen, gültig innerhalb von Raum und Zeit. Die Theorie soll die Wirklichkeit nicht normieren, sondern beschreibend erklären und auf ihre abstrakte Gesetzlichkeit hin entschlüsseln. Erklärung und Voraussage sind wie in der Naturwissenschaft eins.

Die dialektische Theorie wird wiederum im Widerspruch zu den beiden anderen durch die Zeitlichkeit im Sinne der Geschichtlichkeit zentral bestimmt. Ihr geht es weder um überzeitliche Normen, die im Kern unterschiedslos auf jeweilige Wirklichkeit angewendet werden, noch um für die Gesellschaft und Geschichte als solche gültige Gesetze. Norm bedeutet keine Weisung einer metaphysisch gewissen Wahrheit, sondern ist bezogen auf die Praxismöglichkeit des Menschen, daß der Mensch sich selbst bestimmen kann oder vielmehr nach dem Ziel dieser Theorie bestimmen soll. Jede konkrete Gesellschaft soll aus ihrer Struktur heraus erkannt und anhand der nicht erfüllten humanen Möglichkeiten (Normen) kritisiert und über sich hinaus getrieben werden. Das Subjekt – seit Marx als das gesellschaftliche Individuum zu verstehen! – ist dabei das Hauptmerkmal. Gesellschaft ist für die beiden ersteren Theorietypen ein Anwendungsfall von jeweils konträr gewonnenen und formulierten Gesetzen, für den letzteren Typ die jeweilige Erfüllung oder Verfehlung humaner Ziele.

Auch bei den Gesetzesannahmen stehen diese Ziele im Hintergrund. Sie werden infolge einer vorhergehenden Annahme über das eigentliche Sein des Menschen in die erkannten Wahrheitsgesetze aufgenommen. Die empirische Theorie sieht in ihren theoretischen Propositionen Instrumente der Erklärung und der technologischen Kontrolle der Wirklichkeit, die dadurch rationaler, d. h. humaner gestaltet wird. Die Verschiedenheit, in der die drei Theorien Wissenschaft und Praxis, Wissenschaft und Erfahrung aufeinander beziehen, erklärt und vertieft die eben genannten Differenzen[33].«

Auf dem Hintergrund dieser drei *Theorien* sollen abschließend noch einige wichtige Forschungs*methoden* der Soziologie und Politikwissenschaft dargestellt werden. »Methoden sind Systeme von Regeln, welche die Forschungstätigkeit auf ein bestimmtes Ziel hin ausrichten. Sie bedürfen daher metatheoretischer und theoretischer Voraussetzungen, da nicht die Methode . . . die Ziele der Forschung angeben kann[34].« Beide stehen in einiger Beziehung zueinander. Eine Theorie, die kein methodisches Vorgehen ermöglicht und sich also jeder Überprüfung entzieht, bleibt ohne Funktion, wie umgekehrt Methoden nur auf theoretischer Basis sinnvoll eingesetzt werden können. Die drei wichtigsten Forschungsansätze sind der historische, der behavioristische und der strukturell-funktionale Ansatz.

Der *historische Ansatz* geht von der Annahme aus, daß politische und soziale Phänomene am besten dadurch erklärt werden, daß man sie bis zu ihrer Entstehungsgeschichte zurückverfolgt. Ähnlich wie den Historikern geht es den Vertretern dieser Forschungsrichtung primär um sinnverstehende statt um erklärende Aussagen. Soweit dieses narrative Vorgehen grundsätzlich als eigenständiger Aussagetyp akzeptiert wird, bestehen zahlreiche Überschneidungen zwischen Soziologie und Geschichte. So läßt sich etwa nachweisen, daß eine willkürliche Begriffsbildung ohne Rücksicht auf die historische Dimension und damit nach der Frage der Zeitgebundenheit der Begriffe (so waren etwa viele Begriffe, mit denen heute die Politische Wissenschaft arbeitet, Kampfbegriffe in je historisch-konkreten Situationen, die u. a. neue Erwartungshorizonte erhellten) zu ideologischen Aussagen führt, wie am Beispiel des Elitebegriffes noch detailliert nachgewiesen werden soll (vgl. 5.1.). Da gerade Behaviorismus und strukturell-funktionaler Ansatz bei der Datenaggregierung extrem ahistorisch vorgehen und bei der Suche nach allgemeingültigen, zeitlich unabhängigen Gesetzen wenig Verständnis für das Verständnis der Gegenwart einer Gesellschaft auf ihren je spezifischen Wurzeln haben, bildet der historische Ansatz ein wichtiges Korrektiv.

Der *Behaviorismus* hat seine wachsende Bedeutung nicht zuletzt den in den letzten Jahrzehnten sprunghaft gestiegenen Möglichkeiten der elektronischen Datenverarbeitung zu verdanken. Forschungsgegenstand sind beobachtbare Phänomene, vor allem das politische und soziale Verhalten der Menschen (vgl. 6.2.), das mit empirischen Forschungsmethoden wie teilnehmende Beobachtung und Fragebogen in Form quantifizierbarer Daten erfaßt und aufgeschlüsselt wird. Der Nutzen solcher Repräsentationsbefragungen ist unbestritten, sind sie doch der einzige Weg, »um aus vagen Hypothesen über den Zusammenhang von Ideologien und Glaubenshaltungen zum Handeln zu kommen[35]«. Auf der anderen Seite aber stehen die hohen Kosten und der große Aufwand oft in keinem Verhältnis zu ihren Ergebnissen, zumal sie relativ schnell veralten und z. B. Gruppenphänomene gar nicht oder unzulänglich in den Griff bekommen (vgl. 5.1.). Neben der im behavioristen Ansatz angelegten Problematik, werte- und normenorientiertes soziales Handeln adäquat zu erfassen und der damit verbundenen »Vernachlässigung der moralisch-humanen Dimension politischen Verhaltens«[36] führt der methodische Rigorismus (z. B. die Beschränkung auf meßbare Fakten) zu einer immer stärkeren Einengung der Forschungsanschnitte; ein Vorgehen, das zuweilen an den Betrunkenen erinnert, der seinen Schlüssel vor der Haustür verloren hat, aber unter der Straßenlaterne danach sucht, weil es dort hell ist.

Der *strukturell-funktionale Ansatz* wurzelt im »Organismus«-Gedanken, obwohl in die neueren Ausformungen nicht mehr der biologische Analogieschluß gezogen wird, sondern der Organismus als ein Regelsystem aufgefaßt wird, das unter Anpassung an die Umwelteinflüsse die eigene Struktur stabil zu halten versucht[37]. Entscheidenden Einfluß gewann der Funktionalismus in der Ethnologie, die soziales Verhalten daraufhin untersucht, welche Funktion es zur Erhaltung des Systems, z. B. einer primitiven Gesellschaft, erfüllt. Überträgt man diese Fragestellung auf die Politikwissenschaft, lassen sich Funktionalität oder Dysfunktionalität einzelner Strukturen für das politische System ebenso untersuchen wie mögliche funktionale Äquivalenzen zu existierenden Strukturen oder die Frage, ob es sich um manifeste oder latente Funktionen handelt. In verengter und umgedeuteter Form ist auch der Kulturbegriff der Ethnologie[38] in der Politikwissenschaft zum Tragen gekommen, nämlich im Begriff der politischen Kultur, der die politischen Verhaltensweisen gegenüber dem politischen System untersucht (vgl. 6.2.). In der »Political Culture«-Forschung sind Behaviorismus und Funktionalismus eine relativ enge Liaison eingegangen. Die Problematik des strukturell-funktionalen Ansatzes liegt einmal in dem ahistorischen, affirmativen Charakter und den damit implizierten Werturteilen begründet, was sich z. B. in der Priorität der Untersuchung von Stabilitätsbedingungen politischer Systeme äußert, zum zweiten in einem oft hohen Abstraktionsgrad, der sich einer Operationalisierung und damit praxisbezogener Forschung entzieht. Indem der Funktionalismus nach Systemzusammenhängen, wechselseitigen Abhängigkeiten und Äquivalenzen sucht, um so die Komplexität sozialer Strukturen adäquat zu erfassen, ist er »heute die einzige allgemeine Theorie, die ähnlich wie der Marxismus auf alle Fragen des sozialen Lebens eine Antwort zu geben versucht[39]«. Daß auch dieser Ansatz diesem Anspruch nur unzureichend gerecht wird, hatten wir bereits festgestellt und kehren damit zum Ausgangspunkt unserer Überlegungen zurück. Auf die Frage nach den Möglichkeiten wissenschaftlicher Erkenntnis gibt es keine eindeutige Antwort. Es gibt keinen Königsweg, weil jede Theorie und jeder Ansatz spezifische Einsichten und Erklärungen liefern, die andere nicht leisten – und weil die Fruchtbarkeit der verschiedenen Ansätze von den spezifischen Erkenntnisabsichten abhängt, kann es auch keinen Holzweg geben. Das gilt es zu bedenken, wenn in den folgenden Kapiteln wichtige Untersuchungen zum politisch-sozialen System der Bundesrepublik vorgestellt werden. Es wird aber bereits im nächsten Abschnitt deutlich, wenn auf dem Hintergrund der verschiedenen Theorieansätze die für die Politische Soziologie entscheidende Frage nach Stellenwert und Implikationen der »normativen« und »realistischen« Demokratietheorie aufgeworfen wird.

3.3. »Normative« und »realistische« Demokratietheorie

Der Gegenstand einer normativen Demokratietheorie ist für Scharpf nicht so sehr in Werten wie Freiheit oder Gleichheit zu suchen, sondern in »Entscheidungen über die Ordnung der kollektiven Willensbildungsprozesse im Gemeinwesen; eine normative Demokratietheorie muß daher als Empfehlung an diejenigen interpretiert werden, die über diese Ordnung zu entscheiden haben – im Grenzfall also alle politisch aktivierbaren Mitglieder des Gemeinwesens[40]«. Eine kritische Betrachtung des Demokratieinhaltes brauche keine universell gültigen Kriterien nachzuweisen, vielmehr reichten die zahlreichen empirisch nachweisbaren Werte und Normen, die aus der Kultur- und Gesellschaftsgeschichte von Völkern gewachsen seien. Schwierig zu entscheiden sei dagegen, ob bereits sogenannte eindimensionale Zielmodelle, die an einem einzigen Grundprinzip (z. B. Freiheit) orientiert sind, den an eine normative Theorie zu richtenden Anspruch erfüllten, oder ob nicht mehrdimensionale Zielmodelle verlangt werden müßten, die davon ausgehen, daß jede Organisation einer Vielzahl funktionaler Anforderungen nachkommen muß und die Maximierung eines einzigen vorgegebenen Zielwertes sich deshalb von vornherein verbietet[41].
Unabhängig von der Entscheidung dieses Problems gibt es keine verbindliche Anschauung darüber, welche Grundwerte konstitutiv für eine normative Demokratietheorie sind. Je nach Wahl des normativ vorgegebenen Zieles bieten sich unterschiedliche Wege zu seiner Realisierung an, und auch die als Zielwerte nicht berücksichtigten Grundwerte werden bei der Verfolgung anderer in ihrem Wertgehalt relativiert. Letzteres läßt sich gut an dem Spannungsverhältnis zwischen Freiheit und Gleichheit illustrieren; wenn beide Begriffe nicht Hülsen bleiben, sondern mit Inhalt gefüllt werden[42]. Die Gleichheit des staatsbürgerlichen Status hinsichtlich der Gleichheit vor dem Gesetz oder der Gleichheit politischer Bürgerrechte (z. B. allgemeines, gleiches Wahlrecht) ist sicher eine Bedingung der Möglichkeit menschlicher Freiheit, aber dabei kann es auch nur

darum gehen, die Bedingungen für die Teilnahme des einzelnen am gesellschaftlichen Prozeß zu schaffen, nicht aber die tatsächliche Teilnahme des einzelnen zu bestimmen. Wahlrecht ist etwas anderes als Wahlpflicht, letztere bedeutet zugleich immer auch eine Einschränkung der Freiheit. Ungleichheit der Macht- und Herrschaftsverteilung bedroht immer dann die Freiheit, wenn die Ausübung von Herrschaft illegitimer Natur ist (z. B. wenn politische Macht auf der Basis ökonomischer Macht beruht), und erst ihre Beseitigung oder Kontrolle wird zur Bedingung der Möglichkeit gleicher Freiheitschancen. Ebenso ist die Gleichheit des »Sozialcharakters«, wie ihn Riesman im Typ des »außengelenkten« Menschen beschrieben hat, der sein Verhalten dem Verhalten seiner Mitmenschen anpaßt, um nicht aufzufallen, nur möglich auf Kosten der Individualität. Gleichheit, bezogen auf ein uniformes, sozial geregeltes und kontrolliertes Verhalten, ist nur möglich auf Kosten der Freiheit der Rollenausgestaltung menschlichen Lebens.

In den neueren normativen demokratietheoretischen Ansätzen wird vor allem der Wert der Partizipation postuliert. Ihre Verfechter sagen, daß eine primär auf Wohlstand gründende Demokratie immer latent gefährdet sei, denn wenn politisches Handeln nicht eingeübt worden sei, könne man auch in Krisenzeiten nicht vom Bürger verlangen, daß er nun plötzlich als souveräner Bürger rationalen Argumenten zugänglich sei und politische Verantwortung zeige. Ein radikales Potential politischer Verhaltensweisen drohe immer dann durchzuschlagen, wenn ein politisches Gemeinwesen seine Legitimationsbasis primär oder sogar ausschließlich aus der ökonomischen Quelle eines ständig wachsenden Bruttosozialproduktes beziehe (vgl. 6.2.). In dem Maße aber, in dem die Trennung von Staat und Gesellschaft obsolet wird und die Entwicklung zum modernen Sozial- und Wohlfahrtsstaat gleichbedeutend wird mit einer Politisierung der Gesellschaft, vermindert sich für den einzelnen die Chance, im politischen Prozeß mitzubestimmen. Um überhaupt Einfluß zu gewinnen, ist es für den einzelnen erforderlich, seine Interessen auf Parteien und Verbände zu delegieren.

Um diese Diskrepanz zu verringern, bieten sich im Prinzip zwei Möglichkeiten an: entweder man versucht, und das ist die Position der Vertreter der »normativen« Demokratietheorie, die realen Bedingungen den Normen anzupassen, oder aber man versucht, und das ist die Konzeption der »realistischen« Demokratietheorie, den theoretischen Anspruch den tatsächlich vorgefundenen politischen und gesellschaftlichen Verhältnissen anzupassen, »Wirklichkeit und

Theorie der Demokratie wieder miteinander in Einklang zu bringen«[43], weil die normativen Ansprüche der klassischen Demokratietheorie wie Identität von Herrschenden und Beherrschten, Öffentlichkeit, Freiheit, Gleichheit usw. von den modernen Regierungssystemen gar nicht eingelöst werden könnten[44]. In diesem Sinne versteht Schumpeter Demokratie als »diejenige Ordnung zur Erreichung politischer Entscheidungen, bei welcher einzelne die Entscheidungsbefugnis vermittels eines Konkurrenzkampfes, um die Stimmen des Volkes zu erwerben«[45]. Ähnlich definiert Lipset, der sich ausdrücklich auf Schumpeter bezieht, Demokratie »als ein politisches System, das regelmäßige, verfassungsrechtliche Möglichkeiten für den Wechsel der Regierenden vorsieht, und als ein sozialer Mechanismus, der es dem größtmöglichen Teil der Bevölkerung gestattet, durch die Wahl zwischen mehreren Bewerbern für ein politisches Amt auf wichtige Entscheidungen Einfluß zu nehmen«[46]. Der demokratische Gehalt dieser Theorie wird also reduziert auf das, was empirisch feststellbar ist. Demokratie erweist sich damit, wie Zimpel kritisiert[47], nicht mehr als ein normenorientierter Prozeß, der in seiner Funktion auf die Gewährung eines Optimums an Freiheit, Gleichheit und Selbstbestimmung ausgerichtet ist, sondern unter dem Aspekt der Stabilitätserhaltung als zweckmäßigste Ausübung der Regierungsgewalt. »Jeder Bürger wählt die Partei, die ihm persönlich für die kommende Legislaturperiode am meisten Nutzen einzubringen verspricht ... Rationelle Menschen interessieren sich nicht für Politik an sich, sondern lediglich für ihren individuellen Nutzen[48].«

Obwohl Demokratie damit zum Auswahlverfahren zwischen den meistbietenden Bewerbern wird, war Schumpeter der Ansicht, daß seine Definition gleich mehrere Vorteile biete:

- sie ergäbe ein brauchbares Kriterium zur Unterscheidung der Demokratie von anderen Herrschaftsformen, die den klassischen Kriterien von Gemeinwohl und Volkswillen genauso recht und schlecht nachkommen wie diejenigen, die sich als Demokratie verstehen
- sie räume dem Aspekt der Führung einen angemessenen Platz ein, während der klassisch-normative Theorieaspekt mit dem Gemeinwillen ein unrealistisches Führungsinstrument legitimiere
- sie gestehe jedem das Recht ein, sich vor den Wählern um politische Führerschaft zu bewerben, und ermögliche zugleich die Funktion der Wähler, nämlich durch Nichtwahl eine politische Führung abzulehnen, und schließlich

– legitimiere sie die praktizierte Methode der Mehrheitswahl, weil diejenigen die Regierungsgewalt ausüben, die innerhalb der Konkurrenz die meiste Unterstützung erhalten haben.

Die weite Verbreitung dieser Demokratiekonzeption wurde vor allem durch den behavioristischen Forschungsansatz (vgl. 3.2.) in den Vereinigten Staaten begünstigt. In Anlehnung an die Naturwissenschaften war der Behaviorismus darauf bedacht, durch reine Beobachtung und wertfreie Analyse politisches Verhalten beobachten und quantifizierbare Ergebnisse liefern zu können. Maßstab der Untersuchungen sind nicht mehr die Bedingungen bestmöglichen Lebens, sondern die tatsächliche Funktionsweise demokratischer Regierungssysteme, losgelöst von Wertvorstellungen wie Freiheit, Glück oder Gemeinwohl. Ziel ist die Erkenntnis allgemeiner Regeln, die dem menschlichen Handeln in der Gesellschaft unabhängig von Zeit und Umwelt zugrunde liege. Die empirische Forschung[49] kam dabei u. a. zu dem Ergebnis, daß nur vergleichsweise wenig Bürger von den Möglichkeiten politischer Teilnahme Gebrauch machen, während der überwiegende Teil der Bevölkerung ohne politischen Einfluß bleibt. Die daraus gezogene Schlußfolgerung, politische Theorien an den Realitäten politischen Lebens zu orientieren, bedeutet in der Forschungspraxis, daß es nicht mehr darum geht, ob politische Bürger aktiv sein müssen, um ihre Freiheitsrechte zu bewahren, sondern darum, wie viele von ihnen teilnehmen sollen, damit das politische System funktioniert und erhalten bleibt. Während der normative Theoriebegriff darauf abzielte, durch Einhaltung der Normen Verbesserung des Bestehenden und Selbstverwirklichung des einzelnen zu gewährleisten, reduziert sich im realistischen Demokratiebegriff das Ziel der politischen Beteiligung auf die Erhaltung des Systems. »Auf eine vereinfachte Formel gebracht, ließe sich der Unterschied zwischen klassischer und moderner Demokratiekonzeption etwa folgendermaßen beschreiben: Die klassische bürgerliche Demokratietheorie hält an einem inhaltlichen Anspruch fest, den sie real, da sie sich aufgrund ihres klassengebundenen Interesses nur auf formal juristische Maßnahmen beschränkt, nicht durchhalten kann. Die moderne Demokratietheorie versucht, den so entstandenen Bruch zwischen demokratischem Anspruch und demokratischer Wirklichkeit zu überwinden, indem sie weitgehend auf den Anspruch verzichtet und sich an der Wirklichkeit orientiert[50].«

Diese Orientierung an der Wirklichkeit mit der Prämisse der geringen Einflußnahme der Bürger auf das politische Geschehen dokumentiert zugleich die Problematik dieses demokratietheoretischen Ansatzes, weil durch die Betonung des formalen Aspektes der Herrschaftsauswahl konkurrierender Eliten eine oligarchische Struktur legitimiert und als »wertfreie« Erkenntnis ausgegeben wird. Jede Demokratietheorie sieht sich mit differierenden normativen Zielvorstellungen konfrontiert, und auch bei der realistisch-empirischen Demokratietheorie, die ausdrücklich auf normative Standpunkte verzichten will, kommt das Werturteil durch die Hintertür wieder herein, weil auch die vermeintlich wertfreien demokratietheoretischen Ansätze von einem spezifisch normativen Verständnis bestimmt sind. Indem den Organisationsbedingungen moderner Sozialstrukturen Rechnung getragen, das Moment der Führung betont, der Frage der demokratischen Willensbildung dagegen nur sekundäre Bedeutung zugemessen wird und Demokratie gleichbedeutend ist mit der Existenz um die Macht konkurrierender Führungsgruppen, gerinnt der empirische Befund selbst zur Norm. »Aus der Inkompetenz der Wählermassen wird eine Naturkategorie, mit der man zu rechnen habe wie mit Wind und Regen. Nicht zufällig ist so viel von Menschenbildern die Rede, wo die Theorie der demokratischen Eliteherrschaft entwickelt wird. Die damit gegebene Fixiertheit auf anthropologische Wesensgesetze ist die Legitimation eben jenes Führungsanspruches, der sich mit der Theorie demokratischer Eliteherrschaft verbindet[51].«

Das Konzept der klassischen oder normativen Demokratietheorie geht dagegen von der Forderung nach Partizipation aller Bürger aus und wirkt trotz aller Einwände gegen diesen vermeintlich oder tatsächlich utopischen Ansatz als Korrektiv gegen eine als selbstverständlich sich gebende Wirklichkeit. In diesem Sinne bedeutet normative Demokratietheorie Betonung der Volkssouveränität, die ebenso auf eine verstärkte und vor allem effektive Parlamentskontrolle der Regierung abzielt wie auf die Forderung nach wirksamer innerparteilicher Demokratie. »Die kritische und selbstkritische Verfolgung dieser Ziele mag heute noch – im Lichte des weitverbreiteten Konkurrenzmodells von Demokratie – als Illusion erscheinen. Ihre Preisgabe jedoch wäre das sichere Ende jeglicher Demokratie. Zwar ist auch sie eine Form der Herrschaft. Doch was sie von allen übrigen Herrschaftsformen unterscheidet, ist die in ihr angelegte Möglichkeit, Herrschaft in Frage zu stellen[52].«

3.4. Zum Begriff »Demokratisierung«

Für das Funktionieren einer Demokratie, die ihren normativen Anspruch nicht aufgibt, ist es von grundsätzlicher Bedeutung, »ob und auf welche Weise dem einzelnen die Chance geboten werden kann, Zusammenarbeit zu erlernen, an Entscheidungsprozessen mitzuwirken, Meinungsverschiedenheiten auszutragen oder durch die gemeinsame Suche nach akzeptablen Kompromissen zu überbrükken, auch Einfluß auszuüben und sich durchzusetzen, kurz: demokratische Verhaltensweisen und politische Fähigkeiten auszubilden[53].« In diesem Sinne bedeutet die Forderung nach »Demokratisierung« nichts weiter als zu prüfen, ob die Funktionen, die in Sozialbereichen ausgeübt werden, dadurch wirksamer gestaltet werden können, daß die davon Betroffenen gefragt und beteiligt, daß überkommene Hierarchien auf ihre Legitimität hin überprüft und Entscheidungsprozesse wirksamer kontrolliert werden. Diese Forderung wird heute keineswegs einhellig bejaht, zumal der Begriff der Demokratisierung in den Diskussionen immer wieder zu einer Beschwörungs- und Bekenntnisformel zu denaturieren droht und Befürworter und Gegner sich gegenseitig der Manipulation und des Ideologieverdachts bezichtigen. Demokratisierung ist zu einem Reizwort geworden, ohne daß der je damit gemeinte Sachverhalt hinreichend deutlich ist, wobei die Auseinandersetzung im Gegensatz etwa zu dem primär akademischen Positivismusstreit auch in die Öffentlichkeit getragen worden ist.

Eine heftige, weithin bekanntgewordene Attacke gegen die Verwendung des Begriffes auf nicht-politische Bereiche hat Hennis in einem Aufsatz geritten[54]. Ausgehend von der Überzeugung, daß der Begriff der Demokratisierung auch in den nächsten Jahren beim politischen Klima in der Bundesrepublik eine wesentliche Rolle spielen wird, zielt der Gebrauch des Begriffes für ihn auf drei verschiedene Probleme. Einmal arbeite die unkritische Verwendung denen in die Hände, die mit Demokratisierung etwas anderes meinten als die bloße demokratische Ausgestaltung von Institutionen. Zum anderen ziele der Begriff gegen Herrschaftsverhältnisse in Organisationen, wobei mit dem Begriff Macht alle Träger von Herrschaftspositionen über einen Kamm geschoren würden: vom Politiker über den Chefarzt bis zum Hochschullehrer. In der dritten Form des Sprachgebrauches schließlich werde Demokratisierung als Prozeß aufgefaßt, der auf Abschaffung jeglicher Herrschaft hinausliefe. »Der Begriff der Demokratisierung steht gewissermaßen bereits unter demokratischem Denkmalschutz. Wer gegen diesen Begriff Zweifel ins Feld führt, läuft Gefahr, ›faschistoider‹ Gesinnung bezichtigt zu werden, zumindest kann man gewiß sein, als in altliberal-konservativen Gedankengängen befangen etikettiert zu werden[55].« Für Hennis aber läuft das, was sich hinter diesem Begriff verbirgt, »auf die Preisgabe von Grundlagen der abendländischen Kultur«[56] hinaus. Hennis definiert Demokratie mit Rückgriff auf Aristoteles als einen Begriff der Politischen Herrschaftslehre, der nicht auf andere Sozialbereiche unterhalb der politischen Gesamtordnung übertragen werden kann. »Die Demokratisierung eines Sozialbereiches bedeutet im strikten Sinn zunächst einmal seine Politisierung, das heißt die Unterwerfung dieses Bereichs unter jene Prinzipien, die im Bereich der Politik die maßgeblichen sind, zum zweiten, da Demokratie ohne Gleichheit nicht denkbar ist, die treulichste Herstellung einer Gleichheit aller in diesem Sozialbereich Tätigen. Beides zusammen ergibt eine Forderung von ungeheurer Tragweite[57].« Schulen, Universitäten, Betriebe und Krankenhäuser vereiningen aber, so Hennis, in sich als Institutionen Ungleiche, und da es sich dabei um eine *naturgegebene* Ungleichheit handele, sei die Forderung nach Demokratisierung »keine Ideologie, bloß falsches gesellschaftliches Bewußtsein, sondern eine Revolte gegen die Natur. Da wir nicht imstande sind, die Natur zu verändern, werden mit dem Begriff der Demokratisierung von Sozialtatbeständen Hoffnungen geweckt, die unerfüllbar sind. Die Erwartungen, die mit diesem Begriff verbunden sind, sind nicht einlösbar. Da illusionäre Erwartungen nicht eingelöst werden können, könnte am Ende auch dieser illusionären Erwartung hier wie immer nur stehen: die Agonie der Freiheit[58].«

Obwohl Hennis sich ausdrücklich nicht gegen eine erweiterte Mitbestimmung sperrt, diesen Aspekt aber als »Binnenkonstitutionalisierung« bezeichnet[59], verbirgt sich hinter dem begriffsgeschichtlichen Ansatz der Normativisten, wie Beyme betont, »häufig auch eine konservative politische Theorie, denn man kann nicht Begriffe auf einen bestimmten Definitionsstand festlegen, ohne auch den damit gemeinten Sinn in das gegenwärtige Problem hineinzutragen«[60]. Vilmar hat denn auch Hennis vorgeworfen, daß er wie überhaupt alle Gegner der Demokratisierung durch den Vorschlag unverbindlicher Begriffe sich der konkreten Bestimmung von Herrschaftsabbau und Herrschaftskontrolle zu entziehen versuchten[61].

Dieser Vorwurf trifft allerdings Schelsky nicht, der unter der Frage

»Mehr Demokratie oder mehr Freiheit?« in der »Frankfurter Allgemeinen Zeitung« in die Debatte eingegriffen hat[62]. Laut Schelsky impliziert die Forderung nach mehr Demokratie, auch wenn es nicht eingestanden würde, weniger Freiheit. Einmal würde die gesteigerte Beteiligung der Bevölkerung an politischen Entscheidungen zu einer Verschärfung des politischen Konfliktes führen, weil die fast zwangsläufige ideologische Primitivisierung ausstehender Entscheidungen auf Kosten der Rationalität ginge. Zum anderen bedeute die Ausweitung des Demokratisierungsprinzips auf andere Sachgebiete eine Entsachlichung der Institutionen und eine gleichzeitige Vermehrung allgemein politischer Herrschaftsansprüche, so daß die Sachdienstleistung gegenüber dem politischen Bekenntnis zurücktrete. Die entscheidende Garantie für die Freiheit des einzelnen biete nur eine institutionelle Pluralisierung der Macht in der Form, daß sich für die sozial und gruppenhaft wichtigen Aufgaben je eigene Institutionen entwickeln, die sich auf ihre spezifische Funktion beschränken. Verantwortungsrahmen für die institutionellen Entscheidungen seien Sachverstand und Sachgesetzlichkeiten. In diesem Sinne würde es durch die Verwaltung von Sachen zunehmend zu einer Ablösung der Herrschaft von Menschen über Menschen kommen. Die Effektivität dieses Systems werde von einem parteipolitisch unabhängigen, sachkompetenten Führungspersonal garantiert. Die Forderung nach »mehr Demokratie« würde dagegen den Kreis derer verringern, die bereit wären, sich aus sozialer Verantwortung heraus dieser Elite zur Verfügung zu stellen.

Schelsky beurteilt daher auch die hohe Wahlbeteiligung bei den Bundestagswahlen 1972 unter dem Aspekt der Konfliktsteigerung negativ; denn ein bestimmter Prozentsatz an freiwilligen Nichtwählern wird von ihm als Symptom politischer Stabilität interpretiert. Auf dem Hintergrund dieses »realistischen« Demokratiebegriffes (vgl. 3.3.) versteht sich auch seine Abneigung gegen Bürgerinitiativen, zumal die Mobilisierung von sachlich erworbenem Berufsprestige für Parteizwecke erfolge, ohne daß diese Bürger (Professoren, Nobelpreisträger, Schriftsteller) über den nötigen politischen Sachverstand verfügten.

Auf Schelskys Staatsverständnis wird in anderem Zusammenhang noch ausführlich einzugehen sein (vgl. 5.2. und 6.1.). Hier geht es zunächst nur um die Problematik seiner Prämissen, die offensichtlich nicht haltbar sind. So schließt die Gewaltenteilung keineswegs Machtmißbrauch aus, und die Annahme, die Verwaltung von Sachen baue die Herrschaft von Menschen über Menschen ab, läßt sich empirisch falsifizieren, und es spricht viel mehr für die Hypothese, daß die Verwaltung von Sachen Herrschaft impliziert. Krockow, der auf Schelskys Kassandrarufe in der »Zeit« antwortete[63], spielt auf seine erkenntnisleitenden Interessen an, wenn er ihm u. a. vorwirft, die Panikmache resultiere aus vermeintlicher oder tatsächlicher Privilegienbedrohung, weil es bei der Forderung nach Demokratie ja darum gehe, demokratische Verfahren und Legitimationsprinzipien auf gesellschaftliche Bereiche zu übertragen[64]. Löwenthal entwickelte einige Monate später, ebenfalls in der »Zeit«, die prononcierte Gegenthese zu Schelsky, daß nämlich »unter den Bedingungen der entwickelten Industriegesellschaft der Freiheitsspielraum der Einzelnen und Gruppen nur durch Erweiterung der Demokratie erhalten werden kann. Dies ist das einzige Mittel, die bei zunehmender Verflechtung von Gesellschaft und Staat unvermeidliche Beschränkung der Freiheit von öffentlichen Entscheidungen durch gleichzeitigen Ausbau der Freiheit zur Mitgestaltung dieser Entscheidungen zu kompensieren«[65].

In der Tat ist heute die Gefahr offenkundig, daß aus der Verflechtung von Staat und Gesellschaft Machtzusammenballungen resultieren, denen die demokratische Legitimationsbasis fehlt und die hinter einer formal-demokratischen Fassade zu oligarchischer Herrschaft gerinnen. Das ist denn auch Sorge und Ausgangspunkt fast aller neueren Elitentheorien (vgl. 5.1 und 5.2) und der Verfechter des Demokratisierungspostulates, denen es um den Abbau von unkontrollierter, illegitimer Macht geht. »Demokratisierung ist die Verwirklichung demokratischer Grundsätze in allen Bereichen der Gesellschaft – Demokratie als gesamtgesellschaftlicher Prozeß. Demokratisierung ist also der Inbegriff aller Aktivitäten, deren Ziel es ist, autoritäre Herrschaftsstrukturen zu ersetzen durch Formen der Herrschaftskontrolle von ›unten‹, der gesellschaftlichen Mitbestimmung, Kooperation und – wo immer möglich – durch freie Selbstbestimmung[66].«

Die Forderung nach mehr Demokratie ist aber nur zu realisieren, wenn die politische Bewußtseinsbildung verbessert wird. Dazu kann zweifellos die politische Bildung einen Beitrag leisten, nämlich kritisches politisches Wissen vermitteln, die Urteilskraft schulen und die Partizipationschancen des Bürgers herausarbeiten (vgl. 6.3.). Dabei darf die politische Bildung nie die Konsequenzen der wechselseitigen Durchdringung von Staat und Gesellschaft vergessen, will sie nicht ein Trugbild der Demokratie stützen, das der Ideologisierung der Politik Vorschub leistet und beim Schüler durch Vergleich mit der Wirklichkeit Zynismus oder Resignation provoziert. In diesem Zusammenhang ist vor allem die Klärung des heute vorherrschenden ambivalenten Demokratieverständnisses von entscheidender Bedeutung. Auch die Verfechter des Demokratisierungskonzeptes, die gemäß ihres normativen Demokratieverständnisses die Parolen Partizipation und Emanzipation auf ihre Fahnen geschrieben haben, müssen bereit sein, ihre Postulate hinterfragen zu lassen:

- Ist Selbstbestimmung nicht ein Wert unter vielen?
- Ist der Mensch überhaupt in dem Maße an Selbstbestimmung interessiert, wie unterstellt wird?
- Ist Selbstbestimmung in vielen Bereichen nicht überhaupt unmöglich?
- Wird nicht die Bürokratisierung durch erweiterte Teilnahme gestärkt anstatt geschwächt, weil die Vielzahl der Beteiligten neue Koordinationsformen bedingen?
- Bekommen die Eigeninteressen als Bedingung der Motivation zur Partizipation nicht einen zu hohen Stellenwert gegenüber dem Gesamtinteresse der jeweiligen Organisation?

Diese hier aufgeworfenen Fragen werden weiter unten (vgl. 4.3.) wieder aufzunehmen sein. Soviel dürfte aber auch jetzt schon deutlich geworden sein: »Demokratie besteht nicht in ein paar Spielregeln, im engen politischen Bereich, in scheinbar friedvoller Stabilität. Demokratie besteht in der kontinuierlichen Geltung quer durch alle Bereiche, weil sie auf die gesellschaftlich ermöglichte, in Gesellschaft sich auswirkende Selbständigkeit aller angewiesen ist. Das demokratische Kontinuum als Richtmaß tritt dort in Geltung, wo Demokratie herrschaftlich ›verworfen‹ wird, wo eigene (Un-) Freiheit irrational die Unfreiheit anderer verlangt, wo Gefahr gerufen wird und nur das eigene Privileg in Frage steht[67].«

4. Probleme politischer Willensbildung

4.1. Die Bundesrepublik als parteienstaatliche Demokratie

Die Macht der Parteien steht in keinem Verhältnis zu ihrer mangelnden Anerkennung bei der Bevölkerung. Das Mißtrauen gegenüber den Parteien, die Verachtung der Parteipolitik und des Parteipolitikers im konstruierten Gegensatz zur Staatspolitik und zum Staatsmann sind speziell in Deutschland noch weit verbreitet. Diese Abneigung ist vor allem historisch begründet; denn die Parteien waren es, die die Illusion von der Einheit der Nation und der neutralen, über den Interessen stehenden Staatsmacht zerstörten. Nur allmählich setzt sich die Erkenntnis durch, daß die Parteien ein unentbehrlicher Faktor in der politischen Willensbildung sind. »Heute haben die politischen Parteien die Funktion, die durch fortschreitende Demokratisierung von Millionen von Menschen freigesetzten Aktivbürger zu politischen Handlungseinheiten zu organisieren. Sie sind sozusagen das unentbehrliche Werkzeug, um das sich selbst organisierende Volk politisch funktionsfähig zu machen. Dieses mündig gewordene Volk könnte sich in der politischen Sphäre nicht konstituieren, wenn diese Organisationen nicht vorhanden wären[1].«

Die Bundesrepublik ist eines der wenigen Länder, in denen die Rolle der Parteien in der Verfassung (Art. 21 GG) und durch ein besonderes Parteiengesetz geregelt ist. Dafür gibt es einen einleuchtenden Grund. Parteien gab es bereits vor der Beratung des Grundgesetzes (der Parlamentarische Rat bestand aus Abgeordneten von Parteien), und es bestand damit die Möglichkeit, im Gegensatz zur Weimarer Verfassung die politische Funktion festzuschreiben und gleichzeitig ein Verbot derjenigen Parteien vorzusehen, die darauf abzielen, die demokratische Grundordnung zu beseitigen. Auch dieser Art. 21 GG ist wie so viele andere nur auf dem Hintergrund der Erfahrungen in der Weimarer Republik verständlich. Die Demokratiekonzeption des Grundgesetzes betont vor allem die liberal-repräsentative Komponente im Gegensatz zur Weimarer Reichsverfassung, in der auch der plebiszitäre Aspekt (Volksbegehren und Volksentscheid) eine wichtige Rolle spielte. Dennoch sind sich die Interpreten des Grundgesetzes nicht einig. So hat etwa Abendroth unter Hinweis auf Art. 21 GG argumentiert, auch die Verfassung der zweiten deutschen Republik fühle sich dem Plebiszit verpflichtet:

»Von Demokratie kann offenbar dann nicht mehr die Rede sein, wenn das Volk, von dem die Staatsgewalt ausgeht, auf die Befugnis beschränkt wird, ihm gegenüber völlig unabhängige ›Repräsentanten‹ auszuwählen, denen es, sind sie einmal gewählt, in völliger Passivität die politische Willensbildung überläßt. Durch die Wahl würden dann nur noch deren zurückliegende Entscheidungen oder deren den Wähler unbekannte Pläne für ihr zukünftiges Verhalten ohne Anspruch auf wirkliche Mitwirkung des Volkes akklamiert. Auch wenn das Volk sich in dieser Weise verhält und wenn reale und sozial-psychologische Tendenzen zu dieser Verhaltensweise hindrängen, ist es unzulässig, diese schlechte Realität als durch das Grundgesetz gewollt zu unterstellen und das Grundgesetz nicht von seinem normalen Gehalt, sondern von dieser Realität aus zu interpretieren[2].«

Der Repräsentationsgedanke liegt auch der »realistischen« Demokratiekonzeption zugrunde (vgl. 3.3.), die die Rolle des Bürgers auf die Auswahl der um Machtpositionen im Staate konkurrierenden Personen seines Vertrauens beschränkt. So bedeutet etwa für Hennis, bei dem sich dieser Standpunkt exemplarisch demonstrieren läßt, Demokratie primär Verantwortlichkeit politischer Führer, deren Qualitäten im Sinne staatsmännischer Tugenden die politischen Auseinandersetzungen bestimmen (vgl. auch 3.2.). Repräsentation und Vertrauen sind entscheidend gegenüber Prozessen politischer Willensbildung. »Die Fixierung auf ›Willensbildung‹ – Konsequenz eines unangemessenen theoretischen Begriffs der Politikwissenschaft – verstellt den Blick auf die eigentlichen Fragen der realen Politik, die mit ... Begriffen wie ›Aufgabe‹, ›Amtsauftrag‹, Gewinnung von ›Zustimmung‹, ›Verantwortlichkeit‹ usw. in der Regel viel besser zu greifen sind[3].« Herrschaft ist demnach ein konstantes Phänomen, das nur insoweit hinterfragt wird, als die Tugenden des Staatsmannes, sprich: Parteiführers, gewährt und die Ausübung der Herrschaft durch Wahlen legitimiert sein muß.

Als Organisationen sind die Parteien in einer eigenartig ›freischwebenden‹ Stellung. Unter dem Aspekt der Partizipation sind Parteien »gesellschaftliche Gebilde«, auf der anderen Seite durch die Beherrschung aller wichtigen politischen Positionen »staatliche Gebilde«. Obwohl der politische Prozeß in jedem modernen Staat durch die Parteien bestimmt wird und politische Willensbildung ohne Parteien kaum denkbar ist, hat die Frage nach der »staatlichen Qualität« von Parteien beim Urteil des Bundesverfassungsgerichtes über die Zulässigkeit staatlicher Parteienfinanzierung eine große Rolle gespielt. »Wissend, daß die politischen Parteien an staatlichen Zuschüssen sehr interessiert waren, machte das Gericht eine nur aus der Tradition des deutschen Verfassungsrechts verständliche Unterscheidung zwischen der Willensbildung des *Volkes*, die sich durch Parteien im staatsfreien Raum der Gesellschaft vollziehe, und der Willensbildung des *Staates*, die durch seine verfassungsmäßigen Organe erfolge[4].« Da aber der Staatswille nicht gebildet werden kann, wenn nicht zuvor die Parteien Kandidaten für die öffentlichen Ämter nominiert haben, entschied das Gericht, die Parteien hätten Anspruch auf Erstattung eines Teiles ihrer Wahlkampfkosten. Das BVG-Urteil über die Zulässigkeit staatlicher Parteienfinanzierung beschleunigte gleichzeitig die Verabschiedung des im Art. 21 GG geforderten Parteiengesetzes, das vor allem die innere Ordnung und die finanzielle Rechenschaftslegung der Parteien regelt. In diesem Zusammenhang interessiert natürlich besonders die Forderung der Verfassung, die innere Ordnung der Parteien müsse demokratischen Grundsätzen entsprechen. Die Frage, ob dieses Gebot bereits durch die Wahl der Parteiführung oder durch eine von unten nach oben verlaufende innerparteiliche Willensbildung eingelöst wird, soll weiter unten bei der Diskussion der innerparteilichen Demokratie noch ausführlich behandelt werden (vgl. 4.3.).

Eine der Schwierigkeiten der Politischen Soziologie, nämlich daß empirische Aussagen und theoretische Ansätze unverbunden nebeneinanderstehen, gilt gerade auch für die Parteienforschung. So sind etwa die klassifikatorisch orientierten Beiträge zur Parteienforschung – z. B. die Unterscheidung von »Honoratiorenpartei«, »Massenpartei«, »totalitäre Partei« und die daran geknüpfte ent-entwicklungsgeschichtliche Typologie oder die Unterscheidung von »Klassenpartei« und »Volkspartei« bestenfalls von deskriptivem, aber nicht von erklärendem Wert[5]. »Eine politiksoziologische Theorie der Parteien müßte vielmehr aufklären, aufgrund welcher gesellschaftlicher Bedingungen spezifische Parteiformen und Parteiensysteme sich herausbilden und welche Wirkungen möglicherweise von ihnen auf den politischen Prozeß ausgehen[6].« Eine theoretisch fundierte Erklärung der Rolle der Parteien und der verschiedenen Parteiensysteme darf sich deshalb nicht auf eine

Organisationsanalyse beschränken, sondern muß das soziale Umfeld der Parteien, die je konkrete historisch-soziale Struktur der Gesellschaft mitreflektieren, d. h. die soziale Schichtung und die daraus resultierenden Konflikte, die unterschiedlichen, sozio-ökonomisch bedingten Interessen und ihre Auswirkungen auf den Prozeß politischer Willensbildung, wobei in der amerikanischen Demokratie z. B. Lipset die These vertritt, daß in modernen Demokratien die Parteien eine demokratische Übersetzung des Klassenkampfes darstellten[7]. Obwohl diese These auf Widerspruch gestoßen ist[8], hat sie zur Erklärung des Faschismus zweifellos einen wichtigen Beitrag geleistet. Auf dem Hintergrund der Annahme, daß sich in Parteisystemen die Klassenkonflikte einer Gesellschaft widerspiegeln, nimmt Lipset die traditionelle Unterscheidung der Parteien in Rechts-Mitte-Links wieder auf. Bezogen auf das Entstehen des Nationalsozialismus zeigt Lipset u. a. an Hand der Reichstagswahlen zwischen 1919 und 1933, daß die Arbeiterklasse relativ konstant die linken Parteien (SPD und KPD) gewählt hat, während die privilegierten Gruppen (z. B. grundbesitzender Adel, Unternehmer und leitende Angestellte etc.) an den rechten Parteien (DVP, Deutschnationale) orientiert waren. Faschismus ist nun für Lipset keine konservative Bewegung, sondern ein »Extremismus der Mitte«. Die sog. breiten Mittelschichten (Angestellte und Beamte, kleine Selbständige, mithelfende Familienangehörige etc.) seien im Laufe der Zeit einem doppelten Druck von »unten« und »oben« ausgesetzt worden. Durch Inflation und Arbeitslosigkeit seien sie einerseits einer drohenden Verproletarisierung von unten und andererseits den Auswirkungen des fortschreitenden Konzentrationsprozesses der Industrie von oben ausgesetzt gewesen. Während Großindustrie, Junker, Kirche und Arbeiterschaft ihre Interessen bei den angesprochenen Parteien vertreten sahen, radikalisierte sich die Mitte und wandte sich dem Nationalsozialismus zu.

Bezogen auf die Bundesrepublik bleibt es jedoch fraglich, ob einer Klassifizierung der Parteien an Hand des »Links-Rechts-Schemas« ein erklärender Wert zukommt. Einmal ist jede »Rechts«-Klassifikation durch die deutsche Vergangenheit diskreditiert, zum anderen hat durch die Entwicklung von CDU und SPD zu sog. »Volksparteien« ohne Zweifel ein gewisser Angleichungsprozeß stattgefunden, wie er z. B. aus einer Analyse der Parteiprogramme deutlich wird[9]. Ebenso führt der Versuch, die Parteien auf die politischen Grundmuster »konservativ-liberal-sozial« festzulegen, zu Schwierigkeiten, weil einseitige Etikettierungen bestenfalls für eine Groborientierung taugen, aber der komplexen Wirklichkeit nicht gerecht werden.

»Tatsächlich zeigt sich, daß die überlieferten Kategorien nicht mehr anwendbar sind: FDP und CDU proklamieren gemeinsam die ›liberale‹ Wirtschaftspolitik; SPD und FDP sind sich kulturpolitisch in vielem einig; die SPD wird katholischerseits mehr wegen liberaler Elemente (z. B. Änderung des Abtreibungsverbots) ihrer Politik als wegen ihres sozialen Programms angegriffen. In der Sozialpolitik gibt es im Vergleich zu anderen Ländern Übereinstimmungen zwischen SPD und CDU. Alle Parteien bekennen sich zu den rechtsstaatlichen Prinzipien des Grundgesetzes. Die liberale Wirtschaftspolitik wird an unzählbaren Stellen zugunsten staatlicher Interventionen durchlöchert. Die SPD bezeichnet sich noch immer als ›sozialistisch‹, definiert das aber im Sinne der Freiheitswerte und erklärt ausdrücklich gegenüber jedem Marxismus, ›daß diese Werte nicht durch einen gesetzlichen Ablauf der Geschichte zwangsläufig verwirklicht‹ werden. Die CDU ist nach ihrem Ansatz föderalistisch, regiert aber in der Praxis sehr zentralistisch, während sich die stets unitarische SPD aus den nämlichen praktischen Gründen als Hüter des Föderalismus versteht. Die CDU wahrt das konservative und damit weithin auch das nationale Erbe und erhebt den Zusammenschluß Europas zum Programm; die ursprünglich durchaus internationale SPD hat sich diesem Zusammenschluß längere Zeit versperrt, weil sie dadurch die Chance der Wiedervereinigung verringert glaubte[10].«

Die daraus vorschnell abgeleiteten Thesen von der *Entideologisierung* der Parteien oder der Selbstaufhebung des Parteienstaates halten jedoch einer empirischen Überprüfung nicht stand. »Tatsächlich ist in der SPD auch in der Zeit großer Anpassungsbemühungen eine emanzipatorische Grundvorstellung nie verschüttet worden, so wie umgekehrt die CDU nie ihre Hinneigung zum Kapital verleugnet hat, wenn auch eingebettet in den ›Glaubenssatz‹, solange es den Kapitaleignern, den eigentlich reichen Leuten gut ginge, ginge es allen anderen wenigstens einigermaßen gut[11].«
So haben z. B. Ebbighausen und Kaltenborn an Hand der Rolle der Sozialausschüsse in der CDU nachgewiesen, daß diese nicht in der Lage seien, innerhalb der Partei Arbeiterinteressen zu vertreten und durchzusetzen, weil die innerparteiliche Machtstruktur von Kapitalinteressen bestimmt sei[12]. Diese Kapitalinteressen werden u. a. repräsentiert vom Wirtschaftsrat der CDU, dessen Einfluß eine aufschlußreiche Verbändestudie von Dittberner Auskunft gibt[13]. Der Wirtschaftsrat wurde in Bonn als eine formell von der CDU unabhängige Institution gegründet, die solchen Unternehmern Möglichkeiten politischer Einflußnahme geben will, die nicht an einer Parteimitgliedschaft interessiert sind. Zwar ist er eine der

einflußreichsten Interessenvertretungen innerhalb der Union, hat aber trotz aller innerparteilichen Bestrebungen nach einer offiziellen Integrierung, um eine effiziente Kontrolle zu ermöglichen, was vor allem von den Sozialausschüssen gefordert wird, bisher an seiner parteiexternen Position festgehalten. Nach eigenen Angaben sind von den rund 1000 Unternehmern, auf die die Hälfte des Gesamtumsatzes in der Bundesrepublik entfällt, rund 80 Prozent im Wirtschaftsrat vertreten. »Demnach wäre der Wirtschaftsrat der CDU als eine Organisation industrieller Interessen zu sehen, in der die Großindustrie und das Monopolkapital qualitativ die mittelständischen Unternehmen übertreffen[14].« An drei politischen Problemfeldern wird die Spannung zwischen den Sozialausschüssen und dem Wirtschaftsrat besonders deutlich: der Mitbestimmung, der Wirtschafts- und Konjunkturpolitik und der Eigentumsverteilung.
Unterschiede zwischen den großen Parteien werden auch bei einer Analyse der Mitgliederstruktur von CDU und SPD deutlich[15].

Beschäftigungsstand des Hauptverdieners der Familie	CDU (N = 492) %	SPD (N = 554) %
Freie und gehobene Berufe	3	1
Selbständige (einschl. Landwirte)	28	5
Gehobene Angestellte	7	3
Angestellte	20	20
Gehobene Beamte (ab Regierungsrat)	5	3
Übrige Beamte	13	7
Facharbeiter	9	27
Angelernte und ungelernte Arbeiter	4	10
Rentner	11	24
keine Antwort	1	1

Quelle: Jürgen Dittberner/Rolf Ebbighausen: Parteiensystem in der Legitimationskrise, Oplanden 1973, S, 41

Bei der SPD sind die Rentner, bezogen auf die Gesamtbevölkerung, erheblich überrepräsentiert, angelernte und ungelernte Arbeiter dagegen deutlich schwächer vertreten. Überrepräsentiert bei der CDU sind die Angehörigen der Selbständigen und der freien Berufe, während die Arbeiter extrem unterrepräsentiert sind. Die nach wie vor stärkste Gruppe in der SPD bildet die Arbeiterschaft mit 37

Prozent. Die stärkste Gruppe (31 %) innerhalb der CDU bilden die freien Berufe und Selbständigen, dabei macht der Anteil der Landwirte in der CDU allein 12 % aus, gegenüber nur 1 % bei der SPD. Sehr stark ist auch die Abweichung bei der Konfession. Zwei Drittel der CDU-Mitglieder sind katholisch, zwei Drittel der SPD-Mitglieder protestantisch[16]. Insgesamt läßt sich feststellen, daß sich die Mitgliederstruktur in den Parteien in Richtung auf die höheren Schichten verzerrt. Politische Aktivität verteilt sich nicht gleichmäßig über alle sozialen Schichten, sondern ist an Bildung, Einkommen und Beruf gebunden (vgl. 6.3.). »Man kann als generelle Behauptung formulieren, daß jeweils auf der nächst höheren Stufe politischer Aktivität die unteren Kategorien der Sozialstruktur konsequent herausgefiltert werden: Der Anteil von Arbeitern und von Frauen – den sozioökonomisch gesehen am ehesten unterprivilegierten Kategorien – wird um so kleiner, je näher der Grad der politischen Einbeziehung den wichtigen Entscheidungspositionen kommt[17].«

Während sich CDU und SPD holzschnittartig durch ihre unterschiedlichen Interessenbindungen kennzeichnen lassen, bot die FDP von Anfang an ein uneinheitliches Bild mit divergierenden Tendenzen. Bis auf die Zeit zwischen 1957 und 1961 koalierte die FDP zunächst nur mit der CDU und unterstützte im Schlepptau der Union die restaurative Politik. Erst als während der Großen Koalition 1966–1969 die kleinste Partei die Opposition bildete, setzten sich linksliberale Kräfte durch und machten die Partei zum ersten Male nach beiden Seiten koalitionsfähig. Zwar wird auch von der sozial-liberalen Koalition die wirtschaftliche Grundstruktur in der Bundesrepublik nicht in Frage gestellt, zumal die politische Kultur in der BRD durch Wohlstandsdenken bestimmt ist (vgl. 6.2.), aber während die SPD den Abbau ökonomischer Privilegien betont, bleibt abzuwarten, »ob die FDP wieder zu einer, wenn auch diesmal fortschrittlichen Unternehmerpartei wird, oder ob sie sich zur politischen Partei emanzipatorischer und demokratischer Kreise des Bürgertums weiterentwickelt«[18].

Parteien wirken als Mittler zwischen Souverän und Staat, indem sie die politische Willensbildung organisieren. Die Kardinalfrage lautet, ob die Parteien diesen instrumentellen Charakter selber reflektieren oder nicht vielmehr dazu neigen, ein vom Bürger abgeschirmtes Eigenleben zu entwickeln. Indikator dafür ist das Funktionieren oder Nichtfunktionieren innerparteilicher Demokratie (vgl. 4.3.). Die dazu vorliegenden Untersuchungen zeichnen ein pessimistisches

Bild. Eine der jüngsten Umfragen ergab, daß noch nicht einmal die Hälfte aller CDU- und SPD-Mitglieder als aktiv bezeichnet werden kann[19]. Fast ein Viertel (23 %) ist unter gar keinen Umständen bereit, für ein Parteiamt zu kandidieren, während nur ein Fünftel Parteiämter übernimmt. Obwohl Parteien formal jedermann offenstehen, ist nur eine kleine Minderheit in der Bevölkerung (rund 3 %) Mitglied einer Partei, und davon ist wiederum nur eine Minderheit als aktiv zu bezeichnen, wobei Angehörige unterprivilegierter Gruppen proportional eindeutig unterrepräsentiert sind. Umgekehrt werden Schlüsselpositionen zur Ausübung von Herrschaft von Angehörigen sozial höherer Schichten besetzt. »So sind die Parteien – personell gesehen – eher Karriereinstrumente privilegierter Schichten als demokratische Emanzipationsvehikel[20].« Dittberner resümiert, das Parteiensystem in der Bundesrepublik leide auch heute noch an denselben Strukturmängeln, die bereits wenige Jahre nach der Gründung der BRD festgestellt wurden: Geringe Resonanz in der Bevölkerung, mangelnde Integration in die Demokratie, wachsender Einfluß der Verbände und Herrschaft der Parteibürokratie[21].

Läßt sich aber aus der Tatsache, daß sich die westdeutsche Parteiendemokratie rein numerisch auf einer schmalen Basis bewegt – auf ein Mitglied der SPD entfallen 20 Wähler, bei der CDU ist das Verhältnis 1 : 35 und bei der FDP 1 : 54 –, eine Legitimationskrise der Parteien ableiten, wie es Dittberner unternimmt, der im gleichen Atemzug von einer hohen »elektoralen Stabilität« spricht? Sieht man mit der modernen politischen Wissenschaft in Wahlen in Verbindung mit den Parteien die wichtigste Legitimationsquelle westlicher liberaler Demokratien, dann läßt sich für die Bundesrepublik feststellen, daß sich bei den letzten Bundestagswahlen 1972 über 90 Prozent aller Wahlberechtigten an der Wahl beteiligten und die drei großen im Bundestag vertretenen Parteien 99,1 Prozent aller gültigen Zweitstimmen auf sich vereinigten. Damit stellt sich die Frage, wie einerseits die hohe Zustimmung bei Wahlen erklärt werden kann, wenn andererseits die These aufgestellt wird, das Parteiensystem entspreche nicht den Bedürfnissen der Mehrheit der Bevölkerung. Hier bleibt zunächst festzuhalten, daß hohe Wahlbeteiligung und das schwache Echo auf Parolen radikaler Parteien noch nichts über die Stabilität der Demokratie in der Bundesrepublik aussagen (vgl. 6.2.). Zwar hat auch der Einfluß der Verbände im politischen Willensbildungsprozeß an der zentralen Bedeutung von Wahlen als wesentlichste Beziehungsinstanz zwischen politischen Führungsgruppen und dem Volk als Souverän nichts Entscheidendes geändert, wohl aber auf den Prozeß politischer Willensbildung und das Selbstverständnis der Parteien. Je nachhaltiger Verbände »als ›intermediäre Gewalten‹ die Staatspolitik zu beeinflussen vermögen, je deutlicher die Verschränkung der Führungsgremien von Parteien, Parlamenten und Verbänden in der politischen Ordnung zum Ausdruck kommt, desto schwieriger wird es, die in sich auch verfassungsrechtlich gesicherte Unterscheidung zwischen den Parteien als den ›eigentlichen Trägern der politischen Willensbildung‹ und den Verbänden als den an dem Interessenclearing im ›vorparlamentarischen Raum‹ beteiligten Machtgruppen aufrechtzuerhalten[22]«. Dieses Problem soll im folgenden Kapitel behandelt werden und wird unter dem Aspekt der Machtkonzentration weiter unten (vgl. 5.2.) noch einmal aufzunehmen sein.

4.2. Pluralismus oder Herrschaft der Verbände?

Das Wort von der pluralistischen Gesellschaft gehört heute sicher zu den meist strapazierten Begriffen nicht nur der Soziologie und Politischen Wissenschaft, sondern hat auch in der Umgangssprache seinen Stammplatz. In dem Maße aber, in dem *Pluralismus zum* beschreibenden Etikett unserer Gesellschaftsstruktur wird und von den meisten Autoren als nicht mehr hinterfragter Begriff benutzt wird, droht er das Schicksal anderer Begriffe zu teilen, die in die Alltagssprache eingegangen sind: nämlich zur Leerformel zu denaturieren.

In der Soziologie bezeichnet der Begriff *Pluralismus* den Tatbestand, daß es sich bei Industriegesellschaften um komplexe Systeme handelt, die aus zahlreichen Subsystemen (z. B. Wirtschaft, Militär, Kirche usw.) bestehen, die wiederum durch unterschiedliche Organisationsformen, Interessenkonstellationen und Einflußmöglichkeiten im politischen Prozeß charakterisiert sind. Aber seitdem der Terminus *Pluralismus* »im Jahre 1915 erstmals von dem englischen Politologen Harold Laski als polemischer Begriff, mit dem er seine Gegenposition gegen die Vorstellung von einem staatlichen ›Omnipotenz‹-Anspruch bezeichnete, in die politische Debatte gebracht worden«[23] ist, ist der Begriff von Autoren höchst unterschiedlicher politischer Standorte verwandt worden und diente zur Kennzeichnung divergierender Konzeptionen und Sachverhalte. In der Auseinandersetzung mit der Pluralismustheorie lassen sich grob drei voneinander geschiedene Positionen feststellen:

1. eine *konservative*, die den Pluralismus als Gefährdung des Staates ablehnt,
2. eine *liberale*, die den Pluralismus als notwendige Bedingung funktionierender Demokratie begreift und verteidigt und
3. eine *kritische*, die die Pluralismusthese als Mythos, der zur Verschleierung der bestehenden Klassengegensätze herhalten muß, kritisiert und ablehnt.

(1) Als *konservativ* bzw. *rechts* werden solche Standpunkte bezeichnet, die im Prinzip weiter von dem Dualismus von Staat und Gesellschaft ausgehen und im Pluralismus, speziell in der als »Vergesellschaftung« des Staates beschriebenen Tendenz, eine Gefährdung der staatlichen Autorität sehen. Für sie bedeutet die Artikulation, Organisation und Durchsetzung von Interessen durch entsprechende Gruppen und Verbände eine Desintegration und Beschneidung politischer Willensbildung, weil der Einfluß dieser vielfältigen Gruppen auf Kosten des Gemeinwohls gehe, dem der Staat verpflichtet sei. Ein typischer Vertreter dieser Richtung ist Werner Weber, dessen Position kurz vorgestellt werden soll:

»Dort sehen wir eine Reihe rivalisierender oligarchischer Herrschaftsprätendenten; an erster Stelle die Führerkorps der politischen Parteien, die Gewerkschaften, die Arbeitgeber- und Wirtschaftsverbände, eine nicht geringe Zahl sonstiger Interessenverbände und nicht zuletzt die Kirchen. Sie sind die beherrschenden politischen Kräfte unserer Zeit; sie stehen im Begriff, die Staatsgewalt der Souveränität, oder wie man die letztinstanzliche irdische Entscheidungsgewalt benennen will, zu zerteilen und unter sich aufzuschlüsseln. Im Parlament finden sie sich allenfalls zu Kompromissen und zu einer gewissen Koordinierung zusammen, und auch der Regierung würde es allein schwer gelingen, einen einheitlichen Staatsorganismus aufrechtzuerhalten. Ohne das Gerüst einer in sich ruhenden staatstragenden Institution kann ein Staat nicht bestehen; und das gegenwärtige System des Pluralismus von Oligarchien wird, wenn nicht im Bürgerkrieg, so jedenfalls in einer ständestaatlichen Auflösung enden, sofern dem Staat nicht genügend zusammenhaltende Elemente der Stabilität und Kontinuität gewonnen werden[24].«

Die darin zum Ausdruck kommende Demokratievorstellung ist mehr oder weniger stark von der in der Weimarer Republik populär gewordenen Parlamentarismuskritik Carl Schmitts beeinflußt, der in seinen zahlreichen Schriften nicht nur den Pluralismus bekämpfte, sondern mit seiner Kritik die Propagierung des Führerstaates verband. Aber während in der Weimarer Republik derartige

Kritik noch unverblümt in der Öffentlichkeit geäußert werden konnte und zum Teil auch auf ein positives Echo stieß, wird heute dieses Konglomerat von konservativen und rechten Thesen mit einem demokratischen Anstrich verstehen. Es läßt sich nicht nur im Parteiprogramm der NPD, sondern auch in der von Erhard regierungsoffiziell verbreiteten Konzeption einer *formierten Gesellschaft* nachweisen (vgl. 6.2.).

(2) Die Anhänger der Pluralismusthese räumen den Konflikten einen zentralen Platz ein. Soziale, politische und wirtschaftliche Konflikte werden als entscheidende Antriebskräfte für den sozialen Wandel betrachtet auf der Basis der grundsätzlichen Gleichberechtigung aller an den Auseinandersetzungen beteiligten Kräfte. Entscheidend ist, daß die Konflikte nach anerkannten Spielregeln ausgetragen werden und Kompromisse grundsätzlich möglich sind. Das Gemeinwohl ist nicht etwas Absolutes, sondern identisch mit dem jeweils punktuellen Austarieren divergierender Interessen. Pluralismus wird damit zugleich der Gegenbegriff zum Totalitarismus. Als typischer Vertreter dieser Pluralismustheorie soll hier Fraenkel zu Worte kommen:

»Eine jede totalitäre Diktatur geht von der Hypothese der Existenz eines eindeutig bestimmbaren, a priori vorgegebenen Gemeinwohls aus, von dem unterstellt wird, es sei ausreichend detailliert, um von der Einheitspartei als politisches Aktionsprogramm verwertet werden zu können. Eine jede funktionierende pluralistische Demokratie erkennt zwar die Notwendigkeit eines generell akzeptierten Wertkodex an, der neben verfassungsrechtlichen Verfahrensvorschriften und Spielregeln eines fair play auch ein Minimum von regulativen Ideen generellen Charakters enthalten muß; sie glaubt jedoch nicht, daß in politisch relevanten Fällen diese regulativen Ideen ausreichend konkret und genügend substantiiert zu sein vermögen, um für die Lösung aktueller politischer Probleme unmittelbar verwendungsfähig zu sein. Der Pluralismus beruht vielmehr auf der Hypothese, in einer differenzierten Gesellschaft könne im Bereich der Politik das Gemeinwohl lediglich a posteriori als das Ergebnis eines delikaten Prozesses der divergierenden Ideen und Interessen der Gruppen und Parteien erreicht werden, stets vorausgesetzt, um dies der Klarheit wegen zu wiederholen, daß bei deren Zusammen- und Widerspiel die generell akzeptierten, mehr oder weniger abstrakten regulativen Ideen sozialen Verhaltens respektiert und die rechtlich normierten Verfahrensvorschriften und die gesellschaftlich sanktionierten Regeln eines fair play ausreichend beachtet werden[25].«

Kritisch wäre zu dieser Demokratietheorie anzumerken, daß die aus der Verklammerung wirtschaftlicher und politischer Prozesse sich ergebenden Probleme ausgeblendet bleiben, weil die sogenannten

Sachzwänge des sozio-ökonomischen Systems selbst nicht hinterfragt werden und Wirtschaftswachstum als unabhängige Variable kurzschlüssig mit dem Gemeinwohl identifiziert wird. Folgerichtig moniert »linke« Kritik an der liberalen Pluralismustheorie, daß Systemmerkmale wie der Privatbesitz an Produktionsmitteln unbefragt akzeptiert und jedem verändernden Zugriff entzogen werden.

(3) Vertreter dieser kritischen Position geben zwar zu, daß eine Vielzahl von Gruppen existiere, aber realiter würden nur einige wenige tatsächlich Macht ausüben. So sei etwa die behauptete Gleichheit zwischen Unternehmer- und Arbeitnehmervereinigungen schlichte Ideologie. Noch immer sei es so, daß die einen über Investition und Produktion die Marschzahl der sozio-ökonomischen Entwicklung bestimmten, während die anderen in ihrer Willensbildung auf diesen vorgefundenen Bezugsrahmen verwiesen werden und über die Tarifpolitik bestenfalls Modifikationen, aber keine grundlegenden Änderungen erreichten. Bedenkt man, daß Monopole und Oligopole den Markt fest in der Hand haben und zahllose kleine Betriebe von ihnen abhängig sind, dann offenbart sich darin der Widerspruch zur propagierten Idee der freien Konkurrenz und zur Pluralismusthese. Großbanken und Großunternehmen bestimmen das Wirtschaftsleben, und ihre Expansion liegt sogar im Interesse des Staates, der Wert auf eine prosperierende Wirtschaft und auf Vollbeschäftigung legen muß. Auch die sogenannte »konzertierte Aktion« ändert an dieser Entwicklung nichts; denn wenn auch Unternehmerverbände und Gewerkschaften an einem Tisch sitzen, werden hier nicht Konflikte, die aus unterschiedlichen Interessen resultieren, rational ausgetragen, sondern entschärft oder kaschiert, indem die bereits seitens der Unternehmer gefallenen und von der politischen Führung gestützten Entscheidungen noch von den Arbeitnehmervertretern formal mit abgesegnet werden. Vielzitierter Kronzeuge dieser Verflechtung wirtschaftlicher und politischer Interessen ist Agnoli, der in einer sehr bekannt gewordenen Schrift nachzuweisen versucht, daß hinter einem scheinbaren Pluralismus gesellschaftlicher und politischer Gruppen die Herrschaft wirtschaftlicher Interessen des Kapitalismus fortbestehe und der wahre Volkswille keine Chance habe, sich zu artikulieren, geschweige denn sich durchzusetzen.

»Der Streit, ob wir in einer plural gegliederten oder antagonistisch zerrissenen Gesellschaft leben, geht an seinem Gegenstand vorbei. Wir haben es vielmehr mit einer verdoppelten gesellschaftlichen Wirklichkeit zu tun, in der beide Aspekte auf verschiedenen Ebenen auftreten. Genau diese, selbst in der marxistischen Kritik am Spätkapitalismus übersehene Verdoppelung macht Manipulationen im großen Stil erst möglich. Die Pluralität der Interessen – eine Wirklichkeit – und der damit zusammenhängende – ebenso wirkliche – Pluralismus auf der Distributionsebene wirken politisch der Polarität entgegen, die nach wie vor an der Basis der Gesellschaft besteht. Die Verdoppelung gilt nicht nur im gesellschaftlichen Zusammenhang und auch nicht nur für die abhängige Klasse. Selbst Herrschaftsgruppen und -verbände sind davon betroffen. Ein Unternehmerverband ist heutzutage genötigt, zuweilen auf der einen Seite – auf der Distributionsebene, also gegenüber den Konsumenten – gegen andere Unternehmerverbände anzutreten (Kohle gegen Erdöl). Dennoch bildet er auf der Produktionsebene mit allen anderen Unternehmerverbänden eine gemeinsame Front gegen die organisierte Arbeiterschaft. Der in den Vordergrund gerückte Pluralismus der Distributionssphäre aber macht die Monopolisierung der Herrschaft auf der Produktionsebene und die antagonistischen Spannungen der gesellschaftlichen Polarität weitgehend unsichtbar[26].«

Unbestritten ist es Agnolis Verdienst, nachgewiesen zu haben, daß der pluralistische Herrschaftsmechanismus nicht so automatisch abläuft, wie er von den Verfechtern der Pluralismustheorie oftmals vorausgesetzt wird, die insofern zweifellos revisionsbedürftig ist. Andererseits fehlt so gut wie jeder empirische Nachweis seiner Thesen, und das ist sicher kein Zufall; denn die kritische Theorie hat weder die empirischen Forschungsmethoden der Positivisten übernommen, noch eigene Forschungstechniken entwickelt (vgl. 3.2.)[27].

Mit der Kritik an der Pluralismusthese verbindet sich gewöhnlich eine Kritik am Parlamentarismus. So sieht etwa Agnoli das Parlament als »Transmissionsriemen der Entscheidungen politischer Oligarchien«, obwohl es so aussehe, als ob das Parlament eine eigene politische Kraft darstelle[28]. Kritik an der Rolle des Parlaments wurde vor allem während der Großen Koalition 1966–1969 laut, als praktisch nur noch die kleine Fraktion der FDP die Rolle der Opposition und der politischen Kontrolle wahrnahm. Die sich dann formierende Außerparlamentarische Opposition argumentierte, das parlamentarische System müsse überhaupt abgeschafft werden, weil es lediglich die Klassengegensätze und die Herrschaft des Kapitals verschleiere.

In diesem Zusammenhang betont aber Lenk richtig, daß die heutige Parlamentarismuskritik beträchtlich daran krankt, von einer Idealvorstellung des Parlamentarismus auszugehen, »den es historisch nicht gab, dessen heutige Entfremdungs- und Denaturierungserscheinungen kritisiert werden, ohne dabei der Funktion genauer nachzugehen, die der Parlamentarismus nach wie vor besitzt[29]«. Historisch gesehen hat z. B. der Parlamentarismus mit Demokratie gar nichts zu tun; denn im England des 18. Jahrhunderts war das Parlament zuallererst Kontrollinstitution der Monarchie in den Händen des wirtschaftlich erstarkten Bürgertums. Das Parlament verstand sich auch keineswegs als Vertretung des Volkes, sondern als eine vom Wählerwillen unabhängige politische Instanz, nämlich als Repräsentationsorgan der Nation. Erst durch den tiefgreifenden Wandel der Sozialstruktur im Zuge der industriellen Revolution kam es zu einer Demokratisierung des Parlamentarismus, die sich rein äußerlich in der zunehmenden Ausdehnung des Wahlrechtes auf immer größere Bevölkerungsteile dokumentierte.

Damit verbunden war ein einschneidender Wandel der Parteienstruktur. Waren die Parteien bis dahin nur eine lockere Vereinigung politisch gleichgesinnter Parlamentarier, so entstanden jetzt außerhalb des Parlamentes Organisationen, die um Wählerstimmen warben, indem in diesen Organisationen politische Wahlprogramme aufgestellt wurden. Parallel dazu änderte sich auch die Stellung des Parlamentariers; denn der Wähler gab seine Stimme nicht mehr einem einzelnen Abgeordneten, sondern einer Partei, die ein bestimmtes politisches Programm zu realisieren versprach, mit dem er weitgehend oder völlig übereinstimmte. Während der Bildung der modernen Massenparteien organisierte sich auch das Industrieproletariat als Reaktion auf die Monopolisierung der Parlamente durch das Bürgertum. Bis hinein ins 20. Jahrhundert spiegelten sich in den Parteien und ihren Programmen die soziale und ökonomische Lage der verschiedensten Bevölkerungsgruppen – ein Prozeß, der sich erst mit dem wachsenden Wohlstand nach dem Zweiten Weltkrieg ins Gegenteil verkehrte, als die soziale Nivellierung breiter Mittelschichten den Parteiideologien ihre Basis entzog.

In der Wahrung des Wohlstandes trafen sich die Interessen des Bürgers mit denen des Staates, der zunehmend gezwungen wurde, regulierend in Wirtschaftsprozeß und Sozialstruktur einzugreifen. Das ehemalige Gleichgewicht zwischen politischer Willensbildung und Verwaltung als den beiden strukturbestimmenden Faktoren des parlamentarisch-demokratischen Staates verschob sich zunehmend zugunsten der Exekutive und führte zu einem Funktionsverlust der Legislative, der sich vor allem darin äußert, daß im wesentlichen nur noch über Dinge abgestimmt wird, über die bereits die eigentliche Entscheidung in den Exekutivorganen gefallen ist

(vgl. 5.2.). Von diesem Bedeutungsverlust wird die in Opposition stehende Partei doppelt hart betroffen. Zu einer Zeit, da das Parlament immer weniger Gesetze im Sinne allgemeinverbindlicher Normen verabschiedet, wird es für die Opposition immer schwieriger, alternative politische Konzeptionen anzubieten, und sie droht zur protestierenden Begleiterscheinung der politischen Führung zu denaturieren. Insgesamt gesehen ist es dem Parlament bisher nicht gelungen, die Funktion der Öffentlichkeit wahrzunehmen (vgl. 5.3.), d. h. sicherzustellen, daß die wesentlichen politischen Entscheidungen im Parlament fallen. Damit leisten die Abgeordneten selber der antiparlamentarischen Einstellung der Gruppen Vorschub, für die das Parlament nichts weiter ist als der Transmissionsriemen für Entscheidungen der Herrschenden[30].
Je mehr aber der Prozeß politischer Willensbildung in der modernen parlamentarischen Demokratie an Bedeutung verloren hat, je stärker beharren die Kritiker von links auf einem Demokratiebegriff, der eben diese mit der politischen Willensbildung verbundenen Prinzipien der Partizipation und Emanzipation betont (vgl. 3.3. und 3.4.). Letztlich steht hinter der Parlamentarismuskritik, wie sie von linken Gruppen vorgebracht wird, die Konzeption einer Gesellschaft, in der die Herrschaft von Menschen über Menschen abgebaut und die repräsentative Demokratiekonzeption durch eine direkte abgelöst worden ist.
Kehren wir zum Ausgangspunkt der kritischen Pluralismustheorie zurück, bleibt festzuhalten, daß es unterhalb eines scheinbaren Interessenpluralismus in der Bundesrepublik de facto nur einige wenige Großverbände sind, die permanent auf politische Entscheidungsprozesse einwirken. Dieser nur bedingte Verbandspluralismus, der sich nach 1945 sehr schnell etablierte, hat den politischen Parteien seit Kriegsende nur wenig Möglichkeiten zur sozialen Umgestaltung der deutschen Gesellschaft gelassen. Beyme hat darauf aufmerksam gemacht, daß bei uns vor allem deshalb die Abneigung gegen Interessengruppen weit verbreitet ist, weil der Begriff »Interesse« im Gegensatz zum »Gemeinwohl« mit negativen Assoziationen aufgeladen ist[31]. Gemeinwohl war aber nie etwas anderes als das, was die herrschenden Gruppen dafür ausgaben, und das bedeutete, ihre eigenen Inteessen für allgemein gültig zu erklären. Interessengruppen nutzen staatliche Macht, um eigene Wünsche durchzusetzen oder um bestimmte Entscheidungen, die sich gegen die eigenen Interessen richten, zu verhindern. In diesem Sinne äußert sich wirksamer Verbandseinfluß gerade auch in »Nicht-

Entscheidungen«. Zufriedenstellende Auskunft über Art und Weise sowie Umfang des Verbandseinflusses können nur detaillierte empirische Untersuchungen geben, aber hier wie auch in verwandten Forschungsbereichen (vgl. 5.1. bis 5.3.) bleibt festzustellen, daß der Vielzahl theoretischer Erörterungen nur sehr wenig empirisch abgesicherte Daten gegenüberstehen. »Einer der größten Mängel der Gruppenforschung ist bisher, daß es kaum eine Untersuchung aller wichtigen Entscheidungen in einem politischen System über einen längeren Zeitraum hin gibt. Die illustrative Methode der Darstellung überwiegt. Man unterstellt nicht selten, daß die paar Beispiele, die man anführen kann, ein generalisierbares Verhalten exemplifizieren. Die gescheiterten Versuche der Einflußnahme dagegen werden sehr selten untersucht, da sie nicht in das Bild der ›Folklore‹ über Interessengruppen passen.«[32]

Die Komplexibilität politischer Entscheidungsprozesse bedingt Einfluß auf verschiedenen Stufen. Dabei bedingt die zunehmende Machtlosigkeit der Parlamente, daß sich die Verbände vorwiegend an die Ministerialbürokratie wenden; denn einerseits ist in der gemeinsamen Geschäftsordnung der Ministerien festgelegt, bei Gesetzesentwürfen die betroffenen Verbände hinzuzuziehen, andererseits werden die meisten Gesetzesentwürfe von der Exekutive eingebracht (vgl. 5.2.). »Wie die Gewichte selbst bei dem umfassendsten, auch in den Fragen der großen Politik engagierten Bundesverband der Deutschen Industrie verteilt sind, zeigt eine Auszählung der förmlichen Eingaben, die der BDI während der letzten Jahre den einzelnen Verfassungsorganen hat zukommen lassen. Danach gingen in den Jahren von 1949 bis 1958 im Durchschnitt jährlich 82,8 % aller Eingaben nur an Exekutivbehörden, Ministerien und Bundesämter, an die Legislative (Bundestag und Bundesrat), dagegen nur 7 %, der Rest zum größten Teil an die Bundesbahn und den Zentralbankrat.«[33]

Typisch ist auch die Parallelorganisation von Großverbänden und Ministerien. Die Ansprechpartner sind über die Geschäftsverteilung der Bundesregierung genau festgelegt: für die Bauern das Landwirtschaftsministerium, für die Unternehmer das Wirtschaftsministerium usw. Abteilungen, Unterabteilungen und Referate des Wirtschaftsministeriums entsprechen exakt einzelnen Unternehmerverbänden je nach ihrer Bedeutung und ihrem Einfluß. Dieser enge Kontakt zwischen Verbänden und Ministerialbürokratie ist unter zweierlei Aspekten zu sehen. Einmal bieten die Verbände durch ihre Experten Spezialkenntnisse und entscheidungsrelevante Informationen, auf die die Bürokratie nur schwer verzichten kann, wenn sie nicht in ihrer Leistungsfähigkeit erheblich eingeschränkt werden soll, zum anderen besteht natürlich immer auch die Gefahr der »selektiven Informationen«, um Entscheidungsprozesse interessenorientiert steuern zu können. Darüber hinaus wird natürlich versucht, über die politischen Parteien Einfluß auf die Besetzung einzelner Ressorts mit sympathisierenden Personen auszuüben, und eigene Leute auf den Landeslisten abzusichern, um sie nach den Wahlen in die für die Verbände wichtigen Ausschüsse zu schicken. Da sich in der Praxis die gesetzgeberische Arbeit immer mehr in die Ausschüsse verlagert hat, sind die Verbände naturgemäß daran interessiert, den Ausschußvorsitzenden in dem für ihre Interessen zuständigen Parlamentsausschuß zu stellen oder mit einer entsprechend großen Zahl von Verbandsmitgliedern direkt vertreten zu sein. So schätzt Lohmar, ein guter Kenner der Materie, daß drei von vier Abgeordneten einem Verband angehören[34].

Die vorliegenden empirischen Untersuchungen[35] machen deutlich, daß Möglichkeiten und Grenzen des Verbandseinflusses von einer Vielzahl Faktoren abhängen: Zugang zur Öffentlichkeit in Form geschickter publizistischer Lobby, Mitgliederstärke, Finanzkraft, Qualität des Verbandsmanagements sowie die gesamtgesellschaftliche Bedeutung der repräsentierten Interessen. So läßt sich die Bedeutung des BDI und sein Einfluß z. B. nachweisen bei der Auseinandersetzung um das Kartellgesetz 1957, als er bei Bundeskanzler Adenauer mit dem Hinweis auf die Schwierigkeit, Wahlgelder zu beschaffen, intervenierte und erreichte, daß Wirtschaftsminister Erhard einen Arbeitskreis Kartellgesetz akzeptieren mußte, in dem dann Experten der Unternehmerverbände den Gesetzesentwurf gegen Wettbewerbsbeschränkungen aushöhlten und zu ihren Gunsten entschärften.

Auf der anderen Seite gibt es aber auch zahlreiche Interessen und Bedürfnisse, für die überhaupt keine Lobby existiert. Diese der Pluralismustheorie zuwiderlaufende Erscheinung ist von Offe mit der sog. »Disparitätenthese« zu erklären versucht worden[36]. Seine These lautet, daß die Herrschaftsstruktur spätkapitalistischer Massendemokratien zwar von der Wirtschaftsorganisation bestimmt sei, aber die sozio-ökonomischen Strukturen nicht mehr mit der Klassentheorie interpretiert werden können. Der Staat sei nicht einfach der verlängerte Arm kapitalistischer Machtgruppen, vielmehr gestalte sich das Verhältnis zwischen politischen und wirtschaftlichen Führungsgruppen in der Realität wesentlich komplexer.

Die im Verhältnis von Staatsapparat und Gesellschaft wirkenden Mechanismen – konjunkturpolitisch gesteuerte Nachfrage, handelspolitische Regulierung der Absatzchancen, steuerpolitische Anreize der unternehmerischen Investitionen – dokumentieren die Durchstaatlichung der Gesellschaft in dem Sinne, daß über die Vermittlung des privaten Kapitalverwertungsprozesses das Gesamtsystem stabilisiert wird. Damit stellt sich zugleich die Frage nach der konkreten Vermittlung von gesellschaftlichen Interessen und politischer Herrschaft neu: »Welche Mechanismen bewirken, daß gesellschaftliche Interessen dominanten Einfluß auf die Funktionsweise des politischen Systems erlangen, ohne gegen diese ihre frühere, staatsfreie ›Selbständigkeit‹ länger behaupten zu können?«[37]

Die Durchsetzung von Interessen hängt einmal ab von der *Organisationsfähigkeit* und zum anderen von der *Konfliktfähigkeit* gesellschaftlicher Bedürfnisse. »Organisierbar sind nur solche Interessen, die sich als Spezialbedürfnisse einer sozialen Gruppe interpretieren lassen.«[38] Deshalb sind die primären Lebensbedürfnisse wie Konsum- und Investitionschancen, Abdeckung sozialer Risiken großer und relativ homogener Statusgruppen (Unternehmer, Arbeiter, Angestellte, Beamte usw.) am leichtesten organisierbar – schwerer oder gar nicht dagegen die allen Individuen zuzuordnenden Lebensbedürfnisse wie Wohnen, Gesundheit, Verkehr, Bildung oder Umweltschutz. Die »Konfliktfähigkeit beruht auf der Fähigkeit einer Organisation bzw. der ihr entsprechenden Funktionsgruppe, kollektiv die Leistung zu verweigern bzw. eine systemrelevante Leistungsverweigerung kollektiv anzudrohen[39]«. Hausfrauen, Studenten oder Arbeitslose sind zwar organisations-, aber nur bedingt oder gar nicht konfliktfähig. Das pluralistische System organisierter Interessen sperrt nun, so Offe, »alle Bedürfnisartikulationen aus dem politischen Willensbildungsprozeß aus, die allgemein und nicht an Statusgruppen gebunden sind; die konfliktunfähig, weil ohne funktionelle Bedeutung für den Verwertungsprozeß von Kapital und Arbeitskraft sind; und die als utopische die historischen Systemgrenzen transzendieren, insofern sie sich nicht ohne weiteres an die Regeln pragmatischer Verhandlungsklugheit halten[40]«.

Das vertikale System der Ungleichheit von Klassenlagen wird durch ein horizontales System der Disparität von Lebensbereichen abgelöst. Statt Herrschaft einer Klasse über die andere dominieren wenige gesellschaftliche Funktionsbereiche gegenüber den anderen. Politisches Handeln läßt sich unter diesen Bedingungen primär als ›crisis management‹ und langfristige Vermeidungsstrategie beschreiben; d. h. flexibel auf die wechselnden, vielfältigen Risiken des Gesamtsystems zu reagieren, soweit sie den Bestand gefährden. Von staatlichen Subventions- und Interventionschancen sind dementsprechend alle diejenigen Lebensbereiche faktisch ausgeschlossen, deren strukturelle Krisen keine Rückwirkungen auf die gesamtgesellschaftliche Stabilität haben. »Das durch diesen strukturellen Mechanismus bewirkte Verhältnis der Disparität zwischen den verschiedenen Problembereichen und Bedürfnissphären des gesellschaftlichen Lebens wächst um so mehr, je dringlicher die staatlich disponiblen Ressourcen für die Zentralprobleme der Gewährleistung kontinuierlicher Kapitalverwertungschancen ausreichender effektiver Nachfrage, Erhaltung von außenwirtschaftlichen Beziehungen, militärischer Krisenvermeidung oder innenpolitischer Krisenabwehr und Konfliktunterdrückung benötigt werden.«[41] Der Unterschied zwischen dem institutionalisierten und dem möglichen Niveau des technischen und sozialen Fortschritts wie z. B. der Widerspruch zwischen modernen Produktionsmethoden und dem stagnierenden Gesundheits- oder Bildungssystem kennzeichnet diese Disparität unterschiedlicher Lebensbereiche. Gleichzeitig werden diese unterschiedlichen Lebensbereiche, die quer zur Klassenlage sich entfalten, als Organisationsbasis gesamtgesellschaftlicher Konflikte untauglich, weil die Konfliktgrenze nicht mehr direkt vom Produktionsprozeß bestimmt wird, sondern durch eine repressive politische Herrschaft, die bestimmte Gruppen von der Teilhabe öffentlicher Leistungen ausschließt.

Positiv an diesem vielzitierten Ansatz ist sicher zu vermerken, daß er den alten, immer noch populären Machtelitenansatz relativiert (vgl. 5.1.), aber insgesamt bleibt dieser Entwurf noch auf einer zu abstrakten Ebene. Die Schwäche der kritischen Theorie, nämlich das empirische Forschungsinstrumentarium zu vernachlässigen (vgl. 3.2.), macht sich auch hier wieder bemerkbar; denn es gelingt Offe nicht, die *konkreten* Formen der Verschränkung horizontaler Disparitäten und vertikaler Ungleichheit aufzuzeigen.

Zusammenfassend läßt sich die Antwort auf die über diesem Abschnitt stehende Frage »Pluralismus oder Herrschaft der Verbände?« etwa wie folgt formulieren:

1. Der Einfluß der Interessenverbände wirkt sich dahingehend aus, daß der Status quo verfestigt wird. Weder kommt es zu einer entscheidenden Veränderung politischer und sozialer Machtverhältnisse noch zu einer durchgreifenden Wandlung der Sozialstruktur. Nachdem in den ersten Jahren der Existenz der Bundes-

republik die Grundsatzentscheidungen gefallen waren, nämlich pro Marktwirtschaft, pro Westintegration, pro EWG, pro Wiederaufrüstung und NATO, »sind die Weichen der Gesellschaft gestellt, die Gleise gelegt; nur das Zugpersonal wird von Zeit zu Zeit ausgewechselt[42]«. Das politisch-soziale System wird dabei in dem Maße innovationsunfähig, in dem der politische Handlungsspielraum durch die Dominanz ökonomischer Interessen eingeschränkt wird.

2. Die tatsächliche Aufteilung der Macht entspricht nicht der Pluralismustheorie vom freien Spiel der Kräfte. Private, d. h. in erster Linie ökonomische Interessen dominieren und haben die Machtstruktur einseitig verfestigt. Die öffentliche Diskussion wird heute zu einem wesentlichen Teil »von den Forderungen derer beherrscht, welche selbst keine Verantwortung übernehmen[43]«.

Daran wird sich nichts ändern, wenn es nicht gelingt, die Chancen aktiver politischer Beteiligung der bisher unterprivilegierten Gruppen zu verbessern. Zwei Voraussetzungen müssen, so Scharf, dafür zunächst erfüllt sein: das Einüben politischer Verhaltensweisen an der Basis und eine Verbreiterung des Rekrutierungsfeldes, aus dem sich die politischen Führungsgruppen zusammensetzen[44].

»Erst wenn diese Voraussetzungen gegeben sind, kann auch das Pluralismusmodell als Grundmuster einer demokratischen Struktur mit besseren Gründen verteidigt werden. Erst dann brauchen seine unbestreitbaren Vorzüge – die Mäßigung der Machtausübung und die institutionalisierte Suche nach dem breiten Konsens gesellschaftlicher Gruppen im politischen Prozeß – nicht mehr im gleichen Maße mit einer Vernachlässigung der Interessen der Unterschicht erkauft zu werden. Das Partizipationspostulat, das, für sich allein genommen, keinen praktikablen Entwurf des politischen Systems tragen könnte, gewinnt hier also eine eminente praktische Bedeutung als normativ unerläßliche Korrektur und Ergänzung der realistischeren Pluralismusmodelle[45].«

Die Frage nach den Bedingungen und Möglichkeiten politischer Teilnahme steht im Mittelpunkt des folgenden Abschnittes.

4.3. Organisation und Demokratie

»Die Interessengruppen haben eine doppelte Bedeutung für die Demokratie in einem Lande: durch den Grad der innerverbandlichen Demokratie und durch die Rolle der Verbände im Rahmen der pluralistischen Gesellschaft. Je größer die Massenorganisationen in der industriellen Gesellschaft geworden sind, um so größer wird die Tendenz zur Apathie der Mitglieder und um so gefährdeter ist die innerverbandliche Demokratie[46].« Diese Tendenz wird noch durch die typischen Strategien der Verbände hinsichtlich ihrer Einflußnahme auf die politische Willensbildung gefördert. Wenn die Ziele ihrer Politik und die Methoden zu ihrer Durchsetzung nicht schon frühzeitig bekannt werden sollen und damit zwangsläufig an Wirksamkeit einbüßen, muß sich die Formulierung der Verhandlungspositionen nicht nur der allgemeinen, sondern auch der verbandsinternen Öffentlichkeit entziehen. »Wenn aber die Nicht-Öffentlichkeit der Verhandlungsstrategie zur funktionalen Erfolgsvoraussetzung wird, trifft dasselbe auf die Entdemokratisierung der innerverbandlichen Struktur zu ...«[47] Das bedeutet konkret, daß z. B. die Verbandsführung die Informationspolitik bestimmt und darüber entscheidet, welche Informationen allen Mitgliedern des betreffenden Verbandes weitergegeben und welche vor ihnen geheimgehalten werden. Die Möglichkeiten innerverbandlicher Opposition werden damit, wenn nicht im Keim erstickt, so doch wirksam von der Spitze her kontrolliert.

Apathiefördernd wirkt ferner die funktionale Differenzierung in komplexen Verbandsorganisationen in hauptamtlich tätige Funktionäre, die in hohem Grade mit der Verbandsführung betraut sind, und den nur sporadisch zusammentretenden übrigen Mitgliedern. Die Konsequenzen dieser Zweiteilung in »Profis« und »Amateure« liegen auf der Hand: einmal bildet sie eine entscheidende Barriere für alle Partizipationsbestrebungen – darauf wird weiter unten noch ausführlicher einzugehen sein –, zum anderen droht sich die Funktion der Mitgliederversammlung, die de jure oberstes Kontrollorgan eines Verbandes ist, de facto auf die Sanktionierung der von der Führung bereits gefällten Entscheidungen zu reduzieren. Dennoch muß man sich auch hier vor vorschnellen Verallgemeinerungen hüten. »Die Diskussion um die innerverbandliche Demokratie wird in ihrem Sollensteil ebenso undifferenziert geführt wie die empirische Basis im Seinsteil noch unzureichend ist«, wie Beyme zu Recht feststellt[48]. Das gilt insbesondere für die Frage, ob erweiterte Partizipation der Mitglieder und Effizienzsteigerung der jeweiligen Organisation einander bedingen oder nicht. Sicher dürfte nur sein, daß der Abbau von Apathie über die Konstruktion wirksamerer Organisationsmodelle überhaupt nur dann Aussicht auf Erfolg hat, wenn gleichzeitig die politische Kultur eines Systems demokratisiert und von den Mitgliedern internationalisiert worden ist[49] (vgl. 6.2.).

Die politische Funktion der Verbände im Willensbildungsprozeß hat aber nicht nur Einfluß auf die inner*verbandliche,* sondern genauso auf die inner*parteiliche* Demokratie. »In einem Staat, in dem die Verbände eine von der Verfassung nicht vorgesehene, aber in der politischen Wirklichkeit gravierende Wirkung auf die Parteien für sich beanspruchen und durchsetzen können, ist die Führung der Parteien ständig der Versuchung ausgesetzt, den Wünschen der Interessenverbände eher Rechnung zu tragen als dem Gemeinwohl[50].« Von einer ausgewogenen Integration der unterschiedlichen Interessen kann, wie weiter oben ausführlich dargelegt worden ist (vgl. 4.2.), in der Bundesrepublik zur Zeit keine Rede sein. Gemeinwohl vollzieht sich dabei in Anbetracht der analysierten Disparitäten jedoch nicht als Kompromiß divergierender Ansprüche, sondern wird gleichgesetzt mit den jeweils dominierenden und sich durchsetzenden Interessen. Damit sind aber auch zwangsläufig der politischen Willensbildung innerhalb der Parteien als ein Prozeß von unten nach oben Schranken gesetzt.

Artikel 21 GG bestimmt die Aufgabe der Parteien als Mitwirkung bei der politischen Willensbildung des Volkes und fordert zugleich, daß die innere Ordnung der Parteien demokratischen Grundsätzen entsprechen muß. Das Parteiengesetz aus dem Jahre 1967 hat diese Forderung des Grundgesetzes in § 1 spezifiziert:

»Die Parteien wirken an der Gestaltung des politischen Willens des Volkes auf allen Gebieten des öffentlichen Lebens mit, indem sie insbesondere auf die Bildung der öffentlichen Meinung Einfluß nehmen, die politische Bildung anregen und vertiefen, die aktive Teilnahme der Bürger am politischen Leben fördern, zur Übernahme öffentlicher Verantwortung befähigte Bürger heranzubilden, sich durch Aufstellung von Bewerbern an den Wahlen in Bund, Ländern und Gemeinden beteiligen, auf die politische Entwicklung in Parlament und Regierung Einfluß nehmen, die von ihnen erarbeiteten politischen Ziele in den Prozeß der staatlichen Willensbildung einführen und für eine ständige lebendige Verbindung zwischen dem Volk und den Staatsorganen sorgen[51].«

Der zweite Abschnitt des Parteiengesetzes befaßt sich mit der inneren Ordnung der Parteien. Grundlage der Parteiorganisation bilden die allgemeinen Mitgliederversammlungen, an der Spitze stehen die Parteitage, deren Mitglieder über mehrstufige Delegationen in dieses Gremium gelangen. Der Parteitag, ausgestattet mit umfassender Entscheidungsbefugnis, wählt als Exekutivorgan den Parteivorstand.

Absicht des Parteiengesetzes ist die demokratische Wahl aller Parteigremien und eine Willensbildung von unten nach oben zu gewährleisten. Empirisch nachweisen läßt sich indes, daß die Organisationswirklichkeit der Parteien anders aussieht. So kam etwa Renate Mayntz bei der Untersuchung eines Kreisverbandes der CDU in Berlin zu dem Ergebnis, daß keine Parteigruppe in nennenswertem Umfang Beschlüsse und Forderungen als Ausdruck des eigenen Willens an übergeordnete Parteiinstitutionen weitergegeben hätte und auch der Einfluß auf die Kandidatenaufstellung für Wahlen minimal sei. »Die Gründe für die Abweichung der Wirklichkeit vom demokratischen Modell der innerparteilichen Willensbildung, die am häufigsten angeführt werden, zeigen einerseits strukturelle Mängel in den Parteien, z. B. eine Verharschung des Apparates, eine Oligarchisierung der Führungsgruppe, Bürokratisierung usw. und andererseits eine Apathie der Mitglieder[52].« Ähnlich stellt Schütz für die SPD lapidar fest: »Die politische Willensbildung in der SPD entwickelt sich von oben nach unten[53].« Die Delegierung des Bevölkerungswillens von unten nach oben wird heute von keiner Partei erfüllt, und auch bei der innerparteilichen Führungsauswahl und der Nominierung von Kandidaten für die Parlamente spielt die große Mehrheit der Mitglieder keine oder nur eine vergleichsweise geringe Rolle. Darin sind sich praktisch alle empirischen Untersuchungen zur innerparteilichen Demokratie einig[54].

Bei der Analyse der Ursachen knüpfen die verschiedenen Autoren fast immer an den Klassiker der Parteienforschung, Robert Michels, an, der in seiner berühmt gewordenen Untersuchung der Soziologie des Parteiwesens in der modernen Demokratie das »eherne Gesetz der Oligarchie« postuliert hat[55]. Ausgangspunkt seines bereits 1911 verfaßten Werkes war die Beobachtung, daß auch die damals revolutionären Parteien, die es sich u. a. zur Aufgabe gemacht hatten, Oligarchien im gesamtgesellschaftlichen Bereich zu bekämpfen, dieselben Phänomene in sich selbst entwickelten. Grundlegend für seine Analyse ist die Einsicht, daß eine gesellschaftliche Gruppe, deren Mitglieder erfolgreich auf ein Ziel hinarbeiten wollen, notwendigerweise organisationsmäßig gegliedert sein muß. »Wer Organisation sagt, sagt Tendenz für Oligarchie[56].« Da nämlich die zu leistende Verwaltungsarbeit mit der Zahl der Mitglieder steigt, bedarf es schließlich dafür hauptamtlich beschäftigter Funktionäre und Delegierte, weil eine direkte Abstimmung und Entscheidung aller über alle Probleme technisch nicht möglich ist. Die Führer der Partei besitzen durch die permanente Beschäftigung mit den anliegenden politischen Problemen einen Informationsvorsprung, der noch dadurch vergrößert wird, daß sachkundige Beratung und Entscheidung den Kreis von vornherein beschränkt. »Die Macht der Führer wächst im gleichen Maßstab wie die Organisation[57].« Die Führer entwickeln schließlich ein Gewohnheitsrecht auf Delegation, das um so leichter durchzusetzen ist, als die Masse der Parteimitglieder froh ist, »wenn sich Männer finden, welche bereit sind, die Geschäfte für sie zu besorgen[58]«.

Michels Oligarchiethese hat bis heute Gegner und Befürworter gefunden. In unserem Zusammenhang bleibt festzustellen, daß Michels die *Allgemeingültigkeit* seiner Theorie nicht bewiesen hat. Problematisch ist bereits die massenpsychologisch begründete Hypothese von der dauernden fachlichen Inkompetenz der Masse, der Parteimitglieder. »Schon frühzeitig haben vor allem linke Kritiker dies als unhistorisch und soziologisch mit dem Argument zurückgewiesen, daß das Handlungspotential der Massen einer Organisation abhängig sei vom jeweiligen Entwicklungsstand und den Herrschaftsverhältnissen der Gesellschaft und nicht als gleichbleibend gegeben angesehen werden könne[59].« Ebenso umstritten ist die Hypothese, Bürokratisierung bedinge Oligarchie. Daß die Ausdehnung einer Organisation jedenfalls nicht grundsätzlich oligarchische Willensbildungsprozesse hervorruft, zeigt eine Untersuchung der Soziologen Lipset, Trow und Coleman, die den Willensbildungsprozeß in der amerikanischen Druckergewerkschaft ITU untersuchten[60]. Das Besondere dieser Gewerkschaft ist das interne gut funktionierende Zweiparteiensystem. Die aufgrund einer bestimmten historischen Konstellation entstandenen Parteien sind voll funktionsfähig, vertreten unterschiedliche Standpunkte und konkurrieren um die Besetzung der Vorstandspositionen, so daß Mitglieder und Delegierte nicht nur Scheinaktivitäten ausüben, sondern echte Entscheidungen zu treffen haben, was sich belebend auf die innerverbandliche Willensbildung auswirkt. Lipset und seine Mitarbeiter führen eine Reihe von Faktoren an, die dieses Zweiparteiensystem und damit demokratische Willensbildung begünstigen, die hier nicht weiter verfolgt werden sollen, zumal die besonderen Bedingungen sich nicht ohne weiteres übertragen lassen. »Die spezifischen Faktoren, die die Demokratie in der ITU bedingen, lassen sich wahrscheinlich woanders nicht wiederholen, aber die sehr große Vielfalt der Faktoren weist darauf hin, daß demokratische Prozesse sich unter ganz verschiedenen Bedingungen entwickeln und ganz verschiedene Formen annehmen können[61].« Die Arbeit stellt denn auch ohne Zweifel einen Meilenstein in der Entwicklung der Politischen Soziologie dar, zumal zahlreiche Hypothesen weitere Untersuchungen anregten und neue Fragestellungen die Forschung belebten.

Aber selbst wenn man einmal unterstellt, daß Michels Thesen nur bedingt gültig sind, bleibt die ungenügende innerparteiliche Demokratie eine Tatsache. Als Ursache sollen hier nur zwei Faktorenkomplexe angeführt werden, die von Michels noch nicht ins Kalkül gezogen worden sind. »Die Notwendigkeit, Wahlen zu gewinnen, drückt sich heute für die Parteien anders aus als zu Zeiten Michels': Anders als die SPD vor 1914, die Michels untersuchte, bemühen sich die Parteien der Bundesrepublik weniger, die Wähler von einem bestimmten Programm zu überzeugen, als vielmehr ihre politischen Aussagen den in der Wählerschaft verbreiteten Haltungen anzupassen[62].« Wahlen werden nicht mit den Stimmen der Parteimitglieder gewonnen, so daß es für die Parteiführung naheliegt, sich bei politischen Entscheidungen primär an der Meinung der Wähler zu orientieren. Diese Meinung wird heute vorzugsweise über die Demoskopie erforscht und stellt im Zweifelsfalle für die Parteispitze eine wichtigere Orientierungsmarke dar als die Meinung der Mitglieder. Die Ergebnisse dieser Umfragen bilden gleichzeitig ein entscheidendes Machtmittel in der Hand der Führung, die mit dem Hinweis auf nicht selten geheimgehaltene Umfrageergebnisse die politische Willensbildung innerhalb der Partei entweder manipulieren oder sogar abblocken können (vgl. 5.3.). So ist Erhard z. B. als »Kanzler der Demoskopie« bezeichnet worden, weil seine Aufstellung als Kanzlerkandidat ganz wesentlich durch entsprechende Umfrageergebnisse bestimmt worden ist[63]. Nicht nur bei Adenauer, sondern auch innerhalb der CDU-Fraktion bestanden Zweifel an der Eignung Erhards als Kanzler. Die Entscheidung für Erhard fiel nach Bekanntgabe der Ergebnisse einer Umfrage des EMNID-Institutes im April 1963, nach der 40 % der Bundesbürger Erhard für den besten Kanzlernachfolger hielten. Zwei Jahre später wurde Erhards Kanzlerkandidatur zum zweiten Male von Umfrageergebnissen gegen sachliche Einwände bestimmt. Trotz offenkundiger Regierungsschwäche appellierte der Fraktionsvorsitzende Barzel mit dem Hinweis auf demoskopisch ermittelte Ergebnisse an die in sich zerstrittene CDU/CSU-Fraktion. Nach den vorliegenden Umfragen war Erhard trotz aller Rückschläge, Schwierigkeiten und Querelen von 88 % der Befragten positiv bewertet worden und hatte damit den Gipfel der Popularität erreicht.

Daraufhin stellte sich die Fraktion wieder hinter Erhard, womit zugleich eine Vorentscheidung über die Kanzlerkandidatur für den 1965 bevorstehenden Wahlkampf gefallen war.

»So lähmt die Inkongruenz von innerparteilichen Vorstellungen und vermuteten Wählerreaktionen auch den Willen zu einer innerparteilichen Demokratie; aus der Sorge, die Wähler zu verprellen, beläßt man politische Erwägungen im vertrauten Kreise der engeren Parteizirkel. Und weil die Parteiführungen mit stillschweigender oder ausdrücklicher Zustimmung der Parteibürger und Funktionäre dem (durch Umfragen ermittelten) Wählerwillen zu folgen suchen, werden sie zugleich unabhängiger von der Parteiorganisation und abhängiger von Umfrageergebnissen. Die Notwendigkeit, politische Entscheidungen aus der Sache heraus zu treffen, wird dadurch nicht geringer; aber die Versuchung wächst, nur noch solche politische Aussagen zu wagen, die des Beifalls der Mehrheit der Wähler gewiß sein können[64].«

Allerdings gewinnt der Wähler nur eine *scheinbare* Souveränität über die innerparteiliche Willensbildung, wie Lohmar betont[65], weil die Parteien über die Ergebnisse der Umfragen zugleich in die Lage versetzt werden, ihn wirksamer zu manipulieren als zuvor (vgl. 5.3.).
Mit Hinblick auf den Wähler lassen sich aber auch brisante Konflikte innerhalb der Parteien durch die Führung unterdrücken; denn innerparteiliche Auseinandersetzungen werden in der Öffentlichkeit nicht selten als Zeichen der Schwäche ausgelegt und sind unpopulär. »Der Hinweis darauf, daß allzu heftige innerparteiliche Diskussionen dem Ansehen der Partei in der Öffentlichkeit schaden, ist eines der wichtigsten Machtmittel der Parteiführer[66].«
Der zweite hier zu diskutierende Faktorenkomplex läßt sich mit dem Stichwort »Expertokratie« umschreiben. »Die Spezialisierung der Politik und damit auch der Vorsprung der mit Spezialwissen ausgerüsteten Parteiführer gegenüber den Mitgliedern hat heute gegenüber Michels' Zeiten eine neue Dimension angenommen[67].« Politische Apathie eines Großteils der Parteimitglieder und die darauf beruhende mangelnde innerparteiliche Willensbildung ist nicht zuletzt ein Zeit- und Bildungsproblem. Der für die »außengeleitete Gesellschaft« (vgl. 6.1.) typische Informationsüberfluß ist vom einzelnen schon aufgrund der Knappheit an Zeit nur noch begrenzt zu verarbeiten, und die Flucht in eine reine Konsumentenhaltung gegenüber politischen Informationen wird noch gestützt durch den bei einer Vielzahl der Parteimitglieder unzureichenden Bildungsstand. Aber während Michels die Inkompetenz der Massen als nicht

änderbaren Dauerzustand begriff, muß diese Aussage heute dahin relativiert werden, daß eine bessere politische Bildung die innerparteiliche Demokratie fördert; denn die Fähigkeit zum kritischen Denken ist conditio sine qua non für jede demokratische Willensbildung. Zu Recht bemerkt Zeuner, daß von allen Faktoren, die innerparteiliche Demokratie fördern, bessere politische Bildung am meisten Forderung und am wenigsten Realität sei[68]. »Wenn vielen Mitgliedern für eine effektive Mitbestimmung die intellektuellen Voraussetzungen fehlen, so weniger deshalb, weil sie zu wenig Fakten kennen und ein zu geringes Spezialwissen haben, sondern weil sie nicht gelernt haben, Argumente daraufhin zu prüfen, ob sie schlüssig sind, und von welchen Interessen sie geleitet werden[69].« Kritisches Denken ist aber nicht nur Bedingung für eine funktionierende innerparteiliche Demokratie, sondern für jegliche Form von Partizipation, die mehr sein will als bloße Scheinaktivität.

Die Forderung nach erweiterter Partizipation vollzieht sich, wie bereits dargestellt (vgl. 3.3. und 3.4.), vor dem Hintergrund unterschiedlicher demokratietheoretischer Konzeptionen und entsprechend verschiedenen Erwartungshorizonten. In der radikalen Form geht es den Befürwortern um die Abschaffung von Organisationen überhaupt, soweit damit die Herrschaft von Menschen über Menschen verbunden ist. Ihre Kritik an der repräsentativen Demokratie verbindet sich zumeist mit der Propagierung der Rätedemokratie; denn der Anspruch des Rätegedankens ist es, die Selbstbestimmung der Beherrschten zu erreichen. Dabei hat der Rätegedanke bisher weniger unter dem Aspekt seiner organisatorischen Implikationen eine Rolle gespielt als unter dem seiner revolutionären Stimulansfunktion; denn historisch sind Räte immer in als revolutionär empfundenen Umbrüchen tätig geworden. Bisher gibt es allerdings weder eine konsistente Rätetheorie, noch reichen die empirischen Daten aus, um die Erfahrungen aus der Vergangenheit in die Zukunft zu extrapolieren. Immerhin schälen sich aus den heterogenen disparaten Konzeptionen einige gemeinsame Merkmale heraus. Als Organe der direkten Demokratie sind Räte in ihrem Kompetenzbereich autonom und unter Aufhebung der Gewaltenteilung mit umfassenden Vollmachten in den Bereichen der Legislative, Exekutive und Jurisdiktion vertreten. Die Urwählerschaft oder Basisgruppe wird zur Grundeinheit, die das Rätesystem konstituiert. »In ihr und mit ihrer Hilfe soll geleistet werden, wozu nach Meinung der Rätetheorie weder das traditionelle Parteiengefüge noch alle übrigen gesellschaftlichen Verbände des bürgerlichen Klassenstaates bislang in der Lage waren: demokratisch fundierte, politische Meinungsbildung der von Herrschaft unmittelbar Betroffenen ... mit der Chance, ja Gewißheit, daß die sich auskristallisierende Entscheidung unverfälscht, d. h. nicht repräsentativ gebrochen bis in die zentralen Exekutivorgane (den Zentralrat) gelangt[70].« Die Wähler kontrollieren die Tätigkeit der Räte permanent, und sie können die Delegierten der Räte, die ein imperatives Mandat haben, jederzeit abberufen (recall). Damit verbindet sich einmal die Hoffnung nach einer intensiven Kontrolle der Delegierten durch die Urwählerschaft, so daß es gar nicht erst zu einem sich verfestigenden Machtkartell kommt, zum anderen der Glaube, daß die direkte Informations- und Kommunikationsstruktur zwischen Wählern und Gewählten dem demokratischen Prinzip eher gerecht wird als in den herkömmlichen Repräsentationssystemen. Die umfangreiche Kritik an der Rätedemokratie soll hier, wobei von organisationsspezifischen Problemen abgesehen wird, auf drei Fragen komprimiert werden:

- Wie soll permanentes politisches Engagement an der Basis erreicht werden?
- Wie soll die Spitze im Rätemodell demokratisch durch die Basis kontrolliert werden?
- Wie soll das Problem des Herrschaftswissens der Experten gelöst werden?

Jede noch so perfekte institutionelle Reform, die auf Partizipation und damit auf Emanzipation abzielt, bleibt unzureichend, wenn es nicht gleichzeitig gelingt, überkommene Verhaltensweisen zu durchbrechen und eine entsprechend demokratische politische Kultur zu internalisieren. Ob mit der Einsichtfähigkeit in die eigene Lage bei einem Umbruch sozialer Strukturen auch die Bereitschaft zum politischen Engagement steigt und auf Dauer gestellt werden kann, ist darüber hinaus eine unbewiesene Prämisse. Der Vorstellung von der wirksamen Kontrolle der Delegierten durch die Basis steht die Arbeitsteilung als Fundamentalprinzip hochindustrialisierter Gesellschaften und der damit verbundenen Bürokratisierung entgegen. Wie der »Gefahr der bürokratischen Verselbständigung des Rätesystems entgegengewirkt werden könnte, in welcher Weise der demokratische Rückgriff erzwungen, die Dominanz der Basis garantiert werden könnte, ist von der Rätetheorie bisher nicht zwingend und überzeugend beantwortet worden, ja es erscheint zweifelhaft, ob solche Antwort überhaupt je erfolgen kann[71]«. Dasselbe gilt für die Frage der differenzierten Aufteilung der Deputiertensitze auf die unterschiedlichen Interessen, wenn man nicht ein Gemeinwohl unterstellen will. Sachwissen und Informationsvorsprung der Amtsinhaber schließlich bedingen eine kaum angreifbare Position, die nur schwer von der Basis her in den Griff zu bekommen ist.

»Nicht abbaubarer Informationsvorsprung, die Wahrung eines selbstdefinierten ›Amtsgeheimnisses‹ (Verfügung über Herrschaftswissen), die Festlegung jener Kriterien, nach denen Rechenschaft gegeben werden soll durch diejenigen, die rechenschaftspflichtig sind ... lassen insgesamt eher die Chance der Verinnerlichung von Führungszielen bei den Regierten vermuten, als eine effektive Kontrolle der politischen Führung. In seinen praktischen Konsequenzen dürfte dies zu einer Kanalisierung des angestrebten Dauerengagements der Urwählerschaft in eine vage Form allgemeiner Kontrolle führen, die sich konkret durch Wahl bzw. Nichtwahl eines Delegierten aktualisiert – und damit nicht unähnlich dem parlamentarischen Regierungssystem[72].«

Unabhängig von diesen schwerwiegenden Einwänden bleibt zu diskutieren, ob zu einer Zeit, da der Parlamentarismus ohne Zweifel reformbedürftig ist, nicht rätetypische Organisationsmuster zur Aktivierung bisher nicht ausgeschöpfter Demokratisierungspotentiale in das parlamentarisch-repräsentative System eingebracht werden können und ob z. B. ein prinzipieller Widerspruch zwischen Demokratisierungs- und Effizienzerfordernissen besteht. Das ist der Ausgangspunkt einer Untersuchung von Naschold, der in einem komplexeren systemtheoretischen Ansatz breitere Partizipation und Leistungssteigerung in Organisationen untersucht[73].

Naschold unterscheidet in Organisationen verschiedene Formen von Entscheidungen, u. a. Routine- und Zweckentscheidungen, Innovationsentscheidungen und Krisenentscheidungen, die jeweils ein unterschiedliches Demokratiepotential implizieren[74]. *Routineentscheidungen* sind programmierbar, entlasten dadurch die Hierarchie und führen so zu einer Leistungssteigerung der Organisation, zumal den Angehörigen der Organisation immer noch ein Ermessensspielraum bezüglich der Auslegung von Informationen bleibt. Dabei wird bei komplexen System-Umweltbeziehungen davon ausgegangen, daß die Leitung auf die aktive Mitarbeit aller beteiligten Mitglieder angewiesen ist, weil sie nicht alle relevanten Informationen besitzt. Diese Mitarbeit wird durch einen entsprechenden demokratischen, kooperativen Führungsstil der Organisationsspitze erreicht, der auf eine Motivation der Organisationsmitglieder abzielt und nicht nur dem einzelnen die Chance zur Selbstverwirklichung bei der Bewältigung von Problemen einräumt, sondern zugleich die Effizienz der Organisation steigert. »In solchen Organisationen trägt jede Zuteilung von Organisationsressourcen zur Steigerung der demokratischen Beteiligung der Organisationsmitglieder gerade auch zur Steigerung der Organisationseffizienz bei. Demokratie und Effektivität stehen in solchen Organisationen in komplementärem und nicht in alternativem Verhältnis zueinander[75].« Auch bei *Innovationsentscheidungen* ist die Mitwirkung der Mitglieder von Bedeutung, weil das Wertberücksichtigungspotential und die Informationsverarbeitungskapazität der Organisationsspitze grundsätzlich beschränkt ist. Naschold bezeichnet es als eine bürokratische Illusion, anzunehmen, »daß die Interessen von Individuen in komplexen Organisationen bei sozialer und ideologischer Differenzierung der Mitgliedschaft ohne deren eigene Mitarbeit ermittelt werden könnten[76].« Innovationsentscheidungen verstehen sich daher als Such-, Lern- und Problemlösungsprozesse. Am schwierigsten ist die Strategie zur Demokratisierung von *Krisenentscheidungen,* weil im allgemeinen die Knappheit der zur Verfügung stehenden Zeit eine erweiterte Mitgliederbeteiligung verbietet. Naschold empfiehlt, zum Zeitgewinn Krisenentscheidungen aufzuschieben oder den gesamten Krisenkomplex in Detailaspekte aufzugliedern und arbeitsteilig zu bewältigen.

Sieht man einmal von dem hohen Abstraktionsniveau der Analyse ab, deren Fruchtbarkeit sich erst in einer schrittweisen Konkretisierung auf einzelne Organisationstypen überprüfen läßt, so hat die Kritik zu Recht darauf hingewiesen[77], daß die angebotenen Demokratisierungsstrategien nur in den Organisationen funktionieren können, in denen die Mitglieder ihre Rolle vollzeitlich als Beruf wahrnehmen, eine unkritische Übertragung aber auf andere Organisationstypen mit unterschiedlichen Mitgliederrollen – und das trifft auf den von uns diskutierten Aspekt innerparteilicher Demokratie zu – sich verbietet. »Unsere Behauptung ist, daß Nascholds Vorschläge im wirklich günstigsten Falle helfen können, die Strukturen von *fulltime*-Organisationen zu demokratisieren, in Parteien und Verbänden aber nur Funktionäre und ausführendes Personal betreffen, also, überspitzt ausgedrückt, nur die Oligarchie intern demokratisieren helfen[78].« Vorläufig fehlen jedoch die empirisch abgesicherten Erfahrungen, die allein die Demokratisierungsdebatte aus der Abstraktionsebene herauslösen können. Insgesamt aber wird eine erfolgreiche Partizipationserweiterung nicht nur von einer Umstrukturierung von Organisationen abhängen, sondern in noch viel stärkerem Maße von langfristigen Sozialisationsprozessen[79].

5. Politik als Entscheidungshandeln

5.1. Elitenherrschaft trotz Demokratie?

Zu den zentralen Problemen sowohl der Politikwissenschaft als auch der Soziologie gehören die Fragen nach dem Zusammenhalt sozialer Systeme und nach den Faktoren und der Richtung sozialen Wandels in einer gegebenen Sozialstruktur. Entspricht die Gesellschaft einem kybernetischen System, das durch eine komplizierte Steuerungs- und Regeltechnik in einem labilen Gleichgewichtszustand gehalten wird, oder werden Gesellschaften durch Zwang zusammengehalten, indem systemimmanente Konflikte unterdrückt werden? Welche endogenen oder exogenen Kräfte verursachen den sozialen Wandel, wer ist überhaupt am sozialen Wandel interessiert und wer nicht? Wie kommen gesamtgesellschaftlich bedeutsame Entscheidungen zustande, die entweder den Status quo zementieren oder den sozialen Wandel provozieren?

Speziell die Elitentheorien unterschiedlichster Provenienz haben immer wieder diejenigen Personen und Gruppen zum Gegenstand ihrer Untersuchungen gewählt, die an den Schaltstellen der Macht sitzen, wobei sie stillschweigend die soziale Ungleichheit unter den Menschen als eine Art Naturkonstante postulieren.

Der normative Aspekt, in einem Gemeinwesen sollten die Besten und Qualifiziertesten herrschen, spielt bereits in der griechischen Philosphie eine wichtige Rolle. In der »Politeia« entwickelt Platon seine Lehre von der Dreiteilung der Gesellschaft in Lehr-, Wehr- und Nährstand, in der die Philosophen durch ihre Teilhabe an der Idee des Guten zur Herrschaft legitimiert sind. Aber mit dem Eintreten für eine philosophische Elite verbindet sich zugleich ein Angriff auf die Demokratie: Platons Herrscherideal, nämlich an die Spitze der Gesellschaft Männer zu stellen, deren Funktion darin besteht, die soziale Realität ihren anerkannten Idealen anzugleichen, bedingt einen harten Bruch zwischen Masse und Elite. Wer von der Teilhabe an der Idee des Guten ausgeschlossen ist, hat sich der Herrschaft der Weisen zu unterwerfen.

Die Frage, ob und in welcher Hinsicht die Vorstellung von Elitenherrschaft und Demokratie sich widersprechen, läßt keine eindeutige Antwort zu. Betont man die Aspekte prinzipieller Gleichheit aller Menschen und der Mehrheitsherrschaft im Demokratiebegriff, wird der Widerspruch offenkundig. Operiert man dagegen mit der Chancengleichheit und versteht mit Schumpeter Demokratie als eine Methode »zur Erreichung politischer Entscheidungen, bei welcher einzelne die Entscheidungsbefugnis vermittels eines Konkurrenzkampfes um die Stimmen des Volkes erwerben« (vgl. 3.3.), verliert der Widerspruch an Brisanz – jedoch nur auf den ersten Blick. Zu diskutieren wäre nämlich, ob einem derart formalisierten Demokratiebegriff überhaupt noch ein Aussagewert zukommt und ob der Zugang zu elitären Positionen tatsächlich allen offensteht oder an den »unsichtbaren Schranken« als Ideologie entlarvt wird. Jedenfalls machen die klassischen Elitetheoretiker wie Pareto und Mosca aus ihrer Abneigung gegen die Idee der Gleichheit keinen Hehl. Für sie bedürfen alle Gesellschaften der Eliten, deren Qualifikation machiavellistische Züge trägt, während den Massen lediglich Akklamationsfunktion zukommt.

Bottomore hat zu Recht darauf hingewiesen, daß diese Elitetheoretiker der Demokratie feindselig gegenüberstanden. Indem sie Demokratie und Sozialismus gleichsetzten, galten ihre Attacken vor allem Marx, dessen Klassentheorie sie durch ihre Elitentheorie widerlegen wollten.

»Erstens sollte durch den Nachweis des ständigen Kreislaufs der Eliten, der in den meisten Gesellschaften, besonders den modernen Industriegesellschaften, die Bildung einer festen und geschlossenen herrschenden Klasse verhindert, gezeigt werden, daß der marxistische Begriff einer herrschenden Klasse falsch ist: und zweitens sollte gezeigt werden, daß eine klassenlose Gesellschaft unmöglich ist, da es in jeder Gesellschaft eine Minderheit gibt und geben muß, die in Wirklichkeit herrscht[1].«

Mit der Ablehnung der Demokratie verbindet sich bei den klassischen Elitetheoretikern eine kulturpessimistisch geprägte Abneigung gegen die Masse. Masse und Elite sind aber nur die zwei Seiten derselben Medaille. Beide Begriffe sind bereits im vorwissenschaftlichen Sprachgebrauch so abgenutzt, daß sich für den Soziologen, der nicht in eine Kunstsprache ausweichen kann, sofort die Frage stellt, ob sich derart abgegriffene Kategorien zur Erklärung bestimmter Phänomene in der Industriegesellschaft überhaupt verwenden lassen.

Die Schwierigkeit, den Elitebegriff zur Analyse der Sozialstruktur zu verwenden, resultiert aus der Wertbelastung dieser Kategorie.

Das der Bezeichnung Elite zugrundeliegende qualifikatorische Element weist auf die Wertbedeutung dieses Begriffes hin. Er bezeichnete »schon zum Zeitpunkt seiner Entstehung im 16. und 17. Jahrhundert eine besondere Leistung, durch die sich eine kleine Gruppe von ihrer sozialen Umwelt abheben wollte«[2]. Das Setzen und Durchsetzen strukturbestimmender Werte einer Epoche war die spezifische Leistung einer durch besondere Qualität ausgezeichneten Elite. Damit stellt sich aber die Frage, ob eine Kategorie, die historisch gesehen in vorindustriellen, hierarchisch strukturierten Gesellschaften wurzelt, noch sinnvoll zur Analyse gegenwärtiger Strukturen verwandt werden kann. Das heute so häufig benutzte Schlagwort der pluralistischen Gesellschaft widerspricht jedenfalls der Vorstellung von allgemeinverbindlichen Leitbildern, und wo sie dennoch beschworen werden, erweisen sie sich bei näherem Zugriff als bloße Begriffshülsen, oder sie sind so abstrakt formuliert, daß eine verbindende Funktion im Sinne der Verbindlichkeit nicht zustande kommt.

Tatsächlich spielt der Elitebegriff in dem hier skizzierten Sinn in den Sozialwissenschaften nur eine untergeordnete Rolle. Der heutige Stand der Diskussion in der Politischen Soziologie ist durch die Verengung des Elitenbegriffes auf den Machtfaktor gekennzeichnet. »Dieser Rekurs auf den bloßen Willen zur Macht hat die Theorie der Eliten bis heute zugleich belastet und befruchtet. An der Frage der Macht scheiden sich die Wege: entweder wird Macht als das ausschlaggebende Kriterium des Elitebegriffes verstanden, oder aber jeder Zusammenhang zwischen Macht und Elite wird zugunsten eines utopischen Wertes geleugnet. Machteliten und Werteliten bilden den einseitig wertentleerten oder werterfüllten Gegenstand fast aller bisherigen Elitentheorien[3].«

Elitentheorien, die sich auf den Aspekt der Macht beschränken, wollen erklären, wie und wo sich in einer Gesellschaft Macht und Herrschaft konzentrieren und konkretisieren; zugleich analysieren sie die sozialen Bedingungen einer funktionierenden Demokratie.

Im deutschsprachigen Raum sind diese Untersuchungen zumeist direkt oder indirekt an Marx orientiert. So versucht Dahrendorf Marx nicht nur zu widerlegen, sondern zu überwinden[4], indem er das antagonistische Klassenmodell in eine allgemeinere Theorie einbezieht, »die die von der Marxschen Klassentheorie erklärten Phänomene ebenso wie die neuen Tatsachen der entwickelten Industriegesellschaft berücksichtigt«[5]. Dabei ist für Dahrendorf nicht der Besitz oder Ausschluß von Produktionsmitteln das entscheidende Kriterium der Klassenbildung, sondern der Anteil oder Ausschluß von Herrschaftspositionen in einer Gesellschaft. Mit anderen Worten: Eigentum bedingt nicht notwendigerweise Herrschaft, während umgekehrt Herrschaft auch ohne Eigentum möglich ist.

Diese These wurde besonders heftig von Jaeggi attackiert, für den die Machtstruktur unserer Gesellschaft nicht verstanden werden kann, wenn die Verteilung von Besitzrechten und Macht in der Gesellschaft nicht als zentrale Aspekte mitberücksichtigt werden[6]. Die Konzentration in den Unternehmen und die dadurch bedingte Machtakkumulation begrenze die Handlungsfähigkeit jeder Regierung. Jaeggi verficht die These, daß eine kleine Gruppe die Schaltstellen der Macht in der Bundesrepublik beherrsche. Energisch wendet er sich gegen die Vorstellung einer pluralistischen Gesellschaft und fragt, »ob nicht unter dem Deckmantel des Interessenpluralismus ein Block so viel Macht sammelt, daß er seine eigenen Privilegien und Zielvorstellungen auf Kosten der mit weniger Macht ausgestatteten Gruppen mehr oder weniger einseitig durchzusetzen vermag«[7]. An dieser Frage scheiden sich bis heute die Elitentheorien, soweit die Frage der Machtkonzentration im Mittelpunkt der Untersuchung steht.

Riesman hat mit Blick auf Amerika behauptet, man könne heute nicht mehr von einer herrschenden Klasse sprechen; diese sei vielmehr von einer Vielzahl um die Macht konkurrierender Gruppen abgelöst worden, die sich im Kampf um die Vorherrschaft gegenseitig paralysieren[8]. Keine dieser zahlreichen Interessengruppen sei in der Lage, die anderen endgültig zu beherrschen. Statt Entscheidungen für alle verbindlich zu treffen, seien die einzelnen Gruppen bestenfalls fähig, derartige Entscheidungen zu verhindern. Riesman, der in diesem Zusammenhang von Veto-Gruppen spricht, bestreitet nicht die Existenz von Machtstrukturen, charakterisiert sie aber als uneinheitlich und amorph, »in der die Herrschenden ebenso schwer von den Beherrschten zu unterscheiden sind wie die zu Unterstützenden von den Bekämpfenden und die Freunde von den Feinden«[9]. Ein Gleichgewicht von »checks and balances«, das sich gleichsam außerhalb der Verfassung konstituierte, ist für Riesman zugleich der wirksamste Garant der Demokratie in Amerika, da sie dem einzelnen die Chance zur Autonomie beläßt. Empirische Untersuchungen der Entscheidungsprozesse auf kommunaler Ebene in der Stadt New Haven durch Robert Dahl und seine Mitarbeiter haben die Hypothese von der Pluralität miteinander konkurrierender Interessengruppen um die Macht erhärtet[10].

Verquickt mit der These vom Elitenpluralismus ist allerdings oft die Prämisse, daß von diesen konkurrierenden Eliten grundsätzlich auch die Interessen der Nicht-Eliten befriedigt werden – eine Annahme, die von Scharpf zu Recht scharf kritisiert wird:

»Selbst wenn man von dem bewußt vernachlässigten Interesse an gleicher politischer Partizipation zunächst absieht und sich auf das Interesse an den Leistungen des politischen Systems beschränkt, können auch diese Interessen der Nicht-Eliten in einem reinen Eliten-Modell nicht mehr als originäre Daten erfaßt werden, sondern müssen wie alle politisch relevanten inputs von den Eliten selbst definiert und artikuliert werden. Im Eliten-Modell ist die unpolitische Schicht an der Auswahl politischer Alternativen nicht beteiligt. Sie kann allenfalls auf die Programme der Eliten mit Unterstützung oder Ablehnung reagieren, und selbst die Interessenrelevanz dieser sekundären Reaktionen ist durch niedriges Informationsniveau und geringe Rationalität in Frage gestellt. Innerhalb des Modells fehlt es darum an einem angebbaren empirischen Bezug für die hypothetische Übereinstimmung zwischen der pluralistischen Politik und den Interessen der Nicht-Eliten. Die Hypothese kann also modell-immanent gar nicht überprüft werden, so daß jeder Versuch einer Hypothesenkritik notwendigerweise zu einer Kritik des revidierten Pluralismusmodells selbst erweitert werden muß[11].«

Das Pluralismusmodell ist letztlich ein Harmoniemodell. Innovationen, die sich nicht auf ein Subsystem beschränken, sondern die Gesamtgesellschaft betreffen, rufen diejenigen Interessengruppen auf den Plan, die am meisten vom Status quo profitieren, so daß das Pluralismusmodell letztlich nur als ein System von Vetopositionen funktioniert und diejenigen Gruppen frustriert, die einen grundlegenden sozialen Wandel ansteuern.

»Das Pluralismusmodell kann auf fundamentale Konflikte und auf Forderungen nach raschen, weitreichenden Veränderungen nicht angemessen reagieren. Es ist ein Modell für die friedliche Akkomodation der begrenzten Ziele grundsätzlich saturierter Gruppen. Seine spezifische Gefahr liegt in der möglichen Akkumulation verdrängter Konflikte, die dann entweder unter Preisgabe der freiheitlichen Ziele des Modells gewaltsam unterdrückt werden müssen oder in einer krisenhaften Entladung das pluralistische System selbst zerstören können[12].«

Einer der schärfsten Kritiker dieser These vom Gleichgewicht der Kräfte ist Mills, der sie als »romantischen Pluralismus« abgelehnt hat[13]. Mills vertritt die Überzeugung, daß die auf strikter Gewalteinteilung beruhende amerikanische Verfassung nur auf dem Papier bestehe, de facto aber werde die Gesellschaft Amerikas von Eliten unterwandert, die letztlich über das Wohl der Nation entschieden.

Wirtschaft, Militär und Politik stellten heute in den USA die drei entscheidenden Machtzentren dar, die zudem noch durch ihre fortschreitende Ausdehnung miteinander verflochten wären. Die wirtschaftlichen Entscheidungen der großen Konzerne hätten Rückwirkungen auf politische Entwicklungen, während sich militärische Entschlüsse aufgrund bestimmter politischer Konstellationen ergäben, die wiederum wirtschaftliche Pläne beeinflussen würden. Bedingt durch ihre gemeinsamen Interessen und gestützt auf die Schwerfälligkeit des demokratischen Prozesses, hätten sich die politischen, wirtschaftlichen und militärischen Führer zu einer Machtelite zusammengeschlossen, die außerhalb jeder politischen Kontrolle durch ihre Entscheidungen das Schicksal Amerikas bestimmten.

Die beiden Theorien von der Machtelite bzw. den konkurrierenden Interessengruppen haben auch in Deutschland ihre Anhänger gefunden. So stellt Scheuch zur Frage der Machtverteilung in der Bundesrepublik lapidar fest: »Daß es ein Establishment im Sinne einer homogenen Elite wie in England oder auch (zu einem geringeren Grade) in Frankreich hier nicht gibt, ist unzweifelhaft[14].« Wo sich Macht personell lokalisiere, sei empirisch für hochentwickelte Industriegesellschaften kaum zu entscheiden. »Die tatsächlichen Veränderungen in der Struktur von Führungsgruppen werden unter Rückbezug auf irgendwelche Elitenmodelle nicht verständlich ... Die Wirklichkeit kann wohl eher als Ersatz der Herrschaft (oder neutraler: Führung) geschlossener Eliten durch diffuse Führungsgruppen begrifflich erfaßt werden[15].«

Jaeggi erscheint dagegen solch ein Erklärungsversuch deutscher Verhältnisse höchst fragwürdig, da die Herrschenden nun, nachdem die Wissenschaft ihnen höchst offiziell ihre Harmlosigkeit attestiert habe, unkontrolliert schalten und walten könnten[16]. Genauso lehnt er Dahrendorfs Deutung ab, daß es sich bei der deutschen Machtelite um eine bloße Kategorie handele, nicht aber um eine reale Gruppe, weil die Träger von Herrschaftspositionen in Deutschland in ihren Interessen multiform seien, denen es außerdem an sozialer Bindung untereinander fehle[17]. Statt dessen postuliert Jaeggi in Anlehnung an Mills, der einzige sichere Weg, sich von der Existenz der Machtelite zu überzeugen, sei der, diese anzugreifen[18]. Die These, die Demokratie werde durch die Existenz konkurrierender Eliten geschützt, die sich in ihrer Macht gegenseitig neutralisieren, wird als politischer Mythos abqualifiziert. In der Analyse der Herrschaftsstruktur in Deutschland nehmen für Jaeggi die Interessengruppen der Wirtschaft eine Schlüsselposition ein; »denn die deutsche Gesellschaft ist in ihrem Wesen Wirtschaftsgesellschaft«[19]. Pluralismus herrsche allenfalls in Ansichten und Verhaltensweisen; der sozioökonomische Raum sei durch Klassenherrschaft charakterisiert.

Die kontroversen Interpretationen der Machtstruktur der modernen und gerade auch der deutschen Gesellschaft legen es nahe, zunächst den Begriff der »Machtelite« selbst zu analysieren. Begriffe müssen klar definiert sein. Sie sind Werkzeuge wissenschaftlicher Erkenntnis, da dem Betrachter der zu untersuchende Gegenstand überhaupt erst im kategorialen Denkungsakt zugänglich wird. Bevor daher der Elitebegriff seine Funktion als soziologische Kategorie zur Erklärung sozialer Strukturzusammenhänge erfüllt, ist es notwendig, die dem Begriff kohärenten Faktoren Macht und Herrschaft eingehend zu interpretieren.

»Im Gegensatz zu anderen Aspekten der sozialen Ungleichheit begründen Herrschaftsverhältnisse stets eine Dichotomie, nicht ein Kontinuum von Positionen«[20], schreibt Dahrendorf, der sich bei seiner schon erwähnten Revision des Marxschen Klassenbegriffes auf Max Weber stützt. Webers bis heute richtungsweisende Definition von Herrschaft aber lautet: »Herrschaft soll heißen die Chance, für einen Befehl bestimmten Inhalts bei angebbaren Personen Gehorsam zu finden[21].« Herrschaft stiftet in diesem Sinne also ein hierarchisch abgestuftes Ober- und Unterordnungsverhältnis und nicht, wie Dahrendorf interpretiert, eine dichotomische Teilung der Gesellschaft[22]. So stellt sich die Frage, nach welchen Kriterien effektive von weniger effektiven Herrschaftspositionen zu trennen sind und wo allgemeine Machtlosigkeit beginnt. Diese jeweils nur am konkreten Untersuchungsobjekt zu fällenden Entscheidungen aber sind pragmatischer Natur und damit beliebig.

Eine weitere Schwierigkeit kommt hinzu. Soweit Herrschaft an Positionen gebunden ist, bezieht sich das Über- und Unterordnungsverhältnis lediglich auf die formelle Position. Neben der formalen Herrschaftsstruktur kann aber noch eine informelle Machtstruktur bestehen, die nicht kongruent sein müssen. Scheuch weist zu Recht darauf hin, daß es in den verschiedenen empirischen Erhebungen strittig sei, »zu welchem Grade die formelle Position in Führungsgruppen und der tatsächliche Einfluß übereinstimmen«[23]. Die Analyse der Träger von Herrschaftspositionen besagt nichts darüber, in welchem Maße diese Personen tatsächlich Einfluß ausüben. An einem Beispiel illustriert: laut Grundgesetz bestimmt der Bundeskanzler die Richtlinien der Politik. Adenauer hat von dieser Bestimmung sicher extensiv Gebrauch gemacht, während Kiesinger als Kanzler der Großen Koalition weitgehend von den Entscheidungen des »Frühstückskartells« Barzel-Schmidt abhing.

Da Machtbeziehungen aber prinzipiell auch dort existieren, wo sie nicht im Rahmen eines Herrschaftsverbandes institutionalisiert sind, erweist sich der Herrschaftsbegriff bei empirischen Untersuchungen als unzulängliches Kriterium. Empirisch ist nicht die Herrschaftsposition mit ihrer festumrissenen Kompetenzabstufung das entscheidende Merkmal für die Zuordnung zur Elite, sondern das Ausmaß der von individuellen Persönlichkeiten ausgeübten Macht[24]. Das Merkmal dieser Machtelite bestimmt sich nicht strukturell, sondern individuell. Diese vor allem von Mills und Jaeggi vertretene Konzeption macht sich den Machtbegriff Max Webers zu eigen: »Macht bedeutet jede Chance, innerhalb einer sozialen Beziehung den eigenen Willen auch gegen Widerstreben durchzusetzen, gleichviel worauf diese Chance beruht[25].« Damit rücken zwar die effektiven Machtträger in den Blickpunkt, aber das Problem, welcher Grad von Machtausübung noch als elitär zu bezeichnen sei, wird durch diesen Ansatz auch nicht gelöst. So muß denn auch Jaeggi eingestehen: »So offensichtlich es ist, daß die Interessenvertreter eine erhöhte Chance besitzen, zum innersten Machtkern zu gehören, so schwierig ist es, diese Einflußnahme der Interessengruppen empirisch exakt abzuklären und theoretisch eindeutig zu verankern[26].«

Die neueren Ansätze der Soziologie und Politikwissenschaften in den Vereinigten Staaten, den Machtbegriff zu operationalisieren, gehen über die Ausführungen Max Webers nicht wesentlich hinaus[27]. Die Autoren sind sich jedoch darin einig, in der Macht ein wichtiges, nicht jedoch das zentrale Steuerungsmittel in einer Gesellschaft zu sehen. Aber auch die These von der relativ geringen Bedeutung der Macht ist eben empirisch nicht fundiert, sondern Resultat metatheoretischer Neuorientierung. Die Antwort auf die Frage, wer denn nun eigentlich herrsche, und ob die Demokratie durch die Existenz einer Machtelite gefährdet sei, fällt denn auch entsprechend unbefriedigend aus.

Zapf, der ursprünglich den Wandel der deutschen Elite zwischen 1919 und 1961 zu analysieren versuchte, kommt zum Schluß seiner Untersuchung zu einem negativen Ergebnis. Selbst wenn man davon absieht, daß er das Problem der Machtabgrenzung nach unten gemäß eigenem Zugeständnis willkürlich löst, indem er sich auf rund 300 Spitzenpositionen innerhalb der Bereiche von Politik, Wirtschaft, Verwaltung, Kirche, Justiz, Militär und Kommunikation beschränkt, bleibt der empirische Befund hinter den Erwartungen zurück. Daß die Karrieren in den einzelnen Sektoren sich im Laufe der Zeit immer ähnlicher werden und die Führungsgruppen mit der größten Kontinuität sich aus Experten und Spezialisten zusammensetzen, während der häufigste Wechsel in den letzten 40 Jahren auf der politischen Bühne zu beobachten war, überrascht nicht. Interessanter erscheint das Eingeständnis, man könne nicht von einer deutschen Machtelite sprechen. Zwar seien die einzelnen Führungsgruppen in sich sehr homogen, aber zwischen ihnen bestünden deutliche Distanzen[28]. Die These, die Zusammensetzung der Elite und ihrer Zirkulation ließe Rückschlüsse auf den Wandel der Sozialstruktur zu, fällt aber in sich zusammen, wenn aufgrund mangelnder Kohäsion von einer gesamtgesellschaftlichen Elite gar nicht die Rede sein kann. So scheitert Zapfs Versuch, die Merkmale von Eliten als Indizes für die Sozialstruktur zu verwenden, an methodologischen Schwierigkeiten. Das gilt auch für das RADIR-Projekt der Stanford University, das auf Lasswells Initiative zurückgehende, bisher umfangreichste Projekt vergleichender Elitenforschung mit dem Ziel, die Weltrevolution unserer Zeit und ihre Konsequenzen für die nationale und internationale Politik zu untersuchen[29]. Den verschiedenen empirischen Einzelstudien[30] fehlt sowohl ein befriedigender theoretischer Rahmen als auch der gesamtgesellschaftliche Bezug.

Anders als Zapf versucht Dahrendorf eine Korrelation zwischen Status-quo-Politik und Elite in der Bundesrepublik herzustellen. Ausgehend von den Untersuchungen des amerikanischen Politologen Edinger[31], der am Beispiel Deutschland die These Lasswells widerlegte, in totalitären Staaten würde sich prinzipiell eine Gegenelite bilden, die jederzeit bereit sei, die Macht zu übernehmen[32], charakterisiert Dahrendorf die deutsche Elite als ein Kartell der Angst. Das Vakuum, das die Nazi-Elite 1945 hinterlassen habe, sei von einer vielgestaltigen Führungsschicht aufgefüllt worden, die eine Art Stillhalteabkommen untereinander getroffen habe, um an der Macht zu bleiben, aber einen zielgerichteten Führungswillen vermissen ließe[33].

Aber gerade die Metapher des Elitenkartells illustriert weniger die deutsche Wirklichkeit als die Verlegenheit des Soziologen. Dahrendorfs Eingeständnis, es handele sich bei der Vielfalt deutscher Führungsgruppen nicht um eine reale, homogene Gruppe, sondern um eine bloße Ordnungskategorie, eine abstrakte Elite, beweist letztlich nur, daß der Elitebegriff zur Analyse der Sozialstruktur nicht trägt.

Auch die Analyse von Jaeggi über Macht und Herrschaft in der Bundesrepublik enttäuscht. Sosehr man ihm zustimmen wird, daß – gemessen am Grundgesetz – bei uns Demokratiedefizit herrscht, so fragwürdig bleibt das Unterfangen, die Ursache in einer Verschwörung an der Spitze der Gesellschaft zu suchen. Die Existenz einer Machtelite wird a priori angenommen, aber nicht bewiesen. So bleibt Scheuch unwidersprochen, wenn er feststellt: »In keiner empirischen Untersuchung von Entscheidungsverläufen hat sich dabei die Konspirationsthese oder die Vermutung einer ›letztlich‹ entscheidenden Machtbasis aufrechterhalten lassen. Beim jetzigen Stand der empirischen Forschung muß weitgehend unbeantwortet bleiben, welches Gewicht verschiedene Machtbasen besitzen[34].«
Wie gering der Aussagewert einer Untersuchung ist, die die theoretischen Probleme der Elitenforschung ignoriert, wird besonders in Beymes Analyse der politischen Elite in der Bundesrepublik deutlich[35]. Das Zugeständnis, die Anwendung des Elitebegriffs wäre nur dann zu rechtfertigen, wenn ein innerer Zusammenhalt, das Bewußtsein gemeinsamer Handlungsfähigkeit sowie eine gewisse Exklusivität vorhanden seien[36], wird an keiner Stelle der Untersuchung eingelöst. Zwar bezeichnet Beyme die politische Elite als »funktional und positionell abgrenzbare Führungsgruppen des politischen Systems«[37], aber Kriterien der Abgrenzbarkeit sucht man vergebens. So erfährt man denn einiges Wissenswerte über die Bonner politische Prominenz, aber die eigentlich wichtige Frage, ob ein »decision-making-process« die Schlüsselpositionen von einer kleinen festumrissenen Gruppe, eben von einer Machtelite, kontrolliert werden oder nicht, bleibt unbeantwortet[38]. Beide Ansätze, der *institutionalistische* »positional-making-approach« und der *behavioristische* »decision-making-approach« lassen sich in der Soziologie und in der Politikwissenschaft fast durchgängig als »Vermischung von strukturellem Determinismus und Elitenvoluntarismus«[39] nachweisen.
Verstehen wir mit Popper Theorien als »das Netz, das wir auswerfen, um ›die Welt‹ einzufangen – sie zu rationalisieren, zu erklären und zu beherrschen« (vgl. 3.2.), dann erweisen sich im Fall der Elitentheorien die Maschen als zu grob geknüpft. Im strengen Sinn handelt es sich überhaupt nicht um Theorien, also um deduktive Aussagesysteme für Erklärungen und Prognosen, sondern um Metatheorien, für oder gegen deren Fruchtbarkeit man argumentieren kann, die sich aber nicht wie falsche Theorien widerlegen lassen.
So hat die moderne Sozialwissenschaft die von den Klassikern der

Elitenforschung beschrittene Sackgasse lediglich verlängert. Die Auflösung der konträren Argumentation stellt sich nicht so sehr auf empirischer als auf theoretischer Ebene. »Wenn Begriffe überhaupt ihren Sinn erfüllen sollen, nämlich uns zu helfen, die Erscheinungen und Vorgänge in unserer Umwelt und Geschichte zu ordnen und uns verständlich zu machen, dann müssen sie jeweils einen nur ihnen eigentümlichen Inhalt haben, der sich eindeutig gegen den Inhalt benachbarter Kategorien abgrenzen läßt[40].«

Der Elitebegriff ist in diesem Sinn eine historisch gesättigte Kategorie, die in der vorindustriellen, ständischen Gesellschaftsordnung wurzelt. Brunners geschichtlicher Nachweis, daß sich Begriffe des Verfassungsstaates der Neuzeit nicht auf feudale Sozialstrukturen übertragen lassen, gilt auch unter umgekehrten Vorzeichen[41]. Jeder Versuch, den Elitebegriff durch eine Formaldefinition wertfrei zu fassen, rückt ihn in die Nähe der bloßen Ordnungskategorien »Oberschicht«. Der andererseits zu beobachtende Rückzug auf den Begriff des »establishment« offenbart zugleich die Verlegenheit, das Eigentümliche der modernen Sozialstruktur in den Griff zu bekommen. Analytische Werkzeuge und gesellschaftliche Strukturen müssen, um dieses Bild von Habermas aufzunehmen, »wie Zahnräder ineinandergreifen«[42]. Wo das, wie im Fall der Elitenforschung, nicht der Fall ist, unterliegt die Politische Soziologie dem Ideologieverdacht und sollte daher von diesem Begriff Abschied nehmen.

Unabhängig davon bleibt die Untersuchung der Prozesse der Machtbildung und Machtverteilung ein wichtiges empirisches Problem. Dabei muß die Frage der effektiven Machtkontrolle in allen sozialen Bereichen im Mittelpunkt stehen. Auch für Mills bestand ja, wie Bachrach zu Recht betont, das politische Problem nicht darin, »die Struktur der Macht zu zerstören, sondern vielmehr die Entscheidungen der Mächtigen verantwortlich zu machen«[43]. Nicht in einem wie immer gearteten Elitenpluralismus liegt die Chance für die Freiheit und Selbstverwirklichung des Menschen, sondern in einer Erweiterung der politischen zur sozialen Demokratie. Die grundlegende Frage lautet daher, ob die Demokratie »stillschweigend die Lebensfähigkeit eines Systems demokratischer Elitenherrschaft oder ob sie offen die Selbstentfaltung der Individuen als ihr Ziel weiß«[44].

5.2. Probleme der Machtkonzentration

Die Tatsache, daß den vielfältigen Behauptungen einer Elitenherrschaft bisher die entsprechenden stichhaltigen Beweise fehlen, widerlegt natürlich nicht die andere, immer wieder aufgestellte These von der fortschreitenden Machtkonzentration ohne Kontrolle. Diese Machtkonzentration, die weniger eine Verschwörung als vielmehr eine Summierung identischer Interessen darstellt, ist in jüngster Zeit vor allem am Beispiel des »militärisch-industriellen Komplexes« beschworen worden, vor dem kein geringerer als Präsident Eisenhower in seiner Abschiedsadresse vom 17. 1. 61 warnte, er drohe demokratische Prozesse zu unterlaufen. Mit dem Begriff des *militärisch-industriellen Komplexes* wird gewöhnlich die Kongruenz ökonomischer, politischer, gesellschaftlicher und militärischer Interessen umschrieben, eine Art technologischer Militarismus, der im Mechanismus des Wettrüstens begründet liegt und politische Entscheidungen durch militärische Notwendigkeiten einschränkt.[45]

Bedenkt man, daß von den rund 200 Milliarden Mark, die 1970 von allen Ländern der Welt für Rüstung ausgegeben worden sind, rund 35 % auf die USA entfallen und 10 % aller Arbeitsplätze dort in der Rüstungsindustrie liegen, dann deuten sich in diesen Zahlen bereits die gewaltigen Umrisse dieses *militärisch-industriellen Komplexes* in den Vereinigten Staaten an. Flugzeugbau und Schiffbau sind z. B. zu 80 % bzw. 60 % von Aufträgen der Rüstungsindustrie abhängig, und das Interesse der Rüstungsfirmen, ihre Kapazitäten auszulasten, sowie der Wunsch des Militärs, auf dem Hintergrund problematischer Feindanalysen das eigene Machtpotential zu stärken, führen zu einer personellen und institutionellen Verfilzung, »die die gesamten gesellschaftlichen und staatlichen Strukturen durchdringt und den politischen Entscheidungsprozeß bisher stärker beeinflußt hat als jede andere Interessenakkumulation«[46]. Die monokausale Erklärung, es handele sich dabei um eine durch die Herrschaft der Monopole bedingte zwangsläufige Entwicklung des Spätkapitalismus[47], greift insofern zu kurz, als es sich hierbei um Konsequenzen eines internationalen Rüstungswettlaufes handelt, der sowohl im Westen als auch im Osten zu beobachten ist. Im technologischen Kriege ginge es heute, so Mechtersheimer, nicht mehr um die Zerstörung, sondern um die Veraltung gegnerischer Waffensysteme. Da sich deren Wirksamkeit aber immer mehr der Kalkulierbarkeit entzieht, dreht sich die Rüstungsspirale zwangsläufig immer schneller und führt zu Anforderungen an die

Industrie, die zu Konzentrationsentwicklungen geradezu ermutigen.
In unserem Zusammenhang ist nun die Frage von Bedeutung, ob eine ähnliche Entwicklung auch in der Bundesrepublik zu beobachten ist. Trotz der offensichtlichen Disproportion zwischen amerikanischer und deutscher Rüstung hat es Warnungen vor einem *militärisch-industriellen Komplex* in der Bundesrepublik nicht gefehlt, wobei diese Stimmen nicht nur aus einer ideologisch fixierten Richtung kamen[48]. Ohne Zweifel ist auch die westdeutsche Luft- und Raumfahrtindustrie ohne Rüstungsaufträge nicht lebensfähig (die Luftfahrtindustrie ist zu rund 90 % von staatlicher Finanzierung abhängig, der militärische Fertigungsanteil beträgt 75 %), und auch in anderen Industriezweigen (u. a. Dynamit Nobel, Rheinmetall) ist die Waffenproduktion ein fest einkalkulierter, unverzichtbarer Bestandteil der Produktion. Vor allem die Elektronik- und Fernmeldeindustrie profitiert von der zunehmenden Komplexität moderner Waffensysteme bezüglich der Rüstungsausgaben. Die forschungs- und entwicklungsintensive Rüstungsproduktion fördert automatisch die Konzentrationstendenzen in der Rüstungsindustrie. Im Bereich Forschung und Entwicklung arbeiten häufig dieselben Firmen zusammen, die auf dem zivilen Sektor miteinander konkurrieren. Es versteht sich eigentlich von selbst, daß auch Innovationsentscheidungen durch diese Konzentration entscheidend beeinflußt und gesteuert werden können. »Die Möglichkeit, auf die Richtung von Innovationsentscheidungen Einfluß zu nehmen und über beträchtliche Teile der Produktivkraft Wissenschaft zu verfügen, bedeutet unter den heutigen technisch-ökonomischen Bedingungen, gesellschaftliche Macht in ihrem Kern zu besitzen. Indem die Rüstungswirtschaft die Hauptrichtungen des ›primären‹ technischen Fortschritts bestimmt, fällt sie auch Entscheidungen für einen Teil des ›sekundären‹ Fortschritts in den nichtmilitärischen Sektoren[49].«
Am Beispiel des MRCA-Projektes (Multi Role Combat Aircraft) soll die Problematik dieser Entwicklung kurz illustriert werden. Dieses Mehrkampfflugzeug, das in der Bundesrepublik die Fiat G 91 und die Starfighter ablösen soll und gemeinsam von der Messerschmitt-Bölkow-Blohm GmbH, der British Aircraft Corporation und der Aeritalia gebaut wird, entwickelte sich im Laufe der Zeit zum teuersten Projekt der deutschen Rüstung. Ende 1969 wollte die Bundesrepublik bei einem Stückpreis von 10 Millionen DM 600 Maschinen abnehmen. Ein Jahr später war bereits von 30 Millionen Mark pro Maschine die Rede, und inzwischen ist der Preis bei

40 Millionen Mark angelangt. Da trotz der stark gestiegenen Kosten das Gesamtfinanzvolumen für das MRCA-Projekt konstant geblieben ist, stellt sich die Frage, wieviel Maschinen eines Tages überhaupt noch geliefert werden können. Ursprünglich waren für die achtziger Jahre rund 800 Maschinen als notwendig angesehen worden – eine Zahl, die inzwischen um die Hälfte reduziert wurde, wobei der Bedarf offensichtlich von den Kosten definiert wird. Dieses mittlerweile in astronomische Summen ausufernde Projekt – von den rund 25 Milliarden DM wird die Bundesrepublik etwa 10 Milliarden zu übernehmen haben – ist einerseits Produkt einer höchst einflußreichen Rüstungslobby und andererseits Resultat mangelnder Gesamtplanung und unzureichender Kontrolle seitens der dafür zuständigen politischen Instanzen. Wie wenig etwa der Verteidigungsausschuß seiner Kontrollfunktion auch in diesem Fall nachkommt oder nachkommen kann, wird an einem anderen Beispiel deutlich. »Für die Modernisierung der beiden Pershing-Raketen-Geschwader der Luftwaffe wurde dem Ausschuß die Beschaffungsvorlage mit dem ausdrücklichen Hinweis zugeleitet, daß sich das Projekt um 50 Millionen DM verteuern würde, wenn die Parlamentarier nicht innerhalb von zwei Tagen zustimmten. Bereits einen Tag später war die Entscheidung für das Projekt im Wert 525 Millionen DM gefallen[50].« Die Abgeordneten des Verteidigungsausschusses sehen sich dabei vor Entscheidungen gestellt, für die sie weder die notwendige Fachkompetenz noch ausreichende Informationen besitzen. Da ihnen auch ein leistungsfähiger Apparat zur Ausübung effektiver politischer Kontrolle fehlt, ist es nur verständlich, wenn sich die Mitglieder des Ausschusses eher als Helfer denn als Kontrolleure der Bundeswehr verstehen. Bedenkt man auf der anderen Seite die personelle Verklammerung von Rüstungsindustrie, Militär und Politik bei uns (z. B. die Rolle pensionierter Referenten im Verteidigungsministerium als Rüstungslobbyisten oder die Berufung eines von der Industrie bezahlten Managers zum Staatssekretär für den Rüstungsbereich im Verteidigungsministerium), dann erscheint Mechtersheimers Feststellung, in der Bundesrepublik sei ein militärisch-industrieller Komplex nicht nachweisbar, nicht überzeugend[51]. Gerade am Beispiel des MRCA-Projektes sollten drei Aspekte deutlich geworden sein, die bei der Diskussion des *militärisch-industriellen Komplexes* immer wieder eine Rolle spielen:

(1) militärische Großprojekte binden die »Produktivkraft Wissenschaft« in einem beträchtlichen Maße und nehmen direkt oder indirekt Einfluß auf Innovationsentscheidungen. Wissenschaft-

liche Arbeitskraft, die durch militärische Projekte absorbiert wird, fehlt bei anderen gesellschaftlichen wichtigen Aufgaben wie Ausbildung, Städteplanung, Verkehr oder Umweltschutz.

(2) Gleichgelagerte Interessen führen zu personellen und institutionellen Verflechtungen, die

(3) von den zuständigen politischen Institutionen weder adäquat gesteuert noch kontrolliert werden können.

Der in fast allen Bereichen pluralistischer Systeme zu beobachtende Konzentrationsprozeß hat verschiedene Ursachen, wobei der wissenschaftlich-technische Fortschritt, Kapitalakkumulation und kostenorientierte Entscheidungsstrategien die größte Rolle spielen. Je größer aber die Konzentration wirtschaftlicher Macht in privater Hand wird, je größer werden die Gefahren für eine freiheitliche demokratische Ordnung, die unter dem Begriff *Pluralismus* firmiert. Da Vollbeschäftigung und wirtschaftliches Wachstum ganz entscheidend von der Investitionsbereitschaft der Unternehmer abhängen, ist in einer kapitalistischen Wirtschaftsordnung jede Regierung gezwungen, auf das Gewinninteresse der Unternehmer Rücksicht zu nehmen, wenn sie nicht im Zuge einer Rezession eine Wahlniederlage riskieren will. In dem Maße aber, in dem die Zahl konkurrierender Interessen- und Herrschaftsträger eingeschränkt wird, büßt die politische Führung ihre Chancen ein, eine dem Gesamtinteresse der Bevölkerung verpflichtete Politik zu betreiben. Welche Probleme sich aus dieser Macht- und Kapitalkonzentration ergeben, läßt sich etwa am Sanierungsprogramm des deutschen Steinkohlebergbaus zeigen, als die private Einheitsgesellschaft »Ruhrkohle AG« die Zechen der Bergbauunternehmen 1969 zu einem staatlich garantierten Kaufpreis erwarb, wobei man wissen muß, daß die alten Zecheneigentümer die Aktionäre der »Ruhrkohle AG« sind. »Entwickelt sich der Bergbau rentabel, so kann die ›Ruhrkohle AG‹ den Kaufpreis aus eigener Tasche zahlen, andernfalls springt der Staat ein; in jedem Fall sind die Zechen für die alten Gesellschaften gewinnbringend. Am Ende des ganzen Prozesses steht nicht der mit Hilfe und auf Kosten des Staates gesundgeschrumpfte Bergbau in staatlicher Hand, sondern der mit Hilfe und auf Kosten des Staates (durch Subventionen an die Einheitsgesellschaft) rationalisierte Bergbau in privater Hand[52].« Speziell die Verflechtung von wirtschaftlicher und politischer Macht mit den Begleiterscheinungen von Bürokratisierung und Planungszwang laufen jedem Pluralismus zuwider und zeigen die problematischsten Folgen der Machtkonzentration. »Angesichts dieser Entwicklung ist die Rede vom Pluralismus auch Ideologie, die die Funktion hat, die Individuen über den zunehmenden Druck der Vergesellschaftung sowohl zu täuschen als zu trösten[53].«

Hält man trotzdem am Leitbild der pluralistischen Gesellschaft fest (vgl. 4.2.), dann wird es entscheidend darauf ankommen, ob es gelingt, diesen Konzentrationsprozeß politisch zu steuern, einer wirksamen öffentlichen Kontrolle zu unterwerfen und durch systeminterne Mitbestimmungsrechte der Betroffenen zu kompensieren. Unter diesem Blickwinkel erhalten die Mitbestimmungsdiskussion in der Wirtschaft, die Frage der internen Pressefreiheit und der Redaktionsstatute im Bereich der Massenkommunikationsmittel oder die Forderung nach Partizipation im politisch-administrativen Sektor ihr entscheidendes Gewicht. Da die wirtschaftlich potenten und zugleich einflußreichen Interessenorganisationen zumindest eine Vetomacht gegenüber dem politischen System geltend machen und damit ihnen nicht genehme Entscheidungen verhindern können, besteht die einzig wirksame Lösung darin, »dem von den politischen und wirtschaftlichen Entscheidungen betroffenen Bürger mehr Chancen der Information, der Mitverantwortung und Mitbestimmung in allen Bereichen der Gesellschaft zu geben, damit der ökonomischen und politischen Macht der Wenigen eine Grenze gesetzt wird durch den Einfluß der ihrer wohlverstandenen Interessen und ihrer politischen Möglichkeiten bewußten Bürger auf einen demokratischen Staat[54].«

Politik als Entscheidungshandeln heißt Prioritäten setzen; d. h. Auswahl treffen unter verschiedenen Zielen unter dem Aspekt der Knappheit an Zeit und an Mitteln. Das aber geschieht weitestgehend unter Ausschluß der Öffentlichkeit; die Aufrechterhaltung des Wirtschaftswachstums wird zum Legitimitätsmittel schlechthin. Das Dilemma der unter diesem Zwang stehenden politischen Planung wird noch dadurch vergrößert, daß durch die Konzentration der Entscheidungsgewalt an der Spitze hierarchisch strukturierter Verwaltungen die Kapazitäten zur Informationsverarbeitung und zur Problemlösung laufend verringert werden. Während das von Max Weber beschriebene, durch rationales Handeln charakterisierte Bürokratiemodell den gestellten Anforderungen aufgrund geringer Umweltkomplexität und hoher Systemautonomie weitestgehend entsprach, stellen die als Vergesellschaftung des Staates und Verstaatlichung der Gesellschaft beschriebenen Prozesse die Verwaltung vor neue Probleme, die mit der überkommenen Organisationsstruktur nicht mehr zu lösen sind. Da es an der Verwaltungsspitze fortwährend zu Entscheidungsüberlastungen bei gleichzeitiger Reduktion der Informationsverarbeitung kommt, steigt fast zwangsläufig die Zahl der Routineentscheidungen auf Kosten innovativer Prozesse und damit auch die Zementierung des Status quo. Statt einer vorausplanenden, die Zukunft antizipierenden Politik reagiert das politische System auf die vielfältigen Umweltanforderungen mit quantitativen Maßnahmen, indem die Ressorts und das Personal bei unveränderter Organisationsstruktur vermehrt werden. Dabei werden, wie Naschold zu Recht anmerkt[55], zusammenhängende Problemkomplexe kompetenz- und machtmäßig zerschnitten. Die unzureichende Planung und ihre Umsetzung in politische Entscheidungen wird deutlich bei der Erstellung des Haushaltes, der oftmals eine gesamtpolitische Konzeption ebenso vermissen läßt wie Alternativprogramme, exakte Angaben über die zur Verfügung stehenden Finanzen oder präzise Kostenvoranschläge für einzelne Objekte. Da das Schwergewicht der Budgetplanung bei den einzelnen Ministerien liegt, werden zunächst die Betriebskosten des Apparates fortgeschrieben, indem die einzelnen Referate und Abteilungen ihren Bedarf anmelden (z. B. die Forderung zusätzlicher Planstellen). Die von unten nach oben weitergemeldeten Kosten stehen dabei zumeist in keinem Zusammenhang mit der Gesamtplanung, die intentional vom Kabinett ausgehen müßte, de facto aber nicht besteht. Auch das Bundeskanzleramt hat sich bisher nicht in der Funktion einer zentralen Planungsbehörde gegen die Ressortegoismen der einzelnen Fachministerien durchsetzen können.

»Wenn die Politik von Regierung und Parlament sich nicht im crisis management, in der Reaktion auf massive Interessentenforderungen und manifeste Krisen und Konflikte erschöpfen soll, dann bedarf sie eines besonderen Sensorismus für die nicht politisch artikulierten Bedürfnisse, für die noch latente Unzufriedenheit, für politisch verdrängte Probleme und Konflikte und ebenso für noch nicht politisch perzipierte neue Möglichkeiten und Chancen der Politik[56].« Scharpf schlägt dafür u. a. die Errichtung besonderer Planungsstäbe vor, sieht aber gleichzeitig das Dilemma, daß die in diesen Organisationen kumulierten Informationen und Kapazitäten nicht nur für die Befriedigung realer gesellschaftlicher Bedürfnisse eingesetzt werden können, sondern im Gegenteil gerade auch für eine manipulative Strategie der Konfliktverschleierung. »Woher sollen die politischen inputs eines Systems der längerfristigen Planung gewonnen werden, das sich, je mehr es der Zukunft vorgreift, desto mehr auch den Reaktionen der aktuell Betroffenen entziehen muß, und vor welchem

Forum soll die geplante Zukunft politisch verantwortet werden[57]?« Naschold hat ferner darauf aufmerksam gemacht, daß Informationen selbst als Produkte der »sozialen Konstruktion der Wirklichkeit« nicht neutral sind, sondern das Ergebnis politischer Konsens- und Konfliktprozesse darstellen[58]. Da ein gut funktionierendes Informationssystem zugleich auch die planerische Funktion der jeweiligen Behörde aufzeigt, stellt es »für diese eine Bedrohung dar und wird folglich entweder auf Widerstand treffen oder unterlaufen werden[59].«

Ohne Zweifel hat die Bürokratie, und speziell die Ministerialbürokratie, einen beträchtlichen Autonomiezuwachs durch die fortlaufende Verdrängung ökonomischer Steuerung und Entwicklung aus der Sphäre des Marktes in den Bereich politisch-administrativer Planung erfahren (z. B. durch interventionistische Konjunktur- und Vollbeschäftigungspolitik, regionale Investitionsförderung, Subventionierung strukturschwacher Wirtschaftszweige usw.). »Die Bürokratie des modernen Interventionsstaates ist unverkennbar in die Stellung einer Generalagentur der kapitalistischen Wirtschaft gerückt, übernimmt Planungs-, Lenkungs- und Kontrollaufgaben, die von den Großkonzernen allein nicht zu leisten sind, und steht in zunehmendem Umfang auch für die Finanzierung technisch-wissenschaftlicher Großvorhaben ein[60].« Langfristige Planungen der Administration machen aber nicht nur das Parlament, sondern gerade auch die Regierung von der Ministerialbürokratie abhängig, zumal Planung und Entscheidung nicht prinzipiell voneinander zu trennen sind.

Soziologisch sind in diesem Zusammenhang zwei Problemkreise von Interesse, nämlich einmal die Rolle der Bürokratie als *Instrument* der Herrschaft und zum anderen die Rolle der Bürokratie als Ort *autonomer* Herrschaft. Bezüglich des ersten Problems ergibt sich die Frage, ob die Fachbürokratie den jeweils vorhandenen Herrschern dienen muß oder berechtigt ist, die Legitimität von Herrschaft anzuzweifeln. De facto wird der modernen Bürokratie insofern ein Wächteramt zugeschoben, als von dem Beamten die Überprüfung der Anordnungen auf Übereinstimmung mit dem Prinzip der Verfassung erwartet wird, auf die er vereidigt worden ist. Die Frage, ob der Beamte sich zugleich dienend bzw. ausübend *und* kontrollierend gegenüber ein und derselben Instanz verhalten kann, läßt sich nicht prinzipiell, sondern nur vom einzelnen Individuum her beantworten; denn an sich liegt in dieser Forderung ein Widerspruch. Die Antwort auf die zweite Frage, nämlich nach der Rolle der Bürokratie als Ort autonomer Herrschaft, hängt davon ab, ob eine eigene Interessenbasis der Bürokratie auszumachen ist, weil die Ausübung von Herrschaft mit der spezifischen Zielsetzung von Interessen verknüpft ist. Da bei zunehmender Komplexität geplanter Objekte tendenziell der Überblick über die gesamte Problematik sich auf wenige Experten beschränkt, die die politische Führung beraten, besteht latent immer die Möglichkeit der nicht objektiven Beeinflussung, indem zwar *formal* die Entscheidung beim Politiker bleibt, durch gezielte Auswahl der Alternativen und ihre unterschiedliche Begründung die Entscheidung *realiter* aber bereits vorweggenommen wird. Da zunächst einmal nichts dafür spricht, warum ausgerechnet Beamte ausschließlich nach sachlichen Gesichtspunkten planen sollten, wäre in jedem Einzelfall festzustellen, ob sich die Verwaltung aus Prestige, Macht oder sonstigen Gründen bestimmten Wünschen der politischen Führung mit Erfolg widersetzt, oder ob bei bestimmten Problemanalysen und den erarbeiteten Alternativen Interessenkongruenz oder gar personelle Verflechtung mit bestimmten Verbänden vorliegt (vgl. 4.2.).

Am Rande sei vermerkt, daß sich mit der als Vergesellschaftung des Staates umschriebenen Entwicklung das Selbstverständnis des Beamten problematisiert hat. Je mehr der Staat seine autonome Stellung verlor und nicht mehr mit einer bestimmten Person zu identifizieren war, sondern zum Handlungsinstrument gesellschaftlicher Gruppen wurde, um so stärker mußte sich die Beamtenschaft in der Rolle eines Vollzugsorgans partikularer sozialer Kräfte sehen. Selbst der Hinweis, der Staat sei dem Gemeinwohl verpflichtet und beziehe von dorther seine Autorität, erweist sich als wenig hilfreich, weil sich das Gemeinwohl durch den Pluralismus der Werte immer mehr als eine Begriffshülse entpuppt, die von den verschiedenen Institutionen mit unterschiedlichem Inhalt gefüllt wird (vgl. 3.3.). Ein Gemeinwohl, das nur als Kompromiß heterogener Gruppeninteressen verstanden werden kann, rückt aber den Staat in die Rolle eines Zentralverbandes der Interessenverbände.

Es gehört zu den unbestrittenen Strukturschwächen moderner Demokratien, daß die Parlamente nicht mehr in der Lage sind, die wesentlich aus der Zusammenarbeit von Interessenverbänden und Ministerialbürokratie resultierende Machtkonzentration effektiv zu kontrollieren. Die Gewichtsverlagerung vom Parlament zur Exekutive in der Bundesrepublik, die das Parlament aus dem Zentrum der Politik vertrieb, hat zahlreiche Gründe, die bereits in anderen Zusammenhängen diskutiert worden und hier nur noch einmal kurz erwähnt zu werden brauchen. So hat etwa der Aufgabenzuwachs des Staates zu der bereits diskutierten Stärkung der Verwaltung geführt, die sich u. a. darin äußert, daß die Gesetzesinitiative, wie die folgende Tabelle veranschaulicht, heute eindeutig bei der Exekutive liegt.

Gesetzgebung in den Wahlperioden des Deutschen Bundestages 1949–1969

Gesetzentwürfe	Eingebrachte Gesetze insgesamt					Verabschiedet				
	Wahlperiode									
	1.	2.	3.	4.	5.	1.	2.	3.	4.	5.
der Bundesregierung	472	446	401	378	415	392	368	348	329	374
des Bundestages	301	414	207	245	225	141	132	74	96	80
des Bundesrates	32	17	5	12	14	12	7	2	2	9
insgesamt	805	877	613	635	654	545	507	424	427	463

Quelle: Claessens / Klönne / Tschoepe: Sozialkunde der Bundesrepublik, 6. Aufl., Düsseldorf-Köln 1973, S. 50

Die Spezialisierung der Gesetze hat nicht nur die *Grundsatzdiskussionen* im Parlament entscheidend reduziert und in die Ausschüsse verlagert – so standen in der 5. Legislaturperiode des Bundestages 2401 Ausschußsitzungen nur 247 Plenarsitzungen gegenüber –, sondern erschwert auch der Opposition die Erarbeitung sinnvoller Alternativen, die damit immer mehr zur protestierenden Begleiterscheinung der jeweiligen Regierung wird. Dadurch daß sich Parlamentsmehrheit und Regierung aus derselben Partei bzw. denselben Parteien rekrutieren, wurde das ursprüngliche Gleichgewicht zwischen Exekutive und Legislative voll unterlaufen und führte zwangsläufig zu einem empfindlichen Kontrollverlust des Parlamentes. Zum einen sitzen Parteimitglieder über ihresgleichen zu Gericht, was die mangelnde Wirksamkeit parlamentarischer Untersuchungsausschüsse in der Bundesrepublik erklärt (Hs 30, Steiner-Affäre), zum anderen fehlt dem Parlament überhaupt ein Apparat adäquater Informationsverarbeitung, der notwendig wäre, um der Exekutive Paroli zu bieten. Die politische Führung wird erst dann wieder auf das Parlament übergehen, wenn es die langfristigen Planungen, die über das zukünftige Bild unserer Gesellschaft entscheiden und die zur Zeit von der Exekutive monopolisiert werden, nicht nur formal bestätigt, sondern selber Initiativen entwickelt. Davon ist das Parlament aber, solange die Abgeordneten sich als in Ausschüssen arbeitende Experten verstehen, noch weit entfernt.

»Das Versagen des Parlaments als einer einheitlichen Institution kommt schließlich in der Verlagerung der parlamentarischen Arbeit in die Ausschüsse schlagend zum Ausdruck. Die hervorstechende Rolle des Haushaltsausschusses bei der parlamentarischen Budgetbewilligung und Rechnungskontrolle hat in dieser Hinsicht exemplarische Bedeutung. Daß finanzpolitische Grundsatzentscheidungen regelmäßig in geheimen Absprachen zwischen der Bundesregierung, den interessierten Gruppen der Mehrheitsfraktion und den beteiligten Interessenverbänden zustande kommen, ist eine Entwicklung, die im modernen Sozialstaat kaum mehr rückgängig zu machen ist. Wenn das Parlament aber darauf verzichtet, diese Entscheidung im Zusammenhang zu erörtern und sich viel mehr darauf beschränkt, über noch verbliebene Lücken zu disponieren, vielleicht auch einmal im Einzelfall die Vorentscheidungen zu unterlaufen, trägt es zu seiner eigenen Entpolitisierung bei. Je weniger politische Grundsatzfragen das Parlament beschäftigt, desto eher sieht es sich in die Rolle eines Kontrahenten der Verwaltung gedrängt, wobei sich dann der spezialisierte Fachausschuß als geeignete Verhandlungsplattform anbietet. Daß aber gerade hier sich die Bürokratie als den Parlamentariern im Endeffekt überlegen erweist, ist schon genügend erörtert worden[61].«

Daran wird sich erst recht nichts ändern, wenn im Zuge fortschreitender Planrationalität seitens der Ministerialbürokratie die heterogenen, nicht koordinierten Pläne und Beiträge der einzelnen Fachministerien durch einen von Experten initiierten und gesteuerten Gesamtplan ersetzt werden. Der damit automatisch verbundene Informationsvorsprung der Bürokratie vervollständigt dann nicht nur die Ohnmacht des Parlamentes, sondern verführt auch dazu, die Absprachen der verschiedenen Interessenverbände mit der Exekutive jeder Transparenz und Kontrolle zu entziehen. Zu Recht betont daher Hirsch, daß es unter dieser bedrohlichen Perspektive geradezu naiv erscheint, »dem Bundestag durch Geschäftsordnungsreformen, durch die Änderung des Debattenstils, durch bauliche Umgestaltungen oder durch den Ausbau von Hilfsdiensten allein eine politische Funktion zurückgeben zu wollen[62]«. Entscheidend ist vielmehr, ob es dem Parlament gelingt, den gesamten Planungs- und Entscheidungsprozeß transparenter zu gestalten und damit die Funktion der *Öffentlichkeit* zu wahren. »Ein sich in die Nicht-Öffentlichkeit flüchtendes Parlament taugt letztlich zu nicht viel mehr, als autoritärer Cliquenherrschaft den Schein demokratischer Legitimation zu verleihen[63].«

Darüber hinaus stellt sich für den Beobachter die Frage, inwieweit das Parlament überhaupt an politischer Kontrolle ernsthaft interessiert ist. So hatten die Abgeordneten z. B. noch nicht einmal den Jahresbericht des Wehrbeauftragten aus dem Jahre 1964 debattiert, als der Bericht für das Jahr 1966 bereits abgeschlossen worden war. Zur Kontrolle gehört die Öffentlichkeit, und das Parlament, selbst öffentliches Organ, hat die Möglichkeit, die Regierung zu zwingen, sich der in den Medien erhobenen Kritik zu stellen. Nicht zuletzt die mangelnde Wirksamkeit parlamentarischer Untersuchungsausschüsse zwingt zu der Überlegung, ob eine Kontrolle der diskutierten Machtkonzentration heute – wenn überhaupt – von der *öffentlichen Meinung* gewährleistet werden kann.

5.3. Öffentliche Meinung oder manipulierte Öffentlichkeit?

Der Begriff der »öffentlichen Meinung« ist trotz zahlloser Beiträge zu diesem Thema bis heute nicht zureichend geklärt. Festzuhalten bleibt zunächst, daß es *die* öffentliche Meinung nicht gibt, sondern allenfalls in der Öffentlichkeit geäußerte Meinungen. Träger dieser Meinungen sind die Massenmedien Rundfunk, Presse und Fernsehen, denen in der Demokratie gewöhnlich drei Funktionen zugeschrieben werden, nämlich zu informieren, an der Meinungsbildung mitzuwirken und zu kontrollieren. Das Informationsbedürfnis ist eine typische Folge wachsender Anonymität in komplexen Gesellschaften. Wir leben weitgehend von Erfahrungen aus »zweiter Hand«, ohne die Richtigkeit dieser Informationen überprüfen zu können, was zur Urteilsbildung eigentlich notwendig wäre. Mit der Übermittlung von Informationen, die die Staatsbürger überhaupt erst in die Lage versetzen, in den politischen Prozeß durch Diskussion und Aktion einzugreifen, hängt die Funktion der Meinungsbildung eng zusammen. In extremer Form versucht die Propaganda durch gezielte und einseitige Übermittlung von Informationen Einfluß auf die Meinungen der Bürger zu nehmen und sie gleichmäßig auszurichten. Unterdrücken von Nachrichten oder Vermischen von Nachricht und Meinung sind aber auch Methoden, die sich in den Medien nachweisen lassen, die sich von ihrem Selbstverständnis her als »objektiv«, »neutral« oder »überparteilich« verstehen. Eine ganz andere Frage ist es, ob und inwieweit tatsächlich die Massenmedien die Meinungsbildung beeinflussen – ein Problem, das weiter unten noch aufgegriffen werden soll. Dagegen ist die Kritik-

und Kontrollfunktion der Medien schon immer betont worden, und die Bedeutung dieser Funktion muß in dem Maße steigen, wie die im politischen System dafür vorgesehenen Institutionen, also z. B. das Parlament und speziell die Opposition, nicht oder nur unzureichend in der Lage sind, diese Aufgabe zu erfüllen. Die drei Funktionen lassen sich unter einer Schlüsselfrage subsumieren: »Erlaubt es die Massenkommunikation, daß jeder seine eigenen Interessen erkennen und sich ihnen entsprechend eine eigene Meinung bilden kann, und erlaubt sie es weiter, daß jede halbwegs relevante Gruppe sich am öffentlichen Meinungsaustausch und damit auch an der Kritik am Tun und an der Meinung anderer Gruppen beteiligen kann[64]?«

Ellwein hat darauf hingewiesen, daß hinsichtlich der drei erwähnten Funktionen der Massenmedien die Theorie keinen eindeutigen Beurteilungsmaßstab liefert, »weil die Begriffe ›Öffentlichkeit‹, ›öffentliche Meinung‹, ›government by public opinion‹ usw. in einem gänzlich anderen politisch-sozialen Zusammenhang entstanden sind[65]«. Der Begriff der öffentlichen Meinung und der Strukturwandel der Öffentlichkeit sind u. a. intensiv von Hennis und Habermas untersucht worden – zwei Autoren, die zwar politisch in entgegengesetzten Lagern stehen, aber entsprechend ihrer Neigung zum Begriffsrealismus (vgl. 3.2.) zu ähnlichen Ergebnissen kommen, die hier kurz referiert werden sollen[66]. Öffentliche Meinung ist laut Hennis keine schöpferische, sondern eine kontrollierende Macht und muß auf bestimmte, angebbare Personen zurückzuführen sein, die verantwortend für diese Meinung einstehen, so wie es heute noch im Impressum der Zeitung zum Ausdruck kommt. Entscheidend ist die inhaltliche *Qualität* der öffentlichen Meinung, die sich von dem bloßen Gerede dadurch unterscheidet, daß es um Ansichten geht, die von informierten, intelligenten Bürgern vertreten werden. Die ursprüngliche Bedeutung des Parlamentes lag nicht zuletzt darin, daß die Abgeordneten hier die öffentliche Meinung präsent machten und auch eine sie nicht teilende Minderheit sich daran gebunden fühlte. Öffentliche Meinung war im Grunde die weitgehend übereinstimmende Meinung des Bürgertums. In dem Maße nun – als durch die Wahlrechtsreform im England des 19. Jahrhunderts das räsonierende Publikum vergrößert wurde und mit fortschreitender Demokratisierung die Quantität der Meinungen anwuchs –, wurde der ursprünglich verbindende Qualitätsaspekt überlagert, und aus der öffentlichen Meinung wurden in der Öffentlichkeit konkurrierende Meinungen.

Habermas unterscheidet zur Charakterisierung des heutigen Zustandes »nicht-öffentliche« und »quasi-öffentliche« Meinungen. »Nicht-öffentlich« sind die sog. informellen Meinungen, die sich nicht in Auseinandersetzung mit bestimmten Sachverhalten rational bilden, während es sich bei der »quasi-öffentlichen« Meinung um formelle Meinungen handelt, die in Form von Bekanntmachungen, offiziellen Erklärungen usw. über die Masse der Bevölkerung hinweg zwischen den Massenmedien und den Institutionen mit weitreichenden politischen Kompetenzen wie Kabinett, Parteivorstände, Konzernverwaltungen u. dergl. zirkulieren. Zwar handelt es sich dabei stets um autorisierte Meinungen, sie erreichen aber keine wechselseitige Kompetenz mit der nichtorganisierten Masse des Publikums.

Politischer Journalismus entwickelte sich zuerst im 18. Jahrhundert in England. Die Presse war zu der Zeit Vermittler und Verstärker einer politisch fungierenden Öffentlichkeit, deren Grad sich am Stand der Auseinandersetzung zwischen Staat und Presse maß. Bis zur endgültigen Legalisierung dieser politisch fungierenden Öffentlichkeit standen kommerzielle Erwägungen im Hintergrund. Das Erscheinen einer politischen Zeitung war in erster Linie Engagement im Kampf um den Freiheitsspielraum der öffentlichen Meinung. Erst mit dem Aufkommen des bürgerlichen Rechtsstaates und der damit verbundenen Legalisierung der Öffentlichkeit als Prinzip (z. B. Abwehr der Zensur) beginnen auch bei der Presse kommerzielle Argumente eine entscheidende Rolle zu spielen. Um 1830 läßt sich etwa gleichzeitig in England, Frankreich und den USA der Wandel von der Gesinnungs- zur Erwerbspresse beobachten. Auch das Aufkommen der Massenpresse entsprang zunächst vorwiegend politischen Motiven, nämlich den das Wahlrecht verliehenen Massen Zugang zur Öffentlichkeit und damit zur politischen Willensbildung zu verschaffen. Auf der anderen Seite büßt die erweiterte Öffentlichkeit in dem Maße ihren politischen Charakter ein, in dem Erwerbschancen eine wichtige Rolle spielen. Mit anderen Worten: die Maximierung des Absatzes wird mit einer Entpolitisierung des Inhalts bezahlt. Produktion und Konsum als die beiden großen Imperative der industriellen Gesellschaft gelten auch für die Publizistik. Nur die Zeitungen, die sich in erster Linie an der Nachfrage orientieren, haben eine Chance zu überleben. Auf der anderen Seite läßt sich eine immer stärkere Konsumeinstellung gegenüber den Kommunikationsmitteln feststellen. Informationen werden kurzfristig verbraucht, üben aber nur einen kurzen Reiz aus, ohne daß es zu einer rationalen oder affektiven Auseinandersetzung mit den

Nachrichten kommt. Politik wird auf diese Art und Weise als Konsumgut betrachtet, das lediglich unter dem Aspekt des Außergewöhnlichen eine Chance hat, anzukommen. Darüber hinaus ist die von den Massenmedien erzeugte Welt eine Scheinöffentlichkeit, weil speziell Radio und Fernsehen dem Publikum praktisch keine Chance der Auseinandersetzung lassen. Während früher die Presse das kritische Räsonnement des Publikums verlängerte und zugleich Institution des Publikums war, verkehren sich die Verhältnisse im Laufe der Zeit in dem Sinne, daß Öffentlichkeit überhaupt erst durch die Presse gemacht wird.

Wer sich auf dem Hintergrund dieser Entwicklung mit dem Einfluß und der Wirksamkeit von Massenkommunikationsmitteln beschäftigen will, steht vor einem doppelten Dilemma. Einmal fehlt es an einem tragfähigen theoretischen Bezugsrahmen, der für plausible Erklärungen dienen könnte. Das gilt gerade auch für die ansonsten so aufschlußreiche Analyse von Habermas über den Strukturwandel der Öffentlichkeit; denn sein Modell der Öffentlichkeit als herrschaftsfreier Dialog ignoriert paradoxerweise den von ihm selbst ausführlich analysierten sozialen und technologischen Wandel. Zum zweiten existieren zwar hinsichtlich der Reichweite und Nutzung von Massenkommunikationsmitteln zahlreiche Untersuchungen, aber bezogen auf die Wirkungsforschung existiert so gut wie gar kein empirisches Material.

»Wer sich heute mit empirischem Material über die Massenmedien befassen will, hat es weitgehend mit Daten zu tun, die die Markt- und Meinungsforschung ermittelte. Theoretische Ansätze, die über einfache Modellkonstruktionen hinausgehen, fehlen fast völlig ... Ebenso wie das Problem der Werbewirksamkeit ist das der Medienwirkungen bislang fast nur unter falschen Voraussetzungen diskutiert und untersucht worden. Ausschlaggebend für eine allgemeine Verwirrung sind ungenaue Begriffe und fehlende theoretische Durchdringung. Daß die empirische Sozialforschung bislang wenig oder gar nichts an Wirkungsforschung aufzuweisen hat, liegt an den zur Zeit noch engen Grenzen der Instrumentarien. Da Wirkung sich auf die Bildung oder Veränderung von Einstellungen bezieht, Einstellungen sich aber nur in längerfristigen Prozessen bilden und verändern, müssen die traditionellen empirischen Verfahren besonders der Markt- und Meinungsforschung notwendigerweise keine brauchbaren Resultate liefern. Der Grund liegt in den unzureichenden methodischen Möglichkeiten, und nicht darin, daß tatsächlich von den Medien keine Wirkung ausginge[67].«

Unstrittig ist der Einfluß der Medien in all den Bereichen, mit denen das Publikum zuvor noch nicht in Kontakt gekommen ist und damit

Meinungen und Einstellungen überhaupt erst geprägt werden. Mehr als problematisch ist dagegen die populäre These von der nahezu unbegrenzten Manipulation der Massenmedien. Mit ihrer kulturpessimistischen Prämisse knüpft sie bewußt oder unbewußt an die Massenpsychologie Le Bons oder Ortega y Gassets an, die die Vorstellung von der beliebigen Knetbarkeit der Massen suggerierten, und leugnet überhaupt die Möglichkeit freiheitlicher Demokratie. Außerdem ignoriert diese These einige wissenschaftlich abgesicherte Erkenntnisse, die unter dem Begriff der kognitiven Dissonanz bekanntgeworden sind. Danach neigen Menschen dazu, nur die Argumente zur Kenntnis zu nehmen, mit denen sie sich selbst zumindest partiell identifizieren, wenn nicht gar übereinstimmen, und anderen Argumenten aus dem Wege zu gehen. Die Wirksamkeit der Massenmedien besteht demnach nicht darin, daß sie in der Lage sind, den Standpunkt von Menschen zu verändern, sondern im Gegenteil bestätigend und verstärkend auf bestehende Meinungen einzuwirken. »Es ist wahrscheinlich, daß eine Vielzahl von Medienaussagen bloße Meinungen zu Einstellungsmustern verfestigt. Aber auch bei altbewährten Vorurteilen können ständige Wiederholungen zu einer Aktualisierung oder Verschärfung führen[68].« *Veränderungen* von Verhaltensformen sind immer dann möglich, wenn das Publikum für einen Wandel prädisponiert ist. In erster Linie hängen die Einflußmöglichkeiten von der Prägung in den Primärgruppen wie Familie, Schule, Freundeskreis und Arbeitsplatz ab. Grundlegende Einstellungen werden im Sinne der jeweils herrschenden Normen und Werte in diesen Gruppen gebildet und abgestützt; wobei die Meinungsführer in diesen Gruppen eine entscheidende Rolle spielen. Auf der anderen Seite bleibt festzustellen, daß angesichts der zunehmenden Zahl der Informationen aus zweiter Hand auch die Primärgruppen wiederum von dem über die Medien verlaufenden Kommunikationsprozeß abhängig sind. Praktisch unmöglich ist jedoch eine Meinungsmache *gegen* fixierte Einstellungsmuster des Publikums. Als die Presse z. B. vor Jahren versuchte, das in der Bevölkerung der BRD schon immer hohe Votum für die Wiedereinführung der Todesstrafe u. a. durch detaillierte Schilderung der abstoßenden Hinrichtungsmethoden aufzubrechen, hatten diese Informationen lediglich konsumierenden Effekt, worauf sich dann wiederum die Presse durch den Abdruck der Memoiren von ehemaligen Scharfrichtern oder Priestern, die Delinquenten auf ihrem letzten Weg begleiteten, einstellte. So beruht denn auch die Gefährlichkeit eines so unseriösen Blattes wie die Bild-Zeitung weniger auf der bisher nicht nachgewiesenen politischen Meinungssteuerung als vielmehr auf der Furcht der Politiker davor, die Zeitung könnte politisch wirken und der sich daraus u. U. ergebenden Abhängigkeit.

Unabhängig von diesen speziell die Wirkungsforschung betreffenden theoretischen und empirischen Schwierigkeiten und Unzulänglichkeiten lassen sich hinsichtlich der Vielfalt der Massenkommunikationsmittel und entsprechender Inhaltsanalysen Aussagen darüber machen, ob Presse, Rundfunk und Fernsehen überhaupt in der Lage sind, ihrer dreifachen Funktion der Information, der Meinungsbildung und der Kontrolle gerecht zu werden. »Wenn man 1964 wissen wollte, wie die deutsche Presse zu politischen Ereignissen Stellung nahm, mußte man 183, vier Jahre später nur noch 150 Zeitungen lesen[69].« Von den 1964 insgesamt herausgegebenen 1495 Zeitungsausgaben waren nur 183 selbständig in dem Sinne, daß sie von einer eigenen Redaktion von der ersten bis zur letzten Seite selbständig gemacht wurden. In diesen Zahlen spiegelt sich der grundlegende Antagonismus zwischen Presse- und Gewerbefreiheit und die mit einer Konzentration in dieser Branche verbundenen Konsequenzen und Probleme. Die auf Verlangen des Bundestages von der Bundesregierung eingesetzte Pressekommission hat sie folgendermaßen formuliert:

»Die Sorge der Pressekommission ist, dem Bürger könnten in absehbarer Zeit durch fortschreitende Konzentration nicht mehr genügend unabhängige und über große Breitenwirkung verfügende Publikumsorgane zur Verfügung stehen, aus denen er sich frei seine Meinung bilden kann. Dies ist schon jetzt auf den Teilsektoren des Pressewesens für politische Wochenmagazine, Straßenverkaufszeitungen und für Sonntagszeitungen der Fall. Das gleiche gilt für diejenigen kreisfreien Städte und Landkreise, in denen dem Bürger nur noch eine über Lokalereignisse berichtende Zeitung zur Verfügung steht[70].«

Die Herstellungskosten einer Zeitung werden zu zwei Drittel und mehr durch die Werbung gedeckt. Da Auflagenhöhe und Verbreitung eines Blattes mit dem Anteil am Werbeumsatz korrelieren, ist vor allem bei kleinen Zeitungen die ökonomische Grundlage ihrer Eigenexistenz bedroht. Da ferner auch nur die großen Verlage sich ein aufwendiges Vertriebsnetz leisten können, gehört wenig Prophetie dazu, für den Zeitungsmarkt eine weitere Konzentration vorauszusagen. Um dieser Tendenz entgegenzusteuern, schlug die Pressekommission Höchstgrenzen für die Marktanteile von Presseunternehmen vor – ein Vorschlag, der sich eindeutig gegen den

Springer-Konzern richtete. *Gefährdet* sei die Pressefreiheit dann, wenn ein Verleger 20 % an der Gesamtauflage von Tages- und Sonntagszeitungen herausgibt; bei 40 % Marktanteil sei die Pressefreiheit *beeinträchtigt.*

Die ökonomisch bedingte Konzentration im Medienbereich besagt noch nichts darüber, ob alle Meinungen eine Chance haben, auf dem Markt der BRD vertreten zu sein und damit in die Öffentlichkeit zu gelangen. Insgesamt gesehen ist die Palette recht bunt und vielfältig, wobei allerdings erst eine Inhaltsanalyse der einzelnen Medien darüber Auskunft geben kann, inwieweit überhaupt politisch informiert und damit Öffentlichkeit hergestellt wird angesichts fortschreitender Marktorientierung. Gerade weil Wirkungsanalysen aus den dargelegten Gründen fehlen, ist auch das Urteil über den Beitrag der Massenmedien zur Meinungsbildung kontrovers und letztlich unbefriedigend. So reagieren Parteien und Verbände zwar oft äußerst allergisch, wenn sie z. B. in den politischen Magazinsendungen angegriffen werden – und bei Panorama kosteten Interventionen die Köpfe mehrerer Moderatoren –, aber Zoll/Henning vermuten, daß die Wirksamkeit der Sendungen trotz hoher Sehbeteiligung überschätzt wird und ihr Beitrag zur politischen Bewußtseinsbildung der Bevölkerung gering sei[71]. Dasselbe gilt wahrscheinlich auch für die Fernsehnachrichtensendungen »Tagesschau« und »Heute«, denen Schatz nach einer umfangreichen Inhaltsanalyse bescheinigt, daß komplexere Problemzusammenhänge zu kurz kommen, Nachrichten mediengerecht aufbereitet, d. h. personalisiert werden, wenig gesellschaftspolitische Informationen und Kritik enthalten und für den einzelnen wenig hilfreich sind, sich mit politischen und sozialen Verhältnissen kritisch auseinanderzusetzen[72]. Selbst für die großen Tageszeitungen fällt das Resultat einer inhaltsanalytischen Aufbereitung nicht besser aus. »Der besondere politische Charakter der behandelten Tageszeitungen ergibt sich aus ihrem umfangreichen, aber kaum ausreichend vielfältigen Angebot an Informationen. Dieses Angebot zeigt deutliche Tendenzen zur Personalisierung politischer Prozesse, zur statischen Betrachtung der Willensbildung, zur Vernachlässigung von Konflikten, Zukunftsfragen und sozialen und gesellschaftspolitischen Problemen, zur Verfestigung vorhandener Herrschaftsverhältnisse und Machtstrukturen; kritische Öffentlichkeit wird nur ungenügend vermittelt[73].« Das gilt in besonderem Maße für die Lokalpresse, die, anstatt eine Kontrollfunktion gegenüber den herrschenden Gruppen wahrzunehmen, eher Öffentlichkeitsarbeit für die Parteien und Verbände leistet[74]. Bei den Rundfunk- und Fernsehanstalten ist die Situation hinsichtlich der Kontrollsituation noch problematischer, weil die Parteien selber im Rundfunk- oder Verwaltungsrat vertreten sind und ihren Einfluß auf die Berichterstattung geltend machen können. So kommt es zu der paradoxen Situation, »daß die Kontrollfunktion der Öffentlichkeit, repräsentiert durch die Massenmedien, von denen überwacht und mitbestimmt wird, die der Kontrolle unterliegen sollten[75]«.

Ein Resümee bezüglich der drei Funktionen der Massenmedien kann angesichts des vorliegenden Materials nur vorläufig und sehr vorsichtig ausfallen. Die Vielfalt des Angebotes läßt theoretisch eine umfassende Information zu, aber eine kritische Auswahl setzt den mündigen Bürger voraus und wird de facto durch die Knappheit der Zeit und Bildungsbarrieren unterlaufen. Aber gerade weil in einer zunehmend außengelenkten Gesellschaft die Massenkommunikationsmittel eher noch an Bedeutung gewinnen werden, muß es u. a. Ziel der politischen Bildung sein, den einzelnen in die Lage zu setzen, nicht nur mit dem Informationsüberfluß rational zu leben, sondern auch den politischen Gehalt von Nachrichten einschätzen zu lernen. Die politische Bedeutung der Massenmedien liegt vor allem in ihren langfristigen Wirkungen begründet, nämlich in der Bestätigung und Absicherung vorfindbarer Einstellungsmuster. Insofern hat auch jedes Medium bis zu einem gewissen Grade sein eigenes Publikum. Konkret gesprochen: Die *Deutsche Nationalzeitung* ist eben das Organ rechter Kreise, die dort ihre Vorurteile gegen die politisch-soziale Entwicklung in der BRD bestätigt finden. In diesem Sinne ist auch die Springer-Presse nicht das Medium räsonierender Meinungen, sondern der Ort, wo die privaten Meinungen einer Welt reproduziert werden, von der die *Züricher Weltwoche* einmal geschrieben hat, es sei die Welt des deutschen Kleinbürgers, vollgestellt mit spießigen Idealen und verlogenen Sentimentalitäten, blutrünstig und sexlüstern immer im Mantel sittlicher Empörung, mißtrauisch bis feindselig gegenüber dem Intellekt und nationalistisch nicht gerade im Stil der NPD, aber ausreichend für den praktischen Hausgebrauch. Springers Aussage, der Kauf seiner Zeitungen sei ein tägliches Plebiszit am Kiosk, ist jedenfalls voll unfreiwilliger Wahrheit; denn in diesem Plebiszit spiegelt sich die tatsächliche Verfassung unserer Gesellschaft, nämlich einer von der Bewußtseinsindustrie entpolitisierten Öffentlichkeit. Auf die Frage, inwieweit die Kontrollfunktion der Medien ausreicht, fehlt es an zuverlässigen Antworten. »Bislang versteht man darunter wohl mehr das Aufdecken von Korruption, von Skandalen in der Personalpolitik usw., weniger deutlich schon die kritische Reflexion dessen, was die politische Führung tut, und kaum die Bildungs- und Leistungskontrolle in dem Sinne, daß die Massenmedien auf die unerfüllten Teile im politischen Programm und mehr noch auf die dort fehlenden Teile hinweisen[76].«

Abschließend ist in diesem Zusammenhang noch auf ein anderes Verständnis von *öffentlicher Meinung* einzugehen, wie es dem Selbstverständnis der Demoskopie zugrunde liegt. Während Hennis, wie wir sahen, auf eine inhaltliche Bestimmung dessen abzielte, was öffentliche Meinung sein soll und die inhaltliche Bestimmung an Hand von Kriterien wie »rational«, »Sachverstand« oder »Gemeinwohl« gleichbedeutend ist mit einer Abgrenzung des Personenkreises, lehnt etwa Schmidtchen als der vielleicht bekannteste Theoretiker der Demoskopen eine inhaltliche Bestimmung ab[77]. Für ihn ist der *homo politicus* ebenso eine Fiktion wie das Allgemeinwohl, das es in einem allgemeinverbindlichen Sinne gar nicht gäbe. Er betont statt dessen den quantitativen Faktor und die Normen für das Verhältnis der öffentlichen Meinung zur Regierung, zum formalisierten politischen Entscheidungsprozeß, womit er im Grunde die Arbeitsweise der Demoskopie, die sich ja in der Tat mit Quantitäten beschäftigt, nachträglich theoretisch zu legitimieren versucht.

Der Einfluß der Demoskopie auf politische Entscheidungen ist nachweisbar. Schmidtchen selber bringt dafür aufschlußreiche Beispiele. So hatten z. B. Umfragen vor den Bundestagswahlen 1953 ergeben, daß zwischen Preisentwicklungen und parteipolitischer Orientierung ein Zusammenhang besteht. Steigende Preise würden sich positiv für die SPD auswirken, weil die Bevölkerung ihr eher zutraute, die Preise stabil zu halten als der CDU. Als Konsequenz senkte die Regierung am 8. Juni 1953 die Tabaksteuer und einige Wochen später auch die Verbrauchssteuern für Kaffee und Tee[78]. Vier Jahre später erreichte Adenauer mit der Industrie ein »Stillhalteabkommen«, die Preise vor der Wahl nicht mehr zu erhöhen, wozu sich dann sogar ein Teil der Markenartikelindustrie in Form von Anzeigen öffentlich verpflichtete, obwohl das Abkommen von vornherein nur bis zu den Wahlen galt[79] – ein klassisches Beispiel für Manipulation des angeblich souveränen Volkes! Der Einfluß der Umfragen auf politische Entscheidungen vollzieht sich außerdem als Einfluß auf die Parteiprogramme, die Kandidaturen und die Koalitionen. Traugott zeigt das an Hand des Godesberger Programms der SPD, der Kanzlerkandidatur Erhards und der Zusammensetzung der Regierungskoalition von CDU/CSU und FDP nach den Wahlen von 1961[80]. Obwohl es auch zahlreiche Beispiele dafür gibt, daß sich die politische Führung nicht nach den Ergebnissen von Umfragen gerichtet hat[81], ist Schmidtchen selber fest davon überzeugt: »Mit dem Auftreten der Umfrageforschung werden sich vermutlich einschneidende Änderungen in der Praxis der politischen Führung vollziehen[82].« Drei Annahmen liegen dieser Aussage zugrunde. Erstens habe die politische Führung zu allen Zeiten Konzessionen an die Öffentlichkeit gemacht. Empirische Unterlagen könnten derartige Entscheidungen aber insofern steuern, als zuverlässige Aussagen darüber zu machen sind, wo solche Konzessionen wirkungsvoll bzw. nutzlos sind. Damit sei zweitens der Vorteil verbunden, daß nicht nur Demagogen, sondern alle Politiker in der Lage seien, »mit den latenten Strömungen im Volk erfolgreich zu operieren[83]«, und drittens ließe sich für den im Grundgesetz festgelegten Auftrag der Parteien, nämlich an der politischen Willensbildung des Volkes mitzuwirken, eine rationale Basis herstellen, indem über den Umweg repräsentativer Befragungen eine verständigere Beteiligung der Bevölkerung am politischen Prozeß möglich würde.

Die Problematik dieser Argumentation liegt auf der Hand, und sie ist auch auf vielfältige Kritik gestoßen[84]. Sontheimer hat der Demoskopie vorgeworfen, die Ergebnisse der Umfragen seien eine Form von Herrschaftswissen. Unterschwellig könnte man in der Argumentation der Demoskopen feststellen, nur sie wären in der Lage, die anstehenden politischen Entscheidungen zu überprüfen und zu steuern. »Ihr Wunsch, in der Politik stärkere Beachtung als bisher zu finden, ist unüberhörbar. Man möchte nicht nur der Lieferant von Herrschaftswissen sein, sondern auch darüber befragt werden, wie man es am besten nutzt[85].« Der repräsentative Querschnitt der befragten Bevölkerung erhalte einen höheren Stellenwert als die Träger einer repräsentativen, politisch verantwortlichen öffentlichen Meinung. Von denselben Prämissen ausgehend kritisiert Hennis, daß Umfrageergebnisse sowohl für den Schwund an Führungsbereitschaft verantwortlich seien als auch für das Abwürgen der innerparteilichen Demokratie. Auf die höchst problematische Wirkung der Demoskopie bei der innerparteilichen Willensbildung ist schon in anderem Zusammenhang hingewiesen worden (vgl. 3.3.). Schmidtchen hat demgegenüber betont, daß sich die Meinungsforschung nicht dem traditionellen Staatsdenken einordnen lasse, zumal die repräsentative Demokratie nicht heilig sei. Für ihn bedeuten die Umfragen der Meinungsforschungsinstitute das Wiederherstellen der unmittelbaren Demokratie.

In den letzten Jahren ist es in der wissenschaftlichen Diskussion um das Pro und Contra der Demoskopie merklich ruhiger geworden. Dennoch besteht nach wie vor eine doppelte Gefahr: nämlich mit Umfrageergebnissen auf politische Entscheidungen Einfluß zu nehmen wie umgekehrt die Befragten seitens der politischen Führung zu manipulieren.

6. Politisches Verhalten

6.1. Zwischen Apathie und Partizipation

Erziehung zielt auf Verhaltensänderung ab, politische Sozialisation versucht entsprechend, auf das politische Verhalten Einfluß zu nehmen. Speziell die der kritischen Theorie und normativen demokratietheoretischen Ansätzen verpflichtete politische Pädagogik hat, wie wir gesehen hatten (vgl. 2.2. und 3.3.), die Forderung nach Emanzipation und Partizipation in den Mittelpunkt ihrer Überlegungen gestellt. Dieser Aspekt soll jetzt zum Schluß noch einmal aufgegriffen werden; denn um relevante Aussagen darüber zu wagen, welche Chancen politische Bildung überhaupt hat, was sie leisten kann und was nicht, bedarf es einer Analyse der theoretischen und empirischen Arbeiten, die sich mit dem politischen Verhalten der Deutschen beschäftigen.

Im Zusammenhang mit der Diskussion demokratietheoretischer Konzeptionen (vgl. 3.3.) hatten wir festgestellt, daß Apathie und Partizipation zwei Seiten ein und derselben Medaille sind, die allerdings je nach dem erkenntnisleitenden Demokratieverständnis ganz unterschiedlich interpretiert werden. Während die »realistischen« Ansätze die empirisch beobachtbare politische Apathie weiter Bevölkerungskreise als »normal« in ihre theoretischen Erwägungen aufgenommen hat und als Stabilitätsmerkmal demokratischer Regierungssysteme interpretiert, geht es den Anhängern »normativer« demokratietheoretischer Modelle um eine Analyse und zumindest partielle Überwindung der Apathie.

Die politische Apathie ist dabei in ihren verschiedenen Erscheinungsformen höchst komplex und unterschiedlich motiviert. Einmal gibt es die speziell im deutschen Bildungsbürgertum des 19. Jahrhunderts kultivierte und heute noch beobachtbare Einstellung, Politik sei ein schmutziges Geschäft, von dem man tunlichst die Finger zu lassen habe. Mit dieser Einstellung ist die Einstellung verbunden, daß die Selbstverwirklichung des Menschen in der Politik nicht möglich sei, sondern nur in Wissenschaft und Kunst. Dieses von einem wirtschaftlich potenten Bürgertum gepflegte Mußeideal diente zugleich zur ideologischen Rechtfertigung für den Abschied von der Politik nach der gescheiterten Revolution von 1848. Neben dieser heute noch bei Wissenschaftlern und Intellektuellen beobachtbaren Einstellung (Stichwort: elfenbeinerner Turm) ist eine andere Variante, bei der die Apathie aus einem grundsätzlichen Desinteresse an der Politik entspringt, viel häufiger verbreitet. Es ist eine resignative Form der Apathie, gespeist aus der Erfahrung oder Meinung, der einzelne habe sowieso keine Chancen, etwas zu ändern, der »kleine Mann« sei ohne Einfluß und werde ohnehin nicht gefragt. Eine dritte Erscheinungsform ist die aus einer Konsumentenhaltung heraus datierende Gleichgültigkeit, wie sie zuerst von David Riesman für die amerikanische Gesellschaft als typisch beschrieben worden ist, aber heute sicher ebenso auf einen beträchtlichen Teil der bundesrepublikanischen Bevölkerung zutrifft. In seinem berühmt gewordenen Buch über die »einsame Masse«[1], einem Bestseller der Soziologie, kommen Riesman und seine Mitarbeiter zu einer Dreiteilung der Verhaltensformen, indem aus dem komplexen Phänomen »Charakter« der Teilaspekt der sozialen Verhaltensdetermination herausgegriffen wird. Riesman unterscheidet drei Charakter- bzw. Verhaltenskonstanten:

- in »traditionsgeleiteten« Gesellschaften wird das Verhalten des einzelnen durch überkommene Werte und Normen geregelt, die selber gar nicht weiter hinterfragt werden und sich in Bräuchen, Sitten usw. niedergeschlagen haben
- in sogenannten »innen-geleiteten« Gesellschaften wird das Individuum durch verinnerlichte Werthaltungen gelenkt. Riesman benutzt das Bild vom Kreiselkompaß, der dem einzelnen seinen »Kurs« vorgibt; der von Max Weber beschriebene Kapitalist calvinistischer Prägung ist ein Prototyp dieser verinnerlichten Werthaltung
- dagegen richtet der Mensch in sogenannten »außengeleiteten« Gesellschaften sein Verhalten an dem seiner Mitmenschen aus, d. h. am Verhalten seiner Arbeitskollegen, seiner Freunde oder Nachbarn usw. Das soziale Verhalten des einzelnen wird nicht durch verinnerlichte Normen gesteuert, sondern durch Anpassung an vorgefundene Verhaltensweisen. Riesman benutzt das anschauliche Bild vom »Meinungs-Radar«, das ständig auf die Umwelt ausgerichtet ist.

In unserem Zusammenhang von Interesse ist die These, daß dem traditionsgeleiteten und dem außengeleiteten Charakter je eine spezifische Einstellung zur Politik entspricht. Beim Traditionsgeleiteten handelt es sich laut Riesman um einen Gleichgültigen neuen Stils. Es ist die Gleichgültigkeit von Menschen, »die genug von der Politik erfahren haben, um sie abzulehnen, genügend politische Informationen besitzen, um sie sich vom Leibe zu halten, und genug über ihre Pflichten als Staatsbürger wissen, um sich ihnen zu entziehen«[2]. Dem Außengeleiteten entspricht auf politischer Ebene der »Informationssammler« (insidedopester), der Politik als Konsument verbraucht, ohne daß z. B. politische Informationen in Handlungsaktivitäten umgesetzt werden. »Wir können uns unter dem Informationssammler einen Menschen vorstellen, der (aus guten Gründen) zu dem Schluß gekommen ist, daß er, unfähig, den Verlauf des politischen Geschehens zu ändern, diesem nur noch Verständnis, aber keinen Handlungsimpuls entgegenbringen kann[3].«

In der neueren Literatur wird diesem Apathieproblem unter dem Stichwort »Technokratie« eine ganz andere Seite abgewonnen, indem unter Anspielung auf die gewandelte Rolle des Staates zum riesigen Dienstleistungsprinzip betont wird, politisches Handeln sei weitgehend durch Sachzwänge determiniert, die nicht nur den Entscheidungsspielraum des Politikers zunehmend einengen, sondern darüber hinaus dem einzelnen Bürger praktisch keine Mitwirkungsmöglichkeiten mehr gestatten, zumal ihm der notwendige Sachverstand einer technokratischen Eigengesetzlichkeiten folgenden politischen Umwelt fehlt. Diese Technokratiethese ist besonders prononciert von Schelsky vertreten worden, und weil Anhänger und Gegner dieser These sich vorzugsweise auf seine Argumentation beziehen, soll sie im folgenden kurz skizziert werden[4].

Ausgangspunkt der Überlegungen Schelskys ist die These von der Verwissenschaftlichung unserer Welt, die ein neues Verhältnis von Mensch und Umwelt bedinge; d. h., »in der technischen Zivilisation tritt der Mensch sich selbst als wissenschaftliche Erfindung und technische Arbeit gegenüber«[5]. Er ist den Zwängen unterworfen, die er selbst produziert hat. Schelsky exemplifiziert die daraus resultierenden Probleme am Phänomen staatlicher Herrschaft und behauptet, daß die bisher übliche Erscheinung von Herrschaft als persönliche Macht von Menschen über Menschen in der wissenschaftlich-technischen Zivilisation abgelöst worden sei durch Sachgesetzlichkeiten und politische Entscheidungen als Deduktion aus diesen Sachzwängen heraus verstanden werden müssen. »Damit verliert auch die Idee der Demokratie sozusagen ihre klassische Substanz: an die Stelle eines politischen Volkswillens tritt die Sachgesetzlichkeit, die der Mensch als Wissenschaft und Arbeit selbst produziert. Dieser

Tatbestand verändert die Grundlagen unserer staatlichen Herrschaft überhaupt; er wandelt die Fundamente der Legitimität, der Regierung als Herrschaft der Staatsraison, der Beziehung der Staaten untereinander usw[6].« Der Staat selber wird in den verschiedensten Formen Träger moderner Techniken (Rundfunk- und Fernsehanstalten, Eisenbahnen, Flugzeugindustrie usw.), garantiert den technischen Vollzug unserer Existenz (z. B. Verkehrswesen) und muß zwangsweise überall dort eingreifen, wo der Privatkapitalismus vor den technischen Anforderungen kapituliert hat, und wird selbst immer mehr »technischer Staat«. »Zwar wird damit die ganze moderne Technik der ›Staatsraison‹ unterworfen, aber diese ist in ihrer modernen Form dann nichts anderes als der Sachzwang der vielfachen Techniken, mit denen der Staat sich heute verwirklicht. Auch das Ziel des Staates ist dann die höchste Wirksamkeit der in ihm verfügbaren technischen Mittel[7].« Für normative Aspekte bleibt in diesem Staatsmodell ebensowenig Raum wie für die Frage nach der Legitimität dieses Staates, die von der Frage nach der Effizienz abgelöst worden ist. Die Rolle des Politikers in einem solchen Staat reduziert sich von der eines »Herrschenden« und »Entscheidenden« auf die eines »Planenden« und »Ausführenden«. Der Staat im Sinne der Herrschaft von Menschen über Menschen stirbt ab. Schelsky spricht von einer fiktiven Entscheidungsfähigkeit der Politiker im technischen Staat. Hochkomplizierte Sachgesetzlichkeiten bestimmten bereits aus sich heraus den Weg zur Lösung der politischen Aufgaben. Politische Entscheidungen und Entscheidungsgutachten würden zunehmend eingeengt, je besser Technik und Wissenschaft sich entfalteten, Rationalität im Sinne der Zweck-Mittel-Relation und Sachgesetzlichkeiten dominierten.
Die klassische Auffassung von der Demokratie als Ausdruck der Volkssouveränität würde damit aber obsolet.

»Der ›technische Staat‹ entzieht, ohne antidemokratisch zu sein, der Demokratie ihre Substanz. Technisch-wissenschaftliche Entscheidungen können keiner demokratischen Willensbildung unterliegen, sie werden auf diese Weise nur uneffektiv. Wenn die politischen Entscheidungen der Staatsführungen nach wissenschaftlich kontrollierten Sachgesetzlichkeiten fallen, dann ist die Regierung ein Organ der Verwaltung von Sachnotwendigkeiten, das Parlament ein Kontrollorgan für sachliche Richtigkeit geworden. Das Volk im Sinne des Ursprungs der politischen Herrschaftsgewalt wird dann zu einem Objekt der Staatstechniken selbst ... Dazu kommt, daß die Sachverhalte, die es zu entscheiden gilt, ja gar nicht mehr von einer vernünftigen Urteilsbildung des normalen Menschenverstandes oder einer normalen Lebenserfahrung her angemessen intellektuell zu bewältigen sind, so daß immer mehr ›Informationen‹ erforderlich sind, jede sachlich tiefergehende Information aber die politische Urteilsbildung eher suspendiert als erleichtert. Die Gefahr einer Entpolitisierung und d. h. zugleich Entdemokratisierung der Staatsbürger durch Überinformation ist längst aktuell[8].«

Diese pointierte Darstellung stieß auf Zustimmung, aber auch auf heftige Kritik. So hat Bahrdt etwa Schelsky vorgeworfen[9], das monolithische Monstrum des technischen Staates sei das Ergebnis eines linearen Kausaldeterminismus. Statt Sachgesetzlichkeiten könnten sich auch partikulare Verbands- oder Klasseninteressen durchsetzen. Auf jeden Fall bleibe der Spielraum für politische Entscheidungen erhalten, weil die Kooperation der verschiedenen wissenschaftlichen Disziplinen keineswegs zu eindeutigen Lösungsangeboten käme. Aber bezogen auf die Ursachen politischer Apathie ändert auch Bahrdts Alternative des Industrie- und Verbandsfeudalismus wenig; denn die Konsequenzen aus seiner Analyse und Kritik sind dieselben wie bei Schelsky, nämlich eine zunehmende Einengung der Partizipationschancen des als souverän erklärten Volkes bzw. des einzelnen Staatsbürgers. »Mit großer Sicherheit stimmen jedoch zwei Thesen nicht: die eine, die einen ausschließlich immanent gesteuerten Entwicklungsprozeß unterstellt, und die andere, welche die ausschließlich externe Steuerung, d. h. eine Steuerung durch politische Entscheidungen bzw. ökonomische Interessen annimmt. Das Wissenschaftssystem muß einerseits als intervenierende Variable betrachtet werden, es ist weder isoliert von seiner Umwelt noch dieser total ausgeliefert[10].«
Gegen die These von der totalen Instrumentalisierung der Wissenschaft im Sinne einer gesamtgesellschaftlichen Rationalität hat sich vor allem Habermas gewandt, der in dem Verhältnis von Wissenschaft und Politik vier verschiedene Modelle unterscheidet[11]. Im *dezisionistischen Modell* ist die Struktur politischen Verhaltens auf ein Freund-Feind-Verhältnis beschränkt, wie es in klassischer Manier von dem Staatsrechtler Carl Schmitt zur Definition des Politischen beschrieben worden ist. Entscheidend ist einzig und allein der Wille des machtorientierten Führers. Im *technokratischen Modell* ist der Politiker in seinen Entscheidungen vom Fachwissen der Ministerialbürokratie abhängig (vgl. 5.2.). Formal liegt die Entscheidungsgewalt zwar in der Hand des Politikers, aber die Bürokratie hat durch die Art und Weise, wie verschieden denkbare Handlungsalternativen analysiert und in ihren Konsequenzen positiv und negativ bewertet und begründet werden, die Entscheidung

bereits vorweggenommen. Dieses Modell des Staates als Organ rationaler Verwaltung entspricht genau Schelskys technischem Staat. Das *erweiterte dezisionistische Modell* ist durch ein unvermitteltes Verhältnis von Wissenschaft und Politik gekennzeichnet, in dem technologische Kalküls zwar eine Rolle spielen, aber letztlich der Politik eindeutig Priorität eingeräumt wird. Diesem Modell, dem Habermas »deskriptiven Wert für eine Praxis der wissenschaftlich informierten Entscheidungen, die heute in den Befehlszentralen der Massendemokratie ... geübt wird«[12], zuschreibt, setzt er das *pragmatische Modell* entgegen, das sich durch eine kritische Kommunikation zwischen Wissenschaftler und Politiker auszeichnet und in dem weder Sachgesetzlichkeit noch Dezision einseitig dominieren. Allein dieses Modell entspricht für Habermas den Notwendigkeiten einer Demokratie, bedarf aber zu seiner Realisierung einer politisch fungierenden Öffentlichkeit. Dabei übersieht Habermas allerdings, daß gerade der Verfall der bürgerlichen Öffentlichkeit, den er selbst beschrieben hat (vgl. 5.3.), ein irreversibler Prozeß der modernen Massendemokratie ist[13]. »Dem technokratischen und dem pragmatischen Modell ist die Ausblendung des Herrschaftsphänomens, wenngleich aufgrund verschiedener Voraussetzungen, gemeinsam. Das zentrale Problem, die Ermöglichung demokratischer politischer Willensbildung als Verpflichtung von Herrschaft, bleibt ungelöst[14].«

Politische Aktivitäten werden heute aber überall – und in dieser Beziehung stellen die Verhältnisse in der Bundesrepublik nicht die Ausnahme, sondern die Regel dar – nur von einer Minderheit wahrgenommen, wobei ein enger Zusammenhang zwischen politischer Beteiligung und sozioökonomischem Status zu beobachten ist. Dabei gibt der Bildungsstand den größten Ausschlag als notwendige, wenn auch nicht zureichende Bedingung (vgl. 6.3.). Das größte Maß an Apathie findet sich regelmäßig bei der Unterschicht. Auch die Anhänger einer normativen Demokratietheorie geben zu, daß die aus der Verschränkung von Staat und Gesellschaft resultierende Komplexität den einzelnen hinsichtlich seiner Teilnahmechancen zunehmend überfordere[15], obwohl gerade heute eine demokratische Kontrolle aus den bereits dargelegten Gründen notwendiger erscheint denn je (vgl. 5.2.). Diese Forderung wird von den »realistischen« demokratietheoretischen Ansätzen ausgeblendet, die in Verbindung mit einer behavioristisch orientierten Sozialforschung nur das zum Forschungsgegenstand erhebt, was der Empirie unmittelbar zugänglich ist. Normen und Wertvorstellungen sind dabei nur insoweit relevant, als sie sich in erkennbarem und damit beobachtbarem sozialen Verhalten dokumentieren (vgl. 3.2. und 3.3.).

Für die Vertreter normativer Demokratietheorien steht dagegen der Teilnahmeaspekt des Bürgers im Mittelpunkt aller Überlegungen. »Zu den Gleichgewichtsbedingungen einer funktionierenden Demokratie gehört auch die Beteiligung der Staatsbürger an der Politik. Bezogen auf Demokratie als ein System möglichen Gleichgewichts, muß sich das optimale Maß der durchschnittlichen staatsbürgerlichen Beteiligung bestimmen lassen[16].« Politische Beteiligung und der Anspruch auf Selbstbestimmung bedingen einander. »Demokratie arbeitet an der Selbstbestimmung der Menschheit, und erst wenn diese wirklich ist, ist jene wahr. Politische Beteiligung wird dann mit Selbstbestimmung identisch sein[17].« Demokratie zielt für Habermas darauf ab, daß die mündigen Bürger die Einrichtungen des sozialen Lebens selbst in die Hand nehmen. Unabdingbare Voraussetzung ist dafür, wie schon erwähnt, eine politisch fungierende Öffentlichkeit. Habermas sieht selber sehr deutlich, daß die Chance, das mündige Volk könne selber in absehbarer Zeit die wesentlichen politischen Entscheidungen bestimmen, im Augenblick mehr als gering ist. Er denkt daher auch primär an Gruppen, die außerhalb des Parlamentes politische Wirksamkeit zu entfalten in der Lage sind, nämlich einmal Massenorganisationen wie z. B. Gewerkschaften, die in außerparlamentarischen Aktionen den Staatsapparat unter Druck setzen können, zum anderen sogenannte »funktionelle Eliten«, die steuernd eingreifen können, weil ihre Positionen selber schon dank ihres Machtpotentials politisch sind. In diesem Zusammenhang kritisiert er das Mißtrauen des Parlamentarischen Rates gegenüber plebiszitären Entscheidungen, das dazu geführt habe, daß der Repräsentationsgedanke einseitig auf Kosten des Partizipationsgedankens sich in der Verfassung der Bundesrepublik niedergeschlagen habe:

»Immerhin besteht nach der offiziellen Auslegung des Grundgesetzes für das Volk rechtlich keine Möglichkeit, seinen Willen unmittelbar in Hinblick auf eine bestimmte Sache verbindlich auszudrücken. Wenn man diese tatsächliche Ohnmacht vergleicht mit dem persönlichen Schutz und der persönlichen Freiheit, die den Individuen in einem aufwendigen Katalog liberaler Grundrechte zugesichert werden, kann man sich dem Eindruck nicht entziehen, daß für den Bürger der sogenannten Konsumentengesellschaft auch juristisch der Status eines Kunden vorgesehen ist: der zwar am Ende die Zeche zahlen muß, für den im übrigen aber alles derart vorbereitet ist, daß er selber nicht nur nichts zu tun braucht, sondern auch nicht mehr viel tun kann. Ausgestattet mit diesen Rechten und gleichwohl so gut wie ausgeschlossen von tatsächlicher politischer Mitbestimmung, wird das Volk zum Objekt der Fürsorge[18].«

Voraussetzung einer mit der Idee der Selbstbestimmung verknüpften Teilnahme ist eine entsprechende Bildung, die den einzelnen in die Lage versetzt, die eigene Situation kritisch zu reflektieren. »Wenn politische Teilnahme also eine rationale, aufgeklärte und verantwortliche Haltung verlangt, dann ist sie an vorrangiger Stelle ein pädagogisches Problem. Damit kann allerdings nicht lediglich die Erweiterung der Quantität von politischen Informationen gemeint sein, – nicht die vermehrte Ansammlung von Apparatekenntnis. Bildung hat vielmehr als Voraussetzung politischer Teilnahme nur dann Bedeutung, wenn sie den Bürger über seine objektive Lage aufklärt[19].«
Dieses Plädoyer für eine politische Bildung ist typisch für die Anhänger der kritischen Theorie und macht deutlich, warum dieser Ansatz gerade in den neueren Konzeptionen der politischen Bildung Eingang gefunden hat (vgl. 2.2.), aber ebenso typisch ist die damit verbundene Empirieferne; denn über die *tatsächlichen* Teilnahmechancen in den verschiedenen Organisationen erfährt der erwartungsvoll gestimmte Leser im allgemeinen wenig. So ist zwar die Forderung nach einer kritischen öffentlichen Meinung als Bedingung einer funktionierenden Demokratie unmittelbar einleuchtend, aber die Möglichkeit ihrer Realisierung bleibt offen oder vage (vgl. 5.3.), und auch die geforderte Umstrukturierung der Wirtschaftsgesellschaft in Richtung Sozialismus ist keineswegs ein Garant für den Abbau politischer Apathie. Ob und inwieweit Demokratisierung und Effizienzsteigerung einander bedingen oder nicht, läßt sich erst nach detaillierter empirischer Forschung sinnvoll beantworten; gerade die Analyse der rätedemokratischen Konzeptionen (vgl. 3.3.) sollten hier vor unbegründeten und spekulativen Hoffnungen warnen[20]. Umgekehrt aber muß betont werden, daß politisch Apathische keineswegs ein stabilisierendes Element für die Demokratie darstellen, weil politische Kräfte, die eine Entdemokratisierung betreiben, auf ihre Gleichgültigkeit bauen können.
Das Partizipationsmodell der kritischen Theorie ist daher als Maßstab für die Aufdeckung überflüssiger Herrschaft und Teilnahmedefizit an politischen Entscheidungen grundsätzlich von Bedeutung, was aber nichts an dem Problem ändert, wie denn die Forderung nach universeller politischer Beteiligung eingelöst werden kann. Problematisch ist bereits, und da ist Scharpf zuzustimmen[21], die

Prämisse von der Existenz eines vorrangig menschlichen Interesses an politischer Beteiligung, zumal die Klassentheorie hier nicht zieht, weil auch in der Oberschicht jeweils nur eine Minorität zu politischer Aktivität bereit ist. Die postulierte Partizipation der Bürger am diskutant aufzuhellenden politischen Entscheidungsprozeß läuft letztlich auf eine Reduktion von Komplexität hinaus; denn angesichts der immer nur begrenzten Informationsaufnahme und -verarbeitung erweist sich die Teilnahme aller an allen Entscheidungsprozessen als Utopie. Auf der anderen Seite verstößt ein reduziertes Partizipationsmodell, das nur noch eine begrenzte, d. h. an je spezifische Entscheidungsprozesse gekoppelte Teilnahme der Bürger vorsieht, gegen die eigene Forderung nach prinzipieller Aufhebung von Herrschaft, weil die Bürger ja Entscheidungen und damit Herrschaft unterworfen bleiben. »Während das utopische Partizipationsmodell immerhin mit dem postulierten universellen Interesse an der Aufhebung von Herrschaft operieren konnte, weil hier ja gerade die Fortdauer der Herrschaft vorausgesetzt wird: Auch wer sich aktiv und erfolgreich etwa für hochschulpolitische Reformen einsetzt, bleibt darum nicht weniger als der politisch Apathische den von anderen Teilnehmern in anderen politischen Prozessen bestimmten Entscheidungen – etwa der Konjunkturpolitik oder der Verteidigungspolitik – unterworfen[22].«

Der einzelne Bürger muß sich daher trotz Zeit- und Kostenaufwand auf Teilbereiche politischer Entscheidungsprozesse beschränken, ohne dabei abschätzen zu können, welches Gewicht seiner Mitarbeit zukommt, d. h. ob es sich überhaupt lohnt, unter Umständen auf Kosten von Familie, Freizeit und Beruf Engagement zu entfalten. »Empirisch erscheint das politische Engagement der wenigen viel eher erklärungsbedürftig als das relative Desinteresse der vielen, das nur selten über die passive Aufnahme politischer Informationen und die Beteiligung an politischen Wahlen hinausgeht[23].«

Die Kritik am Partizipationspostulat bedeutet nun aber keineswegs, wie Scharpf zu Recht betont, daß es für die normative Demokratietheorie irrelevant sei. Vielmehr kommt es darauf an, die über die Wahlbeteiligung hinausweisenden Möglichkeiten der Teilnahme an Entscheidungsprozessen zu öffnen und allen zugänglich zu machen und diese Chancen auszuschöpfen:

»Wenn es für die Stabilität der Demokratie jedenfalls in Krisenzeiten nicht nur auf die politischen Eliten, sondern auch auf die Einstellungen und Werthaltungen der Mehrheit ankommt, dann kann der mehrfach zitierte Befund eines ›working class authoritarianism‹ von der Demokratietheorie nicht mit Gleichmut hingenommen werden ... Es ist deshalb ein fundamentales Problem der politischen Demokratie, ob und auf welche Weise dem einzelnen die Chance geboten werden kann, Zusammenarbeit zu erlernen, an Entscheidungsprozessen mitzuwirken, Meinungsverschiedenheiten auszutragen oder durch die gemeinsame Suche nach akzeptablen Kompromissen zu überbrücken, auch Einfluß auszuüben und sich durchzusetzen, kurz: demokratische Verhaltensweisen und politische Fähigkeiten auszubilden[24].«

Das bedeutet vor allem eine Ausweitung des Begriffs des »Politischen« über den staatlichen Bereich hinaus. Bevor aber demokratisches Verhalten eintrainiert werden kann, bedarf es der Chancengleichheit im Bildungsbereich. Ehe im letzten Abschnitt noch einmal die Möglichkeiten und Grenzen der politischen Bildung hinsichtlich ihres Einflusses auf politisches Verhalten erörtert werden sollen, geht es im folgenden zunächst einmal darum, die politische Kultur in der Bundesrepublik auszuleuchten.

6.2. Zur politischen Kultur in der BRD

Vorläufer zu einer Theorie der politischen Kultur finden sich bereits bei Marx und Max Weber. Während Marx die Sozialstruktur als unabhängige Variable begriff, die das Wert- und Normensystem einer Gesellschaft bestimmt und damit das konkrete Verhältnis der Mitglieder beeinflußt, ging Weber umgekehrt vor und verstand die Werte und Normen einer Gesellschaft als unabhängige Variable, die die Struktur einer Gesellschaft und das Verhalten der Gesellschaftsmitglieder bestimmen. Beide Ansätze sind zweifellos einseitig und werden erst in der Zusammenschau fruchtbar, aber in der amerikanischen Soziologie hat sich der Webersche Ansatz durchgesetzt, wie überhaupt festzustellen bleibt, daß der Einfluß von Marx im Gegensatz zum Kontinent in den Vereinigten Staaten äußerst gering ist.
Der Begriff der politischen Kultur[25] geht vor allem auf Almond zurück und bezeichnet die Einstellungen und Orientierungen gegenüber dem politischen System, wobei zwischen kognitiven, affektiven und evaluativen Bezügen unterschieden wird. Die Herausbildung der politischen Kultur einer Gesellschaft hängt von dem jeweiligen Wertemuster einer Gesellschaft ab, das wiederum von zahlreichen Faktoren beeinflußt wird. Eine wesentliche Rolle spielen die Sozialisationsmechanismen, die wiederum von der jeweils vorherrschenden Familienstruktur und dem Erziehungswesen einer Gesell-

schaft abhängig sind. Ferner müssen ins Kalkül gezogen werden die wesentlich durch religiöse Vorstellungen geprägten Weltanschauungen, der von Gleichaltrigen (»peergroups«) ausgeübte Einfluß und die Tradition der jeweils zur Untersuchung anstehenden Gesellschaft, d. h. die historische Dimension von Einstellungen gegenüber dem politischen System (z. B. das »Inflationstrauma« in der Bundesrepublik). Ohne jetzt schon auf die empirischen Untersuchungen eingehen zu wollen, läßt sich doch so viel sagen, daß die Schwierigkeit dieses Forschungsansatzes vor allem in der Gewichtung der einzelnen Faktoren und ihrer Operationalisierung für empirische Studien liegt. Außerdem taucht fast regelmäßig das Problem der Inkonsistenz politischer Kultur auf, d. h., es gibt eben in der sozialen Realität kaum Werte, die *allgemein* akzeptiert und durchgehalten werden. Im allgemeinen wird ein zentraler Wertekanon nur in relativ abstrakter Form anerkannt, und empirische Überprüfungen führen immer wieder zu Widersprüchen und Inhomogenität.

Ungeachtet dieser Schwierigkeiten ist es in der Soziologie und Politikwissenschaft immer wieder versucht worden, Charakteristika der politischen Kultur für die einzelnen Länder herauszuarbeiten. So bezeichnet etwa Dahrendorf die in Deutschland herrschenden Werte als *private Tugenden,* die nicht die Teilnahme am sozialen und politischen Prozeß der Gesellschaft favorisieren, sondern den Rückzug ins Privatleben. »Wo sie vorherrschen, müssen die öffentlichen Dinge unterentwickelt bleiben. Hier wird der Mensch, die Persönlichkeit, ein Wesen ohne Öffentlichkeit, und die Bildung der Nation tritt zurück. Das kann vielen Menschen ganz recht sein. Ihr größtes Glück liegt in den Aufschwüngen des Privaten, in den Höhen und Tiefen der Freundschaft und der familiären Harmonie, in der Befriedigung ungenauer Schwärmerei, vielleicht auch in den beinahe metasozialen Verbindungen mit anderen Menschen im kaum strukturierten Kollektiv. Der mißliche Zustand der öffentlichen Dinge belastet die Menschen also normalerweise nicht, weil er ihre ganz auf Privatheit gestellten Werte nicht berührt[26].« Allerdings ist sich auch Dahrendorf darüber im klaren, daß es sich bei dieser Charakterisierung um eine spekulative Soziologie handelt und auch hier das Dilemma zwischen unverbundener Theorie und Empirie wieder zum Tragen kommt. Zwar gibt es für die mangelnde politische Teilnahme viele Erklärungen und theoretische Ansätze, aber im allgemeinen fehlt der Versuch, sie empirisch abzusichern. So ist es denn auch kein Zufall, daß Dahrendorf und andere Theoretiker immer wieder auf eine Untersuchung von Reigrotzky über soziale Verflechtungen in der Bundesrepublik aus dem Jahre 1956 zurückgreifen.

Sontheimer[27] spricht von einem Konglomerat von Einstellungen und politischen Verhaltensweisen in der Bundesrepublik, das auf den ersten Blick als systemstabilisierend erscheine, aber durch das plötzliche Aufkommen rechts- und linksradikaler Gruppen während der wirtschaftlichen Rezession in den Jahren 1966/67 in ein anderes Licht gerückt sei. Sontheimer begreift die deutsche politische Kultur wesentlich aus der spezifischen Geschichte Deutschlands; d. h. vor allem aus der mangelnden Kontinuität politischer Einrichtungen, der späten Entwicklung zum Nationalstaat, in der sich die bürgerliche Gesellschaft nur unvollkommen entfalten konnte, was schon daran deutlich wird, daß die beiden deutschen Republiken von Weimar und Bonn nicht das Produkt eines revolutionären Aktes wie in Frankreich oder einer kontinuierlichen Entwicklung wie in England waren, sondern das Resultat zweier verlorener Weltkriege. Diese Traditionsbestände bestimmen für Sontheimer auch heute noch weitgehend das politische und soziale Bewußtsein der Deutschen, und er nennt in diesem Zusammenhang vier Traditionselemente: die etatistische Tradition, die unpolitische Tradition, die Tradition der Konfliktscheu und die Tradition des Formalismus.

Mit *etatistischer Tradition* ist gemeint, daß die Bedeutung des Staates seit Hegel, der ihn als Verwirklichung der sittlichen Idee pries, in Deutschland immer höher geschätzt wurde als die Gesellschaft. »Staat war die Inkarnation des Gemeinwohls, und obwohl auch der über den Parteien stehende Staat vor 1918 sehr wohl die Interessen der herrschenden Klasse wahrte, gelang es ihm, den Untertanen seine Politik als gemeinwohlorientiert darzustellen. Das deutsche politische Denken sah seit der Mitte des 19. Jahrhunderts die ungeformte Gesellschaft als einen Gegenspieler des geformten Staates. Es sah im Staat nicht die politische Organisation der Gesellschaft, sondern das unanfechtbare Instrument zur Sicherung und Ordnung der gesellschaftlichen Verhältnisse. Dementsprechend wurden die Werte der Zucht, der Pflicht und des Gehorsams stets höher eingeschätzt als die Freiheit, die Individualität, die Opposition[28].« Noch heute schwingt in der konservativen Pluralismuskritik diese Staatsideologie mit, und manifest wurde sie noch einmal in der von Bundeskanzler Erhard proklamierten *formierten Gesellschaft*.

Die *unpolitische Tradition* ist die Fortsetzung der obrigkeitsstaatlichen Untertanengesinnung. Politik wird entsprechend nicht als Angelegenheit des ganzen Volkes betrachtet, sondern als Aufgabe einer kleinen dazu berufenen Elite. Nach Dahrendorf wird der Bereich des Politischen jenen Verpflichtungen zugerechnet, »die eher lästig, wenngleich den Umständen nach unvermeidlich sind ... Die politische Aktivität bleibt eine Aktivität in Anführungsstrichen, von der man sich innerlich distanziert und daher, wenn gewandelte Verhältnisse dies verlangen, auch äußerlich distanzieren kann. Dieser Deutsche ist unpolitisch, weil ihm das Politische zutiefst unwichtig ist ...[29]« Auch die traditionell hohe Wahlbeteiligung in der Bundesrepublik ist kein Indiz für Teilnahmebereitschaft, sondern eher Indiz für eine verinnerlichte Bürger*pflicht,* und die politische Bildung hat es bisher nicht vermocht, dieses distanzierte Verhältnis des Bürgers gegenüber der Politik abzubauen.

Die Unfähigkeit vieler Deutscher im Austragen von Konflikten an Hand festgelegter Spielregeln in einem begrenzten Rahmen dokumentiert nach Sontheimer die *Tradition der Konfliktscheu.* »Die Deutschen haben ihren Wunsch nach Harmonisierung, nach einem alle verbindenden Band nationaler Gemeinschaft, dem Interesse fairer Konkurrenz und offenem Wettbewerb gerne übergeordnet. Zum Beispiel ist die innere Ordnung der Parteien nicht nur ein Problem zwischen der Masse der Parteimitglieder und der Führungsoligarchie, sondern auch ein Problem der konfliktscheuen deutschen Öffentlichkeit, die Richtungskämpfe und interne Differenzen innerhalb und zwischen politischen Gruppen sofort als Zeichen der Schwäche deutet. Konflikte erscheinen in dieser Perspektive als Ausdruck der Unvollkommenheit einer sozialen Ordnung[30].« Dahrendorf hat darüber hinaus noch auf eine typisch deutsche Art der *Einstellung* zu Konflikten aufmerksam gemacht[31], die darin bestehe, autoritative und inhaltliche Lösungsversuche anzustreben, anstatt in einem Set von Spielregeln die Regelung von Konflikten anzustreben. Diese Tendenz, »endgültige Lösungen für alle Probleme und Konflikte zu finden«[32], würde aber autoritäre und totalitäre Verhaltensweisen begünstigen.

Die *Tradition des Formalismus* schließlich geht auf den starken Einfluß der Juristen und ihr Monopol in der Bürokratie zurück und meint »die Tendenz, politische Probleme in formale Rechtsprobleme zu kleiden und unter juristischen Gesichtspunkten zu diskutieren«[33], wie es deutlich etwa in der *Hallstein-Doktrin* zum Ausdruck gekommen ist, die jahrelang die politische Handlungsfähigkeit gegenüber den Ostblockstaaten beschränkte.

Obwohl diese verschiedenen Erklärungsversuche zur politischen Kultur der Deutschen bisher nur höchst unzureichend empirisch abgestützt sind, gibt es aus den vorliegenden Untersuchungen doch immerhin Anzeichen dafür, daß diese Hypothesen nicht völlig unbegründet sind. Am bekanntesten ist zweifellos die in den USA, in Großbritannien, Italien, Mexiko und der Bundesrepublik vergleichend durchgeführte Studie von Almond und Verba. Bezogen auf die Bundesrepublik kommen die amerikanischen Forscher zum Schluß, daß die Deutschen zwar politisch sehr interessiert und informiert seien[34], aber in erster Linie stolz auf die wirtschaftlichen Erfolge seien und so gut wie gar nicht auf ihre Regierung und die politischen Institutionen[35]. Entsprechend ist die Bevölkerung auch primär an den Leistungen des Staates, am sogenannten »output«, interessiert, während der »input«, d. h. Probleme der politischen Willensbildung, nur eine höchst untergeordnete Rolle spielen, weil man etwa im Gegensatz zu den Engländern oder Amerikanern in einem sehr viel geringeren Maße davon überzeugt ist, selbst Einfluß ausüben zu können. Überraschen muß die Feststellung, daß Entfremdung und negative Einstellung gegenüber politischen Aspekten wächst, also die Unterstützung der Demokratie durch die Schichten fehlt, die sich in den meisten anderen demokratisch regierten Ländern am ehesten mit dem politischen System identifizieren[36]. »Untertanen«-Mentalität dominiert gegenüber »Bürger-Verhalten«[37], und auch die Teilnahme an der politischen Willensbildung führt nicht zu höherer Identifikation mit dem politischen System[38]. Aufgrund der Analyse ihres umfangreichen empirischen Materials wagen Almond und Verba die Hypothese, daß die Überlebensfähigkeit der Demokratie in der Bundesrepublik auf der Leistungsfähigkeit des Regierungssystems beruhe. Sollte diese zurückgehen – z. B. durch eine größere, länger anhaltende Wirtschaftskrise –, werde das politische Engagement der wenigen, die sich dazu bereit erklären, wenig zur Überlebensfähigkeit des Systems beitragen[39]. Die These von Almond und Verba, daß nur die Gebildeteren eine Chance hätten, verändernden Einfluß auf das staatliche Leben auszuüben, erfährt in einer Repräsentativumfrage in der BRD aus dem Jahre 1971 Unterstützung. Von den Befragten mit Abitur oder Hochschulbildung hielten es 81 % für wichtig, selbst Einfluß auf den Staat ausüben zu können, gegenüber nur 37 % mit Volksschulbildung ohne Lehre, also eine Gruppe, die überwiegend zur Unterschicht gerechnet wird. Umgekehrt hielten von den Volksschülern ohne Lehre 40 % diesen Einfluß für nicht so wichtig. Bei Real- und

Fachschülern sinkt die Zahl auf 26 %, und bei den Abiturienten und Hochschulabsolventen sind es nur noch 16 %, die diesem Einfluß keine Bedeutung beimessen[40].

Eine empirische Studie, die 1957 unter Studenten an der Frankfurter Universität durchgeführt wurde[41], ergab nur 9 % *Engagierte,* die sich mit dem öffentlichen Bereich identifizieren und Handlungsbereitschaft und Initiative entwickeln«; 29 % wurden als *reflektierte Staatsbürger* eingestuft, die die Interdependenzen des politischen und des persönlichen Bereiches erkennen; weitere 19 % galten als *naive Staatsbürger,* die zwar politisches Interesse bekunden, Politik aber in erster Linie als demokratisch legitimierte Fürsorge begreifen und denen die Einsicht in die Verklammerung der politischen und der persönlichen Sphäre fehlt; weitere 19 % wurden als *rational Distanzierte* eingestuft, die eine bewußte Trennung der politischen und privaten Sphäre vornehmen und mit dem Verweis auf die eigene Unzuständigkeit keine Teilnahmebereitschaft entwickelten; als *irrational Distanzierte* galten 11 %, deren mangelndes politisches Interesse und Engagement aus Antipathie und Verdruß gespeist wird; und die *Unpolitischen* machten 13 % aus, die, bezogen auf den politischen Bereich, apathisch sind und bei denen Politik einen bloß äußerlichen Stellenwert hat.

Eine Untersuchung von Jaide einige Jahre später, die sich auf die Befragung von 2063 Jugendlichen und die Auswertung von 662 Monographien stützt[42], kommt, auch wenn er etwas andere Kategorien wählt, im Grunde zu ähnlichen Ergebnissen. Jaide unterscheidet fünf Typen des politischen Habitus:

- Engagierte: 12 %
- Interessierte: 34 %
- Indifferente: 46 %
- Skeptische: 5–7 %
- »Destruktive«: 1–3 % [43]

Der *Engagierte* ähnelt dem Typ des innengeleiteten Moralisten bei Riesman. Er stammt durchweg aus günstigen Familienverhältnissen und höheren Schulklassen. Problembewußtsein und differenzierte Stellungnahme zu politischen Phänomenen verbinden sich mit einem festen moralischen Urteil und der Bereitschaft zur aktiven Mitarbeit im politischen Gemeinwesen. Der *Interessierte* entspricht dem »reflektierten« Staatsbürger in der Frankfurter Untersuchung. Er ist politisch aufgeschlossen und problembewußt, aber zurückhaltend gegenüber politischer Aktivität. Ähnlich dem Typ des Informationssammlers bei Riesman fehlt der innere Zugang zu den verschiedenen politischen Rollen. Die *Indifferenten* umfassen die drei Typen des »naiven Staatsbürgers«, des »Unpolitischen« und des »rational Distanzierten« der Frankfurter Studie und entsprechen weitgehend dem Typ des Gleichgültigen Riesmanscher Prägung. Ihr politisches Interesse ist nur dürftig entfaltet, Denken in Klischees und vulgäre Anschauungen von der Politik, die zugleich das Engagement blockieren, herrschen vor (z. B. »der kleine Mann kann nichts machen«, »es kommt immer so wie es kommen muß«, »Frauen haben in der Politik nichts verloren«). Die *Skeptischen* sehen zwar ebenso wie die Engagierten die Verflechtung des privaten und politischen Lebens, ziehen daraus aber andere Konsequenzen, indem sie eine Abwehrstellung gegenüber dem politischen Bereich einnehmen. Zugleich desillusioniert und immun, entwickeln sie Skepsis gegenüber der Demokratie, bilden aber andererseits ein latentes politisches Potential gegen Extremismus und Fanatismus. Die *Destruktiven* sind aggressiv engagiert und insofern ein Zerrbild der Skeptischen, als bei ihnen die Skepsis umschlägt in Negation der überkommenen Werte zugunsten fragwürdiger Utopien, und ihr Informationsbedürfnis ist bei ihnen von vornherein einseitig und selektiv. Mit den Skeptischen haben sie vieles gemein, aber im Gegensatz zu ihnen herrscht eine ausgesprochen destruktive Einstellung vor.

Vergleichende empirische Umfragen haben den Zusammenhang von sozialer Schichtung und Bereitschaft zu politischer Aktivität immer wieder bestätigt. Die Ansicht, daß Politik das eigene Leben beeinflußt und umgekehrt die Möglichkeit besteht, das politische Leben selbst zu beeinflussen, ist in den oberen Sozialschichten am stärksten verbreitet, während umgekehrt vorwiegend Angehörige der Unterschicht die Meinung vertreten, sie hätten keinerlei Einfluß auf politische Entscheidungen. Das liegt nicht zuletzt daran, wie Steiner wohl zu Recht interpretiert[44], daß Angehörige der höheren Statusgruppen in ihrer beruflichen Position zwangsläufig viel häufiger mit der politischen Sphäre Kontakt bekommen als etwa ein Arbeiter. »In der Unterschicht erreichen soziale Apathie und Resignation ihre weiteste Ausbreitung[45].« Diese Rückzugstendenzen bei den bundesrepublikanischen Unterschichten aus öffentlichen Institutionen und intermediären Gesellschaftsstrukturen führt zur Schrumpfung des sozialen Interaktionsfeldes und damit zugleich zur Schrumpfung der partizipatorischen Chancen. Lipset spricht in diesem Zusammenhang von einem Autoritarismus der Arbeiterklasse und bezeichnet damit die empirisch festgestellte vergleichsweise autoritärere Einstellung der unteren Schichten, die sich eher zu einer radikalen als zu einer gemäßigten und demokratischen Bewegung hingezogen fühlen.

In einer vergleichenden Analyse von demokratischen Einstellungen innerhalb der Gesamtbevölkerung der BRD, nichtakademischer Jugendlicher im Alter zwischen 18 und 25 Jahren sowie der deutschen Studentenschaft wird am Lehrstuhl für Politische Wissenschaft der Universität Mannheim versucht, die Demokratiediskussion aus der Sackgasse der Spekulation herauszubringen. Auch hier zeigen die ersten Ergebnisse[46], daß demokratisches Bewußtsein im Sinne einer relevanten Verhaltensdisposition bei der Studentenschaft vorhanden ist, nur schwach ausgeprägt dagegen bei den nichtakademischen Jugendlichen und gar nicht in der Gesamtbevölkerung. »Als entscheidendes Problem muß das Fehlen der Konfliktdimension – oder anders gesagt: das absolute Bedürfnis nach Harmonie – im Glaubenssystem der westdeutschen Bevölkerung und Jugend angesehen werden ...«[47] Kaase betont zu Recht, daß erst dann, wenn der Zusammenhang von Einstellungen und Verhalten befriedigend geklärt worden ist, sich auch entscheiden läßt, ob die Erweiterung der Partizipation eine humanere Gesellschaft garantiert oder ob nicht neue Unzulänglichkeiten, Frustrationen und elitäre Machtansprüche auftreten. Hier liegt überhaupt eine Schwäche des behavioristischen Forschungsansatzes (vgl. 3.2.), daß einerseits die geäußerten *Meinungen* keine sicheren Rückschlüsse auf das politische *Verhalten* zulassen und umgekehrt nicht verbal erfaßbare Einstellungen und Haltungen ignoriert werden[48].

So ist es denn auch kein Zufall, sondern dokumentiert einmal mehr die schmerzliche Diskrepanz zwischen Theorie und Empirie in den Sozialwissenschaften, daß es so gut wie keine empirisch gesättigten Untersuchungen zu Problemen des Rechts- und Linksradikalismus in der Bundesrepublik gibt. Bereits die vielverwandten Begriffe »links« und »rechts« erweisen sich bei näherem Zugriff als höchst fragwürdig und schwammig, weil sie mehr verdecken als erklären. Ursprünglich abgeleitet worden sind die Begriffe »links« und »rechts« von der Sitzordnung der Abgeordneten im Parlament[49]. Aus der Sicht des Parlamentspräsidenten saßen links diejenigen Gruppen, die in ihren politischen Bestrebungen auf sozialen und politischen Wandel im Hinblick auf Fortschritt und mehr Freiheit und Gleichheit abzielten, während sich auf der rechten Seite die

Kräfte der Beharrung sammelten, die den Status quo verteidigten.

Was aber z. B. in Deutschland jeweils konkret als *links* angesehen wurde, hat sich im Laufe der Geschichte ständig geändert. Im 19. Jahrhundert waren es zunächst die Vertreter des Bürgertums in ihrem Kampf gegen die preußische Feudalherrschaft, später die radikalen Demokraten, die Sozialisten und schließlich die Kommunisten. Solange die Herrschaft von konservativen Kräften ausgeübt wurde, gab es nur eine radikale Linke. Das änderte sich erst nach 1918, als rechte Kräfte bestrebt waren, die Weimarer Republik zu stürzen, um monarchisch-ständische Herrschaftsformen wieder einzuführen. Bezogen auf die Unterscheidung von *konservativ* und *rechtsradikal* wollen wir uns hier einer Definition von Fetscher anschließen, der konservativ alle jene Theorien, Bewegungen und Ideologien nennt, »die auf die Aufrechterhaltung eines in der Gegenwart noch existierenden politischen und sozialen Zustandes gerichtet sind und zu diesem Zweck Parteien und Personen kritisieren, die auf eine mehr oder minder radikale Revision dieses Status quo in Richtung auf weitgehende Demokratisierung von Staat und Gesellschaft abzielen. Im Unterschied hierzu sollen rechtsradikal Theorien, Bewegungen und Ideologien genannt werden, die auf das Rückgängigmachen eines in dieser Gesellschaft bereits erreichten Zustandes der politischen und sozialen Demokratisierung abzielen ...[50]«

Mit dem Verbot der SRP und der KPD waren die radikalen Gruppierungen zwar zunächst von der Bildfläche verschwunden, aber die Erkenntnis, daß radikales Verhalten auf die Dauer nicht mit Verboten zu steuern ist, dämmerte spätestens während der wirtschaftlichen Rezession 1966/67 und der Großen Koalition, als fast parallel die Extremisten von links und rechts wieder auftauchten. Ins Kreuzfeuer der öffentlichen Meinung geriet aber vor allem die unter dem oberflächlichen Sammelbegriff »Neue Linke« zusammengefaßte studentische Protestbewegung, die aufgrund ihrer aggressiven und radikalen Einstellung gegen bestehende Herrschaftsstrukturen in der Bundesrepublik als gefährlicher eingestuft worden ist als die demokratisch sich gerierende NPD mit ihren Parolen von Ruhe und Ordnung. Diese unterschiedliche Einstellung der Öffentlichkeit gegenüber den Gefahren von links und rechts läßt sich bis hin zum sogenannten »Extremistenerlaß« der Ministerpräsidenten verfolgen, der zwar verbal eine Gleichbehandlung linker und rechter Radikaler betont, de facto aber fast ausschließlich gegen

Linksextremisten angewandt wird. Sontheimer hat sicher zu Recht auf die folgenschwerste Konsequenz des linken Radikalismus hingewiesen, daß nämlich der Kampf der linken Protestbewegung für eine bessere Demokratie letztlich zu einer Verstärkung des autoritären Potentials in der deutschen Bevölkerung geführt hat, wobei die angewandten Methoden sicher dazu beigetragen haben, die Toleranzgrenze gegen unliebsame Minoritäten drastisch zu reduzieren. »Es ist offenkundig, daß die Wirkung der linken Protestbewegung ambivalent ist. Sie trägt positiv dazu bei, grundsätzliche politische Fragen, die lange ausgeklammert waren, ins öffentliche Bewußtsein zu heben. Sie verstärkt auf der anderen Seite eine latente antiliberale Geisteshaltung in weiten Kreisen der Bevölkerung und in allen politischen Parteien bis in die FDP und SPD hinein[51].«

Dagegen verstehen es rechtsradikale Gruppen immer besser, ihr antidemokratisches Ideengut zu kaschieren, indem sie sich ausdrücklich zur freiheitlich-demokratischen Grundordnung im Sinne des Grundgesetzes bekennen, so daß rechtsradikale Denkmuster heute nicht mehr so einfach auszumachen sind wie etwa noch in der Weimarer Republik.

»Antidemokratische Ideen manifestieren sich darum nicht in einem Frontalangriff gegen das demokratische System selbst, sondern sie müssen in die herrschende Ideologie des Systems gewissermaßen einsickern und das demokratische Selbstverständnis der Republik unterwandern. Am wirksamsten werden sie, wenn Gruppen mit antidemokratischen Tendenzen am Machtkartell partizipieren. Dann werden antidemokratische Gedanken in den ideologischen Konsensus der etablierten politischen Gruppen ›pluralistisch‹ einbezogen, so daß sich der Nachweis antidemokratischer Gesinnung solcher Personen nur schwer führen läßt, da sie bereits ›in‹ und nicht mehr ›out‹ sind. Darin liegt die Schwäche der Bundesrepublik in ihrem Bemühen, die demokratische Ordnung zu sichern[52].«

Eine Untersuchung rechtsradikaler Syndrome kann sich daher auch nicht auf die exponierte Gruppe der NPD beschränken, wie Sontheimer hervorhebt, sondern muß auch diejenigen rechtskonservativen Richtungen abdecken, die durch den Konsens mit dem »Establishment« als demokratisch gelten, es de facto aber nicht sind. Damit verwischt sich aber zugleich auch die Grenze zwischen Rechtsradikalismus und Rechtskonservatismus. »Wenn konservative Politiker im Kern dasselbe sagen wie die Rechtsradikalen, gegen die sie gleichzeitig vehement agitieren, dann wird der Damm durchlöchert, der die Demokratie gegen ihre Aufweichung durch antidemokratische Ideen absichern könnte. Antidemokratisches Denken dringt in die Ideenwelt der Demokratie selbst ein, die zu einer konsequenten Verteidigung ihrer Ordnung im Sinne ihrer Idee nicht mehr recht fähig ist[53].« Am Problem der ›Bewältigung der Vergangenheit‹, dem Unbehagen gegenüber der pluralistischen Gesellschaft oder dem militanten Antikommunismus läßt sich demonstrieren, daß die Auseinandersetzung mit rechtsradikalen Gruppen schon deshalb so problematisch ist, weil nicht nur der Konsens im Sinne eines sozial-liberalen Verständnisses von Demokratie fehlt, sondern rechtsradikales Ideengut selbst Eingang gefunden hat in das Demokratieverständnis herrschender Gruppen. War z. B. mit dem Schlagwort von der ›Bewältigung der Vergangenheit‹ ursprünglich eine rationale Auseinandersetzung mit den Ursachen des Faschismus gemeint, um den Ursachen auf den Grund zu gehen und einen Neofaschismus auszuschließen, so wurde in der Praxis die Vergangenheit durch Verdrängung »bewältigt«. Neue sozio-ökonomische Strukturen wurden schon bald in das Reich der Utopie verbannt, eine nüchterne politische Standortbestimmung des einzelnen Bürgers blieb die Ausnahme, und das verstärkte Engagement während der NS-Zeit schlug jetzt um in eine Ablehnung des Politischen und den Rückzug auf den privaten Bereich.

»Der NS-Staat erschien als eine Art Betriebsunfall der deutschen Geschichte, als dämonische Verstrickung, für die in letzter Instanz nur Hitler verantwortlich zu machen war, nicht aber das deutsche Bürgertum und seine Parteien, nicht die Beamten, nicht die Universitäten und die anderen gesellschaftlichen Institutionen, die zum Mißerfolg der Weimarer Demokratie und zum Aufstieg des Nationalsozialismus beigetragen hatten. Das dominierende politische Bewußtsein der Bürger der Bundesrepublik bestimmte sich deshalb nicht aus der entschiedenen Negation des Nationalsozialismus und der Erscheinungen, die ideologisch sozial- und innenpolitisch sein Aufkommen ermöglicht hatten; vielmehr aus der durch die politische Führung der Bundesrepublik selbst vermittelten Einstellung, daß der erfolgreiche Wiederaufbau und die Stabilität der politischen Verhältnisse bereits ein Unterpfand für die erfolgreiche Abkehr von den negativen Erscheinungen der Vergangenheit sei[54].«

Zur Funktion und zum Selbstverständnis radikaler Gruppen gehört es, den bestehenden Konsens, den Status quo, in Frage zu stellen. Formal lassen sich daher Gemeinsamkeiten zwischen linken und rechten radikalen Kräften feststellen. Die Unterschiede werden erst deutlich, wenn man nach den Zielen und Wertvorstellungen fragt. Ein Ansatz der Kritik, in dem formal Einigkeit besteht, ist der Anti-Pluralismus (vgl. 4.2.). Aber während »linke« Kritiker die pluralistische Machtverteilung in der Bundesrepublik überhaupt bestreiten und die Pluralismusthese als Verschleierung des Klassengegensatzes in der BRD abqualifizieren, sehen die »rechten« Pluralismuskritiker in der Existenz einer Vielzahl gesellschaftlicher Gruppen, die um politischen Einfluß ringen, eine Schwächung des Staates, der vermeintlich in seiner Entscheidungsfähigkeit über Gebühr eingeschränkt wird. Nicht die Gesellschaft erscheint in diesen Denkmustern als das Primäre und der Staat als davon abgeleitet, sondern der Staat wird als über den Gruppen und deren Interessen stehend begriffen. Diese direkt oder indirekt an Hegel orientierte Staatsideologie wird mit einem a priori existenten Gemeinwohl verknüpft, das als grundsätzlich höherwertig interpretiert wird als der von Parteien und Verbänden ausgehandelte Interessenkompromiß. In der von dem konservativen Publizisten Rüdiger Altmann konzipierten und von dem damaligen Bundeskanzler Erhard propagierten »formierten Gesellschaft« hielt dieses antipluralistische Gedankengut sogar offiziellen Eingang in die Regierungspolitik. »Die ›formierte Gesellschaft‹ wurde verstanden als eine Gesellschaft von ›befestigten‹, am Gemeinwohl orientierten Gruppen, die bereits ein gesamtgesellschaftliches Bewußtsein besitzen. Die formierte Gesellschaft verstand sich als eine Ordnung jenseits des Klassenkonflikts. Parlament und Regierung wurden, dem undemokratischen Schema der Entgegensetzung von Staat und Gesellschaft gemäß, als Widersacher der pluralistischen Interessen gesehen, nicht als ihre politischen Vermittler[55].«

Wegen der Ähnlichkeiten hinsichtlich der chiliastisch entworfenen Zukunftsordnung auf dem Hintergrund einer absolut gesetzten Idee und der Glorifizierung von Gewalt zur Durchsetzung dieser Ideologie, des elitären Anspruches, das »richtige« Bewußtsein zu besitzen und der Unverständnis der komplexen Gesellschaft verratenden Kulturkritik werden Links- und Rechtsradikalismus heute zumeist in einem Atemzug genannt, wenn die Gefahren für die freiheitlich-demokratische Grundordnung beschworen werden, aber Linksradikalismus = Rechtsradikalismus ist eine falsche Gleichgeltung, wie Grebing in ihrer gleichnamigen Schrift beweist[56], die schon allein deshalb nicht aufgeht, weil unterschiedliche Prämissen (z. B. »links« die Betonung der wandelbaren Freiheit des einzelnen Menschen und »rechts« die mythische Überhöhung von Staat, Volk und Gemeinschaft) auf formale Kriterien reduziert werden.

Zu den wenigen empirisch fundierten Studien zum Radikalismusproblem gehört eine Untersuchung von Klingemann und Pappi[57] anläßlich der Landtagswahlen 1970 in Hessen auf dem Hintergrund zweier unterschiedlicher Demokratiebegriffe: einmal werden demokratische Werte betont, das andere Mal das Einhalten demokratischer Spielregeln. Je nachdem, ob der normative oder realistische Demokratiebegriff im Vordergrund steht[58], vertreten links- und rechtsradikale Parteien entweder extrem entgegengesetzte oder ähnliche Positionen. Zur empirischen Überprüfung antidemokratischer Einstellungen und der Bereitschaft zur Wahl radikaler Parteien wurde u. a. eine sogenannte Grundrechte-Skala verwandt, eine Fragenbatterie, die Auskunft darüber erteilen soll, welche Grundrechte nach Ansicht der Befragten mehr oder weniger eingeschränkt werden dürften. Die Auswertung ergab, daß auf der normativen Ebene die DKP-Wähler die demokratischste Gruppe darstellte, bezogen auf die »realistische« Ebene der Konfliktaustragung sich jedoch als radikal eingruppieren ließen. »Rechtsradikale leben dagegen im Hinblick auf beide Dimensionen im Konfliktfeld mit der Demokratie[59].«

Die Zugehörigkeit oder Nicht-Zugehörigkeit zu einem radikalen Wählerpotential sagt im übrigen, wie die Verfasser selbst hervorheben, noch nichts über die tatsächliche Wahlentscheidung für eine radikale Partei aus. So tauchen auch deshalb Schwierigkeiten bei der empirischen Erfassung des radikalen Potentials auf, weil Wahlbereitschaft und Sympathie nur zum Teil identisch sind[60]. So fanden 52 % der Befragten, die die DKP einmal gewählt haben oder eventuell einmal wählen würden, die Partei *nicht* sympathisch, während umgekehrt 49 % derer, die mit der DKP sympathisieren, sie nicht wählen würden. Im Fall der NPD waren diese Differenzen noch ausgeprägter: 63 % der Befragten finden die Partei nicht sympathisch, obwohl sie die NPD schon einmal gewählt oder die Wahl in Erwägung gezogen hatten, und 67 % fanden die Partei zwar sympathisch, würden sie aber nicht wählen. Radikale Parteien erfüllen also u. U. die Funktion der *Protest*alternative – eine Rolle, die mit der Frage nach der Parteisympathie nicht zu messen ist.

»Die Implikationen sollen an einem Beispiel verdeutlicht werden. Fragt man nach der gegenwärtigen politischen Heimat des NPD-Potentials und indiziert man dieses NPD-Potential mit Hilfe der Frage nach der eventuellen Wahlbereitschaft für die NPD, so ergibt sich, daß die potentiellen NPD-Wähler vor allem bei der CDU zu finden sind. Verwendet man zur Definition des NPD-Potentials hingegen die Frage nach der Sympathie für die NPD, so kommt man zu dem Schluß, daß die potentiellen NPD-Wähler mit einem leichten Übergewicht gegenwärtig der SPD zuneigen[61].«

Referieren wir zum Schluß noch einige der wichtigsten empirischen Befunde dieser Untersuchung. Danach gehören 21 % der Jugendlichen zum Wählerpotential radikaler Parteien[62], dabei nimmt das Potential linksradikaler Wählergruppen zu, je besser die Schulbildung der Befragten ist. So sind unter den Befragten mit höherer Schulbildung dreimal soviel potentielle Anhänger der DKP gegenüber denjenigen, die nur die Volksschule besucht haben. Bei den Jungwählern ist die Quote sogar sechsmal so hoch, was vor allem auf den großen Anteil von Studenten aus Beamten- und Angestelltenhaushalten zurückgeführt wird[63]. Von den Befragten aus Arbeiterhaushalten beträgt das Potential der DKP 15 %, aber unter den Arbeitern befinden sich auch 9 % potentielle NPD-Wähler gegenüber 19 % der Befragten aus landwirtschaftlichen Haushalten. Im Vergleich zu anderen Berufsgruppen kann von einer besonderen Resistenz der Arbeiter gegenüber dem Rechtsradikalismus nicht die Rede sein. Das Radikalismuspotential unter den Arbeitern ist sogar im Gegenteil sogar besonders groß, wenn man die Anfälligkeit gegegenüber dem Links- und dem Rechtsradikalismus zusammenfaßt[64].

Entgegen allen ursprünglichen optimistischen Erwartungen muß bezweifelt werden, ob das Demokratiepotential der bundesrepublikanischen Bevölkerung heute groß genug ist, um einer ernsten strukturellen Krise der Demokratie standzuhalten, oder ob nicht doch – etwa bei einer langen und tiefgreifenden wirtschaftlichen Rezession – ein autoritäres, antidemokratisches Denken durchschlägt. Görlitz hat die Ergebnisse der verschiedenen Untersuchungen der Nachkriegszeit zum politischen Verhalten der Deutschen apodiktisch, aber doch zutreffend wie folgt zusammengefaßt:

»Der Querschnitt dieser Untersuchungen zeichnet das Bild des Durchschnittsbürgers. Der Deutsche interessiert sich recht wenig für Politik und ist dementsprechend schlecht informiert. Sein Habitustyp zeichnet sich durch Distanz zum öffentlichen Bereich aus, durch Desengagement und einen gemäßigten Autoritarismus; politische Gemeinplätze und Klischees beherrschen sein Denken. Die Demokratie ist Staats-, nicht Gesellschaftsprinzip, und in der Staatsbürgerrolle summieren sich bloß formale Rechte und Pflichten. Politik erscheint als Konsumgut, und von dem Angebot der Massenmedien wird in Grenzen Gebrauch gemacht. Einsicht in gesellschaftliche oder politische Zusammenhänge fehlt. Der Gesamtzustand wird resignativ hingenommen, insoweit bekennt man sich formelhaft zur Demokratie. Der Deutsche verhält sich systemkonform, jedenfalls solange das System seine Ansprüche befriedigt. Er mißbilligt Konflikte und beschwört Ruhe und Ordnung. Die tradierten politischen Institutionen und Auffassungen werden grundsätzlich akzeptiert, von kritischer Distanz kann keine Rede sein. Kurz, der Durchschnittsdeutsche erscheint desinteressiert, uninformiert, passiv, autoritär, resignativ und konformistisch[65].«

Kehren wir zum Schluß zu der eingangs gestellten Frage zurück, nämlich nach den Möglichkeiten und Grenzen der politischen Bildung, einen relevanten Beitrag zur politischen Sozialisation zu leisten. Ist die Forderung nach dem mündigen politischen Bürger eine Utopie?

6.3. Der aktive Bürger – eine Utopie?

Die Forderung politischer Erziehung nach Emanzipation durch Partizipation ist, wie weiter oben ausführlicher dargelegt worden ist (vgl. 2.2.), nicht nur auf positives Echo gestoßen, wobei die kritischen Einwände von einem anderen theoretischen Ansatz herrühren, so daß es bei der Betonung oder Vernachlässigung des Teilnahmeaspektes praktisch immer um Grundsatzpositionen geht, die aufgrund ihrer unterschiedlichen Prämissen keinen Kompromiß zulassen. So kritisiert Hennis etwa aus seinem normativen Theorieverständnis (vgl. 3.2.), daß die moderne Demokratietheorie nichts mehr von den Motiven des Bürgersinns wüßte[66]. Zwar ständen Prozesse politischer Willensbildung im Zentrum politikwissenschaftlicher Forschung, aber *warum* der einzelne etwa vom Wahlrecht Gebrauch machen soll, warum er motiviert sein soll, u. U. sein Leben für den Staat hinzugeben, bliebe undiskutiert. Erziehung zur Freiheit ohne Wissen um das Rechte sei Willkür bzw. eine Leerformel; denn Freiheit sei nichts anderes als die Möglichkeit, sich wissentlich für das Rechte oder Unrechte entscheiden zu können. Ebenso lehnt er Erziehung zur Verantwortung oder zum politischen Menschen ab, weil diese Konzepte die realen Möglichkeiten des einzelnen überschätzen würden; denn der tief in die Lebensverhältnisse des einzelnen Bürgers eingreifende moderne Daseinsvorsorgestaat entlaste diesen geradezu von Bürgersinn und politischer Verantwortung. »Verantwortung aber ist die Bürde des Mächtigen, im Politischen derer, die in ein Amt berufen sind. Zur Verantwortung gehört der, der mich zur Verantwortung ziehen kann. Da im innerweltlich-politischen Bereich nicht ersichtlich ist, wer im freiheitlichen Staat den Durchschnittsbürger für sein politisches Denken oder Nichtdenken, Handeln oder Nichthandeln zur Verantwortung ziehen könnte ..., ist Erziehung zur Verantwortung ein Schlagwort[67].«

Während die *Motive* politischen Engagements im 19. Jahrhundert sehr viel selbstverständlicher waren, etwa die Rolle des Bürgertums in der Politik zur Verteidigung seines Besitzes oder das mit dem Klassenkampf verbundene Motiv des Arbeiters, seine soziale Lage zu verbessern, sind diese Motive heute in dem Maße brüchig geworden, wie der Staat selber zu einer abstrakten Größe auf der einen Seite und zu einem Versorgungskriterium auf der anderen geworden ist, der sich im Gegensatz zu früher zunehmend der Konkretisierung entzieht, je mehr Ansprüche an ihn gestellt werden. »Bis in die jüngste Vergangenheit war man politischer Mensch nicht qua politischer Mensch, sondern als Liberaler, Sozialist, Konservativer, Staatsdiener. Davon sind nur noch Formeln geblieben. Gleich, welche Partei am Ruder ist, der Durchschnittsbürger hat im großen und ganzen das gleiche von ihr zu erwarten. Die Motive politischer Entscheidung werden im Gegensatz zur Lage im 19. Jahrhundert klassen- und bewußtseinsmäßig unspezifisch[68].« Die Forderung nach dem aktiven Bürger sollte, so Hennis, gerade angesichts der deutschen Vergangenheit nachdenklich und skeptisch machen; denn die Katastrophen der deutschen Geschichte seien vor allem das Ergebnis eines falschen und unangemessenen Erlebens der politischen Wirklichkeit.

Da Probleme politischer Willensbildung in der normativen Theorie sowieso eine untergeordnete Rolle spielen, reduziert sich für Hennis die Rolle des Bürgers auf die eines sachkundigen Zuschauers, der von politischen Zusammenhängen und Wirkungsprozessen so viel wissen muß, daß er diese Welt nicht als eine seiner Einsicht entzogene erlebt. Dabei gehe es um die Vermittlung solchen Wissens, das kognitive Freiheit ermögliche; d. h. um Wissen, das zur Einsicht führt. Aufgabe des Lehrers sei es daher auch nicht, zur rechten Aktion, sondern zur rechten Re-Aktion zu erziehen[69].

Die Skepsis gegenüber dem aktiven Staatsbürger als Ziel politischer Erziehung, die dem einzelnen Wirkungsmöglichkeiten und Einflußchancen zuschreibe, die im modernen Staat gar nicht eingelöst werden können, teilt Ellwein[70] auch aus einer anderen politischen Blickrichtung mit Hennis. Zwar werde in den Lehrplänen für das Fach Gemeinschaftskunde bzw. Sozialkunde prinzipiell verantwortliches Handeln als Ziel politischer Bildungsarbeit gefordert, ohne aber aufzuzeigen, wo und in welcher Form der einzelne handeln und Verantwortung übernehmen kann. Da auch die Frage, ob die regelmäßige Teilnahme möglichst vieler Bürger an politischen Entscheidungen durch die Entwicklung der Verstaatlichung der Gesellschaft mit den Begleiterscheinungen der Expertokratie und Bürokratie den einzelnen nicht permanent überfordere, gar nicht erst gestellt werde, schwanke die politische Bildung ständig zwischen Enthusiasmus und Resignation[71]. Grundlegende Hypothese der Demokratie sei es, daß zwar jeder Bürger zum Engagement und Handeln aufgefordert sei und politische Bildung legitimerweise versuche, auf politisches Handeln Einfluß zu nehmen, es aber grundsätzlich dem einzelnen selber überlassen bleiben müsse, ob, wann und unter welchen Bedingungen er davon Gebrauch mache. In seiner »Politischen Verhaltensweise« nimmt Ellwein einen ausgesprochen pragmatischen Standpunkt ein und weist konkret nach, daß politisches Verhalten sich keineswegs mit Wahlen und Schreiben von Leserbriefen erschöpfe, und er stellt einen ganzen Katalog von Möglichkeiten vor, der dem einzelnen das Gefühl nimmt, nur Objekt politischer Entscheidungen zu sein. Das aber ändert nichts daran, daß es kein verbindliches Bild vom Bürger im Sinne eines »homo politicus« geben kann, weil die freiheitlich-demokratische Grundordnung geradezu ein offenes Menschenbild impliziert.

Mit einer diese Möglichkeiten politischer Einflußnahme, den Bürgerinitiativen, wollen wir uns im folgenden beschäftigen, die im allgemeinen als Musterbeispiel einer auf Partizipation abzielenden Demokratie verstanden werden. Als Bundespräsident Heinemann im Februar 1973 den Theodor-Heuss-Preis an den »mündigen Bürger« verlieh, besagte diese Geste weniger etwas über den Ist- als den Sollzustand der bundesrepublikanischen Demokratie. Obwohl das Gefühl der Ohnmacht des einzelnen gegenüber den Verflechtungs- und Konzentrationsprozessen in Staat, Wirtschaft und Gesellschaft ständig wächst, besteht doch zumindest für die Anhänger normativer Demokratietheorien kein Zweifel daran, daß eine funktionsfähige Demokratie den aktiven Bürger braucht. Seit 1968/69 haben sich zunehmend Bürgerinitiativen als interessante Aktionsform politischer Beteiligung durchgesetzt. Sie verstehen sich gemeinhin komplementär oder konträr zu etablierten Interessengruppen und versuchen innerhalb gesellschaftlicher Teilbereiche durch räumlich und zeitlich begrenzte Aktionen wie Podiumsdiskussionen, Protestkundgebungen, Unterschriftensammlungen, Anzeigen in Tageszeitungen, Demonstrationen und gezieltem Einsatz von Massenmedien eine breitere Öffentlichkeit mit eigenen Zielvorstellungen zu konfrontieren, um Planungen, politische Entscheidungen oder Maßnahmen im eigenen Sinn zu beeinflussen. Anlässe für Bürgerinitiativen sind fast immer Strukturdefekte der Gesellschaft wie Mangel an Gemeinschaftseinrichtungen (z. B. fehlende Kindergärten, zu hohe Klassenfrequenzen), Zerstörung der Umwelt (z. B. durch Fabrikanlagen), veraltete Bodenordnung (z. B. Grundstücksspekulation mit bestehenden, gut erhaltenen Wohnhäusern) und dergleichen. Im allgemeinen sind die Bürgerinitiativen auf den Problemhorizont und den Bereich der Kommunalpolitik beschränkt. Während Mißstände hier vom einzelnen Bürger individuell empfunden werden, die Konflikte überschaubar, weil zeitlich, räumlich und sachlich begrenzt sind, und oft relativ schnelle Handlungserfolge sich einstellen, scheitern Bürgerinitiativen im überregionalen Bereich zumeist bereits aufgrund des Informationsgefälles und sind ohne die Unterstützung von Interessenverbänden fast aussichtslos.

Bezogen auf den Stellenwert in einer repräsentativen Demokratie ist hinsichtlich der Bürgerinitiativen sicher positiv zu bewerten, daß sie die bewußte Übernahme bzw. das Eintrainieren demokratischer Verhaltensweisen ermöglichen und die Voraussetzungen für weitere Partizipationsformen schaffen. Politische Entscheidungen werden transparenter, mögliche Fehlentscheidungen lassen sich bei den verantwortlichen Stellen korrigieren, und Planungsprozesse vollziehen sich nicht mehr nur in der Anonymität von Bürokratien über die Köpfe der Betroffenen hinweg. Negativ zu vermerken ist, daß Bürgerinitiativen praktisch überhaupt nicht die Interessen von Unterschichten vertreten, sondern durch ihre Zusammensetzung aus Angehörigen der sozial höheren Schichten[72] die Gefahr besteht, daß sie speziell Themen aufgreifen, die im bürgerlichen Interessenbereich angesiedelt sind, Privilegierte somit weiter privilegiert werden und hinter dem proklamierten Allgemeinwohl wiederum partikulare Interessen stehen. Außerdem besteht die Gefahr, daß sich anonyme Gruppen hinter Bürgerinitiativen verstecken und diese (z. B. durch Anzeigenkampagnen) manipulieren; während die Parteien partiell aus ihrer Verantwortung entlassen werden, den politischen Willensbildungsprozeß zu organisieren.

Im übrigen hängt die Wirksamkeit der Bürgerinitiativen weitgehend davon ab, wieweit die artikulierten Forderungen mit langfristigen Planungsvorhaben kollidieren, wobei zumeist die sozioökonomischen Bedingungen den Ausschlag geben. Angesichts der stark verschuldeten Gemeinden wird es etwa einem Unternehmer, der am Kauf von Gelände für eine Fabrik interessiert ist, nicht schwerfallen, die Gemeinde mit dem Hinweis auf die Umsatzsteuer zu erpressen. Offe hat ferner darauf hingewiesen, daß eine strukturelle Schwierigkeit der Bürgeraktionen darin besteht, »einen oft außerordentlich engen Gratweg zwischen Kooptation und Patronisierung durch die Administration einerseits und Illegalisierung und Repression andererseits einzuhalten[73]«. Da ferner Bürgerinitiativen häufig erst als *Reaktionen* auf bereits gefallene politische Entscheidungen möglich sind, können mit dem kaum kontrollierbaren Hinweis auf »Sachzwänge« (z. B. Regreßansprüche bei Vertragsbruch, eingeleitete Investitionsprogramme, finanzielle Einbußen usw.) Bürgerinitiativen ins Leere stoßen. Bleiben aber Erfolgserlebnisse aus, dann droht politische Aktivität in Resignation und Apathie umzuschlagen, was mit einiger Wahrscheinlichkeit gleichzeitig zu einer negativen Einstellung gegenüber dem Staat führt. Untersucht man jedenfalls die an Hand der Matrix dargestellte asymmetrische Artikulation und Organisation von Interessen bei Bürgeraktionen, dann dürfte deutlich sein, daß nicht die Mißerfolge, sondern die Erfolge von Bürgerinitiativen einer Erklärung bedürfen.

Obwohl also hinsichtlich der Wirksamkeit von Bürgerinitiativen überschwenglicher Optimismus nicht am Platze erscheint, zeigen sie auf der anderen Seite doch, daß die Forderung nach Partizipation nicht schlichtweg illusionär ist, sondern im begrenzten Rahmen durchaus erfolgreich sein kann, wenn man sich der Möglichkeiten und Grenzen solcher Bürgeraktionen bewußt bleibt. Dabei zeigt die soziale Zusammensetzung der Bürgerinitiativen einmal mehr die Korrelation von Bildung und politischem Verhalten. Politische Bildung ist dabei ein *notwendiges*, aber nicht *zureichendes* Mittel zum Abbau politischer Apathie; denn kognitives Wissen, das rasche Verarbeiten einer Vielzahl komplexer Informationen und die Fähigkeit, Interessen zu artikulieren und zu organisieren, sind unabdingbare Voraussetzungen für den aktiven Bürger[74].

Der politischen Bildung können drei Funktionen zugeschrieben werden, wenn es darum geht, den Kreis der engagierten Bürger auszuweiten: eine Informationsfunktion, eine Objektivierungsfunktion und eine Aktivierungsfunktion. *Information* bedeutet die Vermittlung von Basiswissen über Strukturen und Funktionen der politischen, wirtschaftlichen und sozialen Prozesse, die das demokratische System der BRD bestimmen. Erst die Kenntnis interdependenter Zusammenhänge ermöglicht es dem einzelnen, seinen Standort rational zu bestimmen. Das Bemühen um ein eigenständiges sachbezogenes und wertbewußtes Urteil der Schüler zielt bereits auf die *Objektivierungsfunktion* ab, wobei der Abbau von

Zur asymmetrischen Artikulation und Organisation von Interessen bei Bürgeraktionen[1]

Variable des Einflusses	»Interessenten« (Unternehmen, Verbände, Parteien, Verwaltung)	»Betroffene«/»Belastete«
1. Information über Planung/Problem	schnell, direkt, z. T. selbst beteiligt	langsam, vermittelt, nicht beteiligt
2. Grad der Definiertheit der eigenen Interessen	vorhanden	noch zu definieren
3. Ausmaß der Interessenhomogenität	hoch, eindeutige Interessenlage	niedrig, diffuse Interessenlage
4. Kohäsionsgrad der Gruppe	hoch	niedrig
5. Artikulationsmöglichkeiten	gut, Verbandspresse, Öffentlichkeitsreferate, Kontakte mit Massenmedien	relativ schlecht, evtl. Lokalteil der Zeitung
6. Organisationsgrad	hoch	niedrig, kaum vorhanden
7. Finanzkraft	relativ hoch, Mitgliederbeiträge, Steuergelder etc.	niedrig, keine ständigen Beiträge
8. ›Bargaining Power‹	hoch, Drohung mit dem Entzug ökonomischer u. politischer Ressourcen (Geld, Stimmen, Aufträge)	niedrig, Konfliktfähigkeit durch Illegalitätsschwelle begrenzt

[1] Quelle: Gerald Braun, Probleme der pluralistischen Gesellschaft, MS, Hamburg 1973, S. 81, der sich mit seiner Matrix seinerseits anlehnt an Claus Offe, Strukturprobleme des kapitalistischen Staates, Frankfurt 1972, S. 136.

Vorurteilen und kognitiven Dissonanzen gar nicht hoch genug veranschlagt werden kann. Erst auf diesem Hintergrund ist dann die *Aktivierungsfunktion,* nämlich das Wecken von politischem Interesse als Vorbedingung politischen Engagements, von Bedeutung. Geben wir zum Schluß noch einmal Ellwein das Wort.

»Was hat die politische Bildungsarbeit erreicht? Sie hat sich in einer idealistischen Phase gegen das erlittene Unrecht gewandt, in einer lehrhaften Phase Institutionenkunde betrieben und den demokratischen Prozeß erklärt, in einer Phase der Ernüchterung andere Erklärungsgründe nachgeschoben und in einer kritischen Phase alles das, was damit erreicht worden war, wieder in Frage gestellt – immer hat sie damit auch Auskunft über den Zustand der Gesellschaft gegeben, gegen den sie sich nicht isolieren läßt. Erreicht ist damit, was man dieser Gesellschaft positiv, distanziert oder negativ zusprechen kann, auch wenn sich der tatsächliche Beitrag der politischen Bildungsarbeit nicht ermitteln läßt. So wird es und muß es auch bleiben. Aus zwanzigjährigem Bemühen ergibt sich deshalb nur dies mit Sicherheit: Politische Bildungsarbeit, nicht orientiert am greifbaren Erfolg, sondern an langfristiger Wirkung, kann ihr ›gutes Gewissen‹ nur dort finden, wo sie den Menschen als Menschen ernst nimmt und wirklich dazu beiträgt, daß er die in der Komplexität der Situation mitgegebene Unsicherheit zu ertragen und ihre Überwindung als Aufgabe zu begreifen lernt. Politische Bildungsarbeit steht im Kampf mit den schrecklichen Vereinfachern gleich welcher Zunge, aber auch im Kampf mit den schrecklichen Komplizierern, deren Erfolgsrezept es ist, andere an der Beteiligung zu verhindern, indem sie ihnen suggerieren, sie seien dazu nicht fähig. Auch in diesem Sinne geht es um einen ›mittleren Weg‹[75]!«

Stimpel[76] hat in einer vergleichenden empirischen Untersuchung, die auf über 12 000 interviewten Studenten und Schülern in der BRD und Schweden sowie Teilstudien in Norwegen, der Schweiz, England und den USA beruht, festgestellt, daß sich die Wirkung des Unterrichtes in der Vermehrung von Faktenwissen im Sinne der Institutionenkunde erschöpft. Ein besserer Unterricht wird überall dort erreicht, wo politisch und pädagogisch gut ausgebildete Lehrer vorhanden sind. Nun liegt der Stein der Weisen sicher nicht in der besseren Ausbildung der Sozialkundelehrer, weil insgesamt die Einstellungen der Jugendlichen zur Demokratie und zur Politik in erster Linie durch außerschulische Einflüsse, vor allem in der Familie, geprägt werden, aber unbestritten bietet sich hier zumindest ein Ansatz, die Wirksamkeit politischer Bildung zu verbessern. Emanzipation, Selbstbestimmung und politische Beteiligung müssen zu diesem Zweck auf ihre Tragfähigkeit, ihre politische und soziale Reichweite abgeklopft werden, um zu verhindern, daß sie zu Beschwörungsformeln aufgebläht werden oder zu Leerformeln degenerieren.

7. Anmerkungen

1. Einleitung

1 Auf diese Untersuchungen kommen wir weiter unten noch zurück.
2 Vgl. Hans-Martin Stimpel, Schüler, Lehrerstudenten und Politik. Ein internationaler Vergleich, Göttingen 1970
3 Egon Becker/Sebastian Herkommer/Joachim Bergmann, Erziehung zur Anpassung? Eine soziologische Untersuchung der politischen Bildung in den Schulen, 2. Aufl. Schwalbach 1967, S. 25 f.
4 Vgl. Gerwin Schefer, Das Gesellschaftsbild des Gymnasiallehrers. Eine Bewußtseinsanalyse des deutschen Studienrates, Frankfurt/Main 1969
5 Ludwig v. Friedeburg/Peter Hübner, Das Geschichtsbild der Jugend, 2. erg. Aufl. München 1970
6 Hans-Martin Stimpel, a.a.O., S. 100
7 Wolf-Dieter Narr, Theoriebegriffe und Systemtheorie, Einführung in die moderne politische Theorie Teil I, 2. Aufl. Stuttgart 1971, S. 117

2. Kritik der politischen Bildung

1 Hermann Giesecke, Politische Bildung – Rechenschaft und Ausblick, in: Gesellschaft – Staat – Erziehung, 1968, S. 278, zitiert nach Rolf Schmiederer, Zwischen Affirmation und Reformismus. Politische Bildung in Westdeutschland seit 1945, Frankfurt/Main 1972, S. 20
2 Friedrich Oetinger, Partnerschaft – die Aufgabe der politischen Erziehung, Stuttgart 1953, S. 157
3 Friedrich Oetinger, a.a.O., S. 141
4 Ebenda, S. 78
5 Ebenda, S. 261
6 Vgl. Rolf Schmiederer, Zwischen Affirmation und Reformismus, a.a.O., S. 31
7 Rolf Schmiederer, a.a.O., S. 33
8 Eduard Spranger, Gedanken zur staatsbürgerlichen Bildung, Bonn 1957, S. 45
9 Eduard Spranger, a.a.O., S. 14
10 Ebenda, S. 11
11 Ebenda, S. 16
12 Vgl. Hermann Giesecke, Didaktik der politischen Bildung, Neue Ausgabe, München 1972, S. 79

13 Vgl. neben der völlig neubearbeiteten Ausgabe von 1972 auch die alte, 1970 in 5. Aufl. erschienene Didaktik der politischen Bildung. Künftig zitiert als Giesecke I.

14 Vgl. Giesecke I, S. 21

15 Vgl. Giesecke I, S. 65

16 Vgl. Günther Behrmann, Soziales System und politische Sozialisation. Eine Kritik der neueren politischen Pädagogik, S. 123

17 Vgl. u. a. die beiden Forschungsberichte der Max-Traeger-Stiftung »Zur Wirksamkeit Politischer Bildung«: Egon Becker/Sebastian Herkommer/Joachim Bergmann, Erziehung zur Anpassung?, Frankfurt 1967, und Manfred Teschner, Politik und Gesellschaft im Unterricht, Frankfurt 1968

18 Vgl. Manfred Teschner, a.a.O., S. 79

19 Ebenda, S. 87

20 Ebenda, S. 92

21 Ebenda, S. 104

22 Vgl. Becker/Herkommer/Bergmann, a.a.O., S. 149

23 Vgl. Hans-Martin Stimpel, Schüler, Lehrerstudenten und Politik. Ein internationaler Vergleich, Göttingen 1970, S. 128

24 Vgl. Thomas Ellwein, Was hat die politische Bildung erreicht? in: Bürger im Staat, Politische Bildung im Wandel, hrsg. von Theodor Pfizer, Stuttgart 1971, S. 50 ff.

25 Vgl. zum folgenden auch Günther Behrmann, a.a.O., S. 11 ff.

26 Vgl. zu den folgenden Ausführungen Rolf Schmiederer, Zur Kritik der Politischen Bildung, Frankfurt 1971

27 Ebenda, S. 24

28 Ebenda, S. 26

29 Ebenda, S. 52

30 Ebenda, S. 62

31 Ebenda, S. 141

32 Manfred Teschner, a.a.O., S. 139

33 Günther Behrmann, a.a.O., S. 161

34 A.a.O., S. 164

35 Hermann Giesecke, Didaktik der politischen Bildung, Neue Ausgabe, a.a.O., S. 185 f.

36 A.a.O., S. 126

37 A.a.O., S. 129

38 A.a.O., S. 131

39 A.a.O., S. 130

40 A.a.O., S. 139

41 A.a.O., S. 139 ff.

42 A.a.O., S. 158

43 A.a.O., S. 179 ff.

44 A.a.O., S. 193

45 A.a.O., S. 122 f.

46 Rolf Schmiederer, Zwischen Affirmation und Reformismus, S. 101

47 Kurt Sontheimer, Politische Bildung zwischen Utopie und Verfassungswirklichkeit, in: Zeitschrift für Pädagogik, Bd. 9, 1963, S. 168 und S. 175 f.

48 A.a.O., S. 120 ff.

49 Günter Behrmann, a.a.O., S. 120
50 Günter Behrmann, a.a.O., S. 149 f.
51 Günter Behrmann, a.a.O., S. 152
52 Thomas Ellwein, Was hat die politische Bildung erreicht?, a.a.O., S. 56
53 Ebenda. Vor diesem Hintergrund dürfte aber auch verständlich sein, daß die kritische Theorie bzw. die normativen Demokratietheorien in der politischen Pädagogik nicht nur auf Gegenliebe gestoßen sind. Vgl. etwa die Kritik von Hornung, der eine heftige Attacke gegen die Forderung nach Demokratisierung und Emanzipation reitet – abgedruckt ebenfalls in dem von Pfizer herausgegebenen Sammelband »Bürger im Staat«, a.a.O., S. 60 ff.
54 Axel Görlitz, Politikwissenschaftliche Propädeutik, rororo studium Bd. 25, Reinbek 1972, S. 222

3. Die Dimension des Demokratiebegriffs

1 Vgl. Frieder Naschold, Politische Wissenschaft, Freiburg/München 2. Aufl. 1972, S. 20 f.
2 Vgl. Otto Stammer, Politische Soziologie und Demokratieforschung, Berlin 1965, S. 11
3 Otto Stammer, a.a.O., S. 16
4 Vgl. Iring Fetscher, Die Demokratie. Grundlagen und Erscheinungsformen, Stuttgart 1970, S. 12
5 A.a.O., S. 16
6 Dieses Demokratieverständnis der Soziologie und Politischen Wissenschaft ist bei konservativen Vertretern der Staatslehre auf erbitterten Widerstand gestoßen, wie u. a. das folgende Zitat von Werner Weber zeigt: »Gleichwohl leisten die Wissenschaft des öffentlichen Rechts an den Universitäten und die Jurisprudenz überhaupt, weil sie dem Denken in normativen Ordnungen und Institutionen verpflichtet sind, auch heute noch der Bewahrung staatlicher Substanz und staatsbürgerlicher Verantwortung einen weit höheren Dienst als etwa verbreitete Richtungen der Soziologie, denen der Zeitgeist die Rolle zuweisen möchte, im öffentlichen Leben die ältere wegweisende Funktion der Theologen und die jüngere der Juristen abzulösen. Es war einer der Irrtümer der Kultusministerkonferenz, durch forcierte Ausbreitung der Politologie an den Universitäten und Pädagogischen Hochschulen dem Mangel an politischer Orientierung der akademischen Jugend und durch sie der breiten Volksmassen zu steuern.« (Vgl. Werner Weber, Der deutsche Bürger und sein Staat, Göttingen 1968, S. 13 f.)
7 Vgl. Otto Stammer/Peter Weingart, Politische Soziologie, München 1972, S. 17
8 A.a.O., S. 24
9 Ebenda
10 Vgl. Dieter Oberndörfer, Politik als praktische Wissenschaft, in: Wissenschaftliche Politik, hrsg. von D. Oberndörfer, Freiburg 1962, S. 19 Daran knüpft Krockow an, der die Politikwissenschaft mit der Frage nach dem, was im Sinne des wünschbar Guten geschehen soll, der klassischen Tradition verpflichtet weiß, dem Inhalte nach aber einen

anderen Weg einschlägt: »Das Mögliche und wünschbar Gute sind heute eben völlig verschieden, ja stehen im Gegensatz zu dem, was sie einst waren, weil das Axiom der Mündigkeit des Menschen eine unabsehbare Pluralität der Anschauungen und Interessen zur Voraussetzung wie zur Folge hat – eine Pluralität, die einzig durch Unterdrückung in eine autoritäre ›Ordnung‹ gebracht werden könnte, so daß jede derartige ›Ordnung‹ das Chaos der Gewalttat lediglich in einen anderen Modus zwänge.« (Politik als praktische Wissenschaft, in: Gesellschaft – Staat – Erziehung, 11. Jg. 1966, S. 94)

11 Vgl. Klaus v. Beyme, Die politischen Theorien der Gegenwart, München 1972, S. 36

12 Ebenda, S. 39

13 Wilhelm Hennis, Politik als praktische Wissenschaft, München 1968, S. 94

14 Axel Görlitz, Politikwissenschaftliche Propädeutik, rororo studium Bd. 25, Reinbeck 1972, S. 30

15 Axel Görlitz, a.a.O., S. 38

16 Theodor W. Adorno, Zur Logik der Sozialwissenschaften, in: Der Positivismusstreit in der deutschen Soziologie, hrsg. von Theodor Ardono, Neuwied und Berlin 1969, S. 141 f.

17 Klaus v. Beyme, a.a.O., S. 84

18 Klaus v. Beyme, a.a.O., S. 83

19 Frieder Naschold, Politische Wissenschaft, a.a.O., S. 60 f.

20 Axel Görlitz, a.a.O., S. 49

21 Ebenda

22 Der Neopositivismus hat seinen Ursprung in der Verbindung von Positivismus und Neukantianismus und stellt keine einheitliche Richtung dar. Vielmehr lassen sich verschiedene Schulen unterscheiden, von denen der sog. »Wiener Kreis« um Kraft, Neurath und Carnap die wichtigste Richtung ist mit dem größten Einfluß auf die Entwicklung der Wissenschaftstheorie. Dem Neopositivismus geht es nicht um einen ontologischen Wahrheitsbegriff, sondern um Richtigkeit. Ziel war die Verbesserung menschlichen Lebens, indem neue Erkenntnisse über das Leben gewonnen wurden. Angestrebt wurde die Aufhebung der traditionellen Trennung von Geistes- und Naturwissenschaften in einer neuen Einheitswissenschaft.

23 Karl R. Popper, Die Logik der Sozialwissenschaften, in: Der Positivismusstreit in der deutschen Soziologie, a.a.O., S. 105 f.

24 Karl R. Popper, Logik der Forschung, Tübingen 1966, S. 31

25 A.a.O., S. 52

26 A.a.O., S. 54

27 Vgl. dazu auch Wolf-Dieter Narr, Theoriebegriffe und Systemtheorie, Einführung in die moderne politische Theorie Teil I, Stuttgart 2.Aufl. 1971, S. 58 f.

28 So geht es z. B. der Dialektik zwar um die Vermittlung von Besonderem und Allgemeinem, sie arbeitet aber mit dem Ganzen und der Totalität, was aber in die Hermeneutik gehört. Deshalb *scheinen* auch Dialektik und Hermeneutik identisch zu sein.

29 Axel Görlitz, a.a.O., S. 58

30 Vgl. dazu im einzelnen Jürgen Habermas, Technik und Wissenschaft als Ideologie, Frankfurt 1968, S. 155 ff.

31 Frieder Naschold, a.a.O., S. 67

32 Das sog. »Projekt Camelot« diente zur Erforschung der Ursachen von Revolutionen in den Ländern Lateinamerikas und wurde über mehrere Jahre hinweg mit einem Aufwand von mehreren Millionen Dollar vom Pentagon finanziert. Dabei ging es vor allem darum, rechtzeitig die Bedingungen revolutionärer Unruhen zu erkennen und abzubauen, also Revolten-Prophylaxe zu betreiben. Als das Projekt in der Öffentlichkeit bekannt wurde, gab es vor allem seitens der lateinamerikanischen Ländern zornige Proteste mit dem Vorwurf, es handele sich unter dem Deckmantel der Forschung um Spionage der Vereinigten Staaten. Obwohl nach einem Hearing im Repräsentantenhaus das Verteidigungsministerium alle mit dem Projekt verbundenen Verträge kündigte, begann unter den amerikanischen Soziologen eine lange Debatte über die wissenschaftliche und ethische Verantwortlichkeit der Sozialwissenschaftler.

33 Wolf-Dieter Narr, a.a.O., S. 84 f.

34 Klaus v. Beyme, a.a.O., S. 88

35 Klaus von Beyme, a.a.O., S. 106

36 Klaus von Beyme, a.a.O., S. 108

37 Vgl. dazu und zum folgenden Klaus v. Beyme, a.a.O., S. 113 f.

38 Der normative Kulturbegriff in der Ethnologie und Anthropologie ist auf Handlungssteuerungen reduziert. Handlungen werden aus ablösbaren normativen Elementen, die autonomen Charakter haben können, erklärt. Die Normen werden zu einem integrativen System zusammengeschlossen. Zugrunde liegt ein stark individualistischer Ansatz; denn Erkenntnisziel ist der Mensch.

39 Klaus v. Beyme, a.a.O., S. 124

40 Vgl. Fritz Scharpf, Demokratietheorie zwischen Utopie und Anpassung, Konstanz 1970, S. 14

41 Ebenda, S. 16 f.

42 Vgl. zu den folgenden Ausführungen den Aufsatz von Ralf Dahrendorf, Reflexionen über Freiheit und Gleichheit, in: ders., Gesellschaft und Freiheit, München 1961

43 Gisela Zimpel, Selbstbestimmung oder Akklamation?, Stuttgart 1972, S. 102

44 Die Problematik des realistischen Ansatzes versucht Gouldner durch eine Analogie deutlich zu machen: »Seit Jahren hat Kinderlähmung Menschen getötet und verkrüppelt. Seit Jahren ebenfalls haben Mediziner, Biologen, Chemiker nach den Gründen dieser Krankheit und ihrer Heilungsmöglichkeiten geforscht. Man stelle sich nun die öffentliche Reaktion vor, wenn, anstatt über die neuesten Impfstoffe zu berichten, diese Wissenschaftler folgende Erklärung veröffentlichten: ›Wir sind zu keinen Schlußfolgerungen hinsichtlich der Krankheitsursachen gekommen, auch hat unsere Forschung nicht versucht, Abwehrstoffe gegen die Krankheit zu finden. Die Öffentlichkeit scheint perfektionistische Vorstellungen einer makellosen Gesundheit anheimzufallen, utopisch-illusionär stellt sie sich die Möglichkeit der Unsterblichkeit vor, und in solchen Vorstellungen, nicht in der Krankheit selbst liegen

die wahren Gefahren, gegen die die Öffentlichkeit geschützt werden muß. Wir müssen daran erinnern, daß das menschliche Wesen nicht unsterblich ist und daß aus unaufhebbaren Gründen die Lebenszeit beschränkt ist.‹ Es ist sehr wahrscheinlich, daß diese Wissenschaftler scharf kritisiert würden, weil sie Rolle und Funktion von Geistlichen usurpiert hätten.« (Abgedruckt bei Narr/Naschold, Theorie der Demokratie, Einführung in die moderne politische Theorie, Teil III, Stuttgart 1971, S. 49).

45 Joseph Schumpeter, Kapitalismus, Sozialismus und Demokratie, München 2. Aufl. 1950, S. 428

46 Seymour Martin Lipset, Soziologie der Demokratie, Berlin/Neuwied 1962, S. 33

47 A.a.O., S. 126

48 Anthony Downs, An Economic Theory of Democracy, New York 1957, zitiert bei Gisela Zimpel, a.a.O., S. 128

49 Vgl. Robert A. Dahl, Who Governs? Democracy and Power in an American City, New Haven 1961

50 Gisela Zimpel (Hrsg.), Der beschäftigte Mensch, München 1970, S. 35

51 Kurt Lenk, Wie demokratisch ist der Parlamentarismus? Stuttgart 1972, S. 39

52 Ebenda, S. 25

53 Fritz Scharpf, a.a.O., S. 70

54 Vgl. Wilhelm Hennis, Demokratisierung. Zur Problematik eines Begriffs, Köln und Opladen 1970

55 Ebenda, S. 21

56 Ebenda, S. 22

57 Ebenda, S. 24

58 Ebenda, S. 39

59 Ebenda, S. 33

60 Klaus v. Beyme, a.a.O., S. 40

61 Vgl. Fritz Vilmar, Strategien der Demokratisierung, Bd. 1, Darmstadt/Neuwied 1973, S. 330

62 Zuerst veröffentlicht in der FAZ vom 20. 1. 73, wiederabgedruckt in: ders., Systemüberwindung, Demokratisierung und Gewaltenteilung, München 1973

63 Vgl. die Ausgabe Nr. 9, 1973

64 Ebenda

65 Vgl. Nr. 45 und Nr. 46, 1973

66 Fritz Vilmar, a.a.O., S. 21

67 Vgl. Narr/Naschold, a.a.O., S. 252

4. *Probleme politischer Willensbildung*

1 Gerhard Leibholz, Strukturprobleme der modernen Demokratie, 3. erw. Aufl. Karlsruhe 1967, S. 146

2 Wolfgang Abendroth, Das Grundgesetz. Eine Einführung in seine politischen Probleme, Pfullingen 1966, zitiert bei Kurt Lenk, Wie demokratisch ist der Parlamentarismus? Stuttgart 1972, S. 27

3 Wilhelm Hennis, Aufgaben einer modernen Regierungslehre, in: ders., Politik als praktische Wissenschaft, München 1968, S. 251
4 Kurt Sontheimer, Grundzüge des politischen Systems der Bundesrepublik Deutschland, München 1971, S. 89
5 Vgl. dazu Stammer/Weingart, Politische Soziologie, München 1972, S. 167 ff.
6 Ebenda, S. 169
7 Vgl. Seymour Martin Lipset, Soziologie der Demokratie, Berlin/Neuwied 1962
8 Vgl. dazu Stammer/Weingart, a.a.O., S. 174 f.
9 Vgl. Wolf-Dieter Narr, CDU – SPD. Programm und Praxis seit 1945, Stuttgart 1967
10 Thomas Ellwein, Das Regierungssystem der Bundesrepublik Deutschland, 3. Auflage Opladen 1973, S. 194
11 Ebenda, S. 195
12 Vgl. Rolf Ebbighausen/Wilhelm Kaltenborn, Arbeiterinteressen in der CDU? Zur Rolle der Sozialausschüsse, in: Dittberner/Ebbighausen (Hrsg.), Parteiensystem in der Legitimationskrise. Studien und Materialien zur Soziologie der Parteien in der Bundesrepublik Deutschland, Opladen 1973
13 Jürgen Dittberner, Der Wirtschaftsrat der CDU e.V. in: Dittberner/Ebbighausen, a.a.O., S. 200 ff.
14 Ebenda, S. 215
15 Die ebenfalls in dem Sammelband von Dittberner/Ebbighausen enthaltene Mitgliederstudie von Nils Diederich, Zur Mitgliederstruktur von CDU und SPD, basiert auf einer empirischen Erhebung aus dem Jahre 1968. Es handelt sich um 1046 Befragungen, begrenzt auf die Länder Hessen, Niedersachsen und Nordrhein-Westfalen. Schwerpunkt der Untersuchung war die Frage nach der politischen Aktivität von Parteimitgliedern und ihrer emotionalen Bindung an Partei und Politik.
16 Vgl. Tabelle 13, ebenda, S. 45
17 Nils Diederich, a.a.O., S. 42
18 Jürgen Dittberner, Entwicklungstendenzen des Parteiensystems, in: Dittberner/Ebbighausen, a.a.O., S. 501
19 Vgl. Armin Meyer, Parteiaktivitäten und Einstellungen von CDU- und SPD-Mitgliedern, in Dittberner/Ebbighausen, a.a.O., S. 61
20 Jürgen Dittberner, Entwicklungstendenzen des Parteiensystems, a.a.O., S. 480
21 A.a.O., S. 503
22 Stammer/Weingart, a.a.O., S. 189
23 Vgl. die Einleitung von Winfried Steffani zu dem Sammelband »Pluralismus. Konzeptionen und Kontroversen« hrsg. von Franz Nuscheler und Winfried Steffani, München 1972, S. 9
24 Werner Weber, Das Berufsbeamtentum im demokratischen Rechtsstaat, zitiert nach Kurt Sontheimer, Staatsidee und staatliche Wirklichkeit heute, in: Beiträge zur Theorie und Kritik der pluralistischen Demokratie, Sonderdruck der Bundeszentrale für politische Bildung, 3. Aufl. 1970, S. 18

25 Ernst Fraenkel, Deutschland und die westlichen Demokratien, 3. veränderte Aufl. Stuttgart 1968, S. 167 f.

26 Johannes Agnoli/Peter Brückner, Die Transformation der Demokratie, Frankfurt/Main 1968. Ein Auszug ist abgedruckt bei Nuscheler/Steffani, a.a.O., S. 233 ff.

27 Vgl. dazu auch die Kritik von Klaus v. Beyme in seinem Buch, Die politischen Theorien der Gegenwart, a.a.O., S. 82 f.

28 So heißt es etwa a.a.O., S. 62: »Und genau das ist für eine erfolgreiche Herrschaftsmethode unerläßlich: daß ein Teil der politischen und gesellschaftlichen Oligarchien sichtbar im Parlament tätig (also dem Schein nach öffentlich kontrollierbar), sichtbar vom Volk gewählt (damit zum Herrschaftsakt demokratisch legitimiert) und sichtbar Träger von Macht (und in der Lage, moralisch verpflichtende Wählerwünsche durchzusetzen) ist.«

29 Kurt Lenk, Wie demokratisch ist der Parlamentarismus? Stuttgart 1972, S. 44

30 Ähnlich argumentiert Sontheimer: »Zusammenfassend kann man sagen: Das deutsche Parlament versagt vor allem in zwei Punkten: Es vernachlässigt die Kommunikation zwischen Regierung und Volk, und es tut wenig, um das Volk stellvertretend an der Lösung der Probleme der industriellen Gesellschaft teilhaben zu lassen. Der Bundestag ist eine Volksvertretung, in der das Volk sich nicht recht wiedererkennt und die nicht die nötigen Anstrengungen macht, von sich aus den Weg zum Volk zu finden. Erst wenn der Bundestag sich besser vor dem Volk zu legitimieren versteht, wird man mit vollem Recht sagen dürfen, daß er seine zentrale Funktion im Regierungssystem der Bundesrepublik mit Erfolg wahrnimmt.« A.a.O., S. 155

31 Vgl. Klaus v. Beyme, Interessengruppen in der Demokratie, München 1969, S. 14

32 Klaus v. Beyme, a.a.O., S. 156

33 Wilhelm Hennis, Verfassungsordnung und Verbandseinfluß, in: Politische Vierteljahresschrift, 2. Jg. 1961, S. 25

34 Ulrich Lohmar, Innerparteiliche Demokratie, Stuttgart 1963, S. 95 f.

35 Vgl. Gerald Braun, Die Rolle der Wirtschaftsverbände im agrarpolitischen Entscheidungsprozeß der EWG, Berlin 1972, Viola Gräfin v. Bethusy-Huc, Demokratie und Interessenpolitik, Wiesbaden 1962, Frieder Naschold, Kassenärzte und Krankenversicherungsreform. Zu einer Theorie der Statuspolitik, Freiburg 1967, Otto Stammer u. a., Verbände und Gesetzgebung. Die Einflußnahme der Verbände auf die Gestaltung des Personalvertretungsgesetzes, Köln 1965, Julius Braunthal, The Federation of German Industry in Politics, New York 1967

36 Vgl. Claus Offe, Politische Herrschaft und Klassenstrukturen. Zur Analyse spätkapitalistischer Gesellschaftssysteme, in: Kress/Senghaas, Politikwissenschaft. Eine Einführung in ihre Probleme, Frankfurt/Main 1972. Die Disparitätenthese ist zum erstenmal auf dem 16. Deutschen Soziologentag 1968 in Frankfurt in einem Gemeinschaftsreferat von Bergmann/Brandt/Körber/Mohl/Offe diskutiert worden. Vgl. den von Adorno herausgegebenen Band »Spätkapitalismus« oder Industriegesellschaft?« Stuttgart 1969, S. 67 ff.

37 Claus Offe, a.a.O., S. 141
38 A.a.O., S. 145
39 A.a.O., S. 146
40 A.a.O., S. 148
41 A.a.O., S. 159
42 Kurt Sontheimer, Zur neueren Kritik an der Theorie der pluralistischen Demokratie, in: Beiträge zur Theorie und Kritik der pluralistischen Demokratie, a.a.O., S. 30
43 Thomas Ellwein, Die großen Interessenverbände und ihr Einfluß, in: Beilage zur Wochenzeitung Das Parlament Nr. B 48/73, S. 36
44 Fritz Scharpf, Demokratietheorie zwischen Utopie und Anpassung, a.a.O., S. 72 f.
45 A.a.O., S. 73 f.
46 Vgl. Klaus v. Beyme, Interessengruppen in der Demokratie, München 1969, S. 187
47 Vgl. Claus Offe, a.a.O., S. 148
48 A.a.O., S. 191
49 Klaus v. Beyme, a.a.O., S. 194
50 Ulrich Lohmar, a.a.O., S. 98
51 Abgedruckt u. a. bei Bodo Zeuner, Innerparteiliche Demokratie, ergänzte Neuauflage Berlin 1970, S. 123
52 Renate Mayntz, Parteigruppen in der Großstadt, Köln und Opladen 1961, S. 151 f.
53 Zitiert bei Ulrich Lohmar, a.a.O., S. 42
54 Vgl. neben den bereits genannten Autoren Heino Kaack, Geschichte und Struktur des deutschen Parteiensystems, Opladen 1971
55 Robert Michels, Zur Soziologie des Parteiwesens in der modernen Demokratie, Neudruck Stuttgart 1957
56 A.a.O., S. 25
57 A.a.O., S. 26
58 A.a.O., S. 50
59 Vgl. Frieder Naschold, Organisation und Demokratie, 2. Auflage Stuttgart 1971, S. 13
60 Seymour Martin Lipset, Martin A. Trow, James Coleman, Union Democracy – The Internal Politics of the International Typographical Union, New York 1962
61 A.a.O., S. 462
62 Bodo Zeuner, a.a.O., S. 104
63 Vgl. dazu und zum folgenden Edgar Traugott, Die Herrschaft der Meinung. Über die Wechselwirkung von demoskopischen Daten und politischen Entscheidungsprozessen, Düsseldorf 1970, S. 124 ff.
64 Ulrich Lohmar, a.a.O., S. 89 f.
65 A.a.O., S. 107
66 Bodo Zeuner, a.a.O., S. 106
67 Bodo Zeuner, a.a.O., S. 105
68 A.a.O., S. 120
69 Ebenda, S. 121
70 Udo Bermbach, Rätesystem als Alternative? Zum Repräsentationscharakter direkt-demokratischer Organisationsprinzipien, in: Pro-

bleme der Demokratie heute, Sonderheft 2 der Politischen Vierteljahresschrift, Köln und Opladen 1971, S. 114 f.

71 Udo Bermbach, a.a.O., S. 118

72 Udo Bermbach, a.a.O., S. 122

73 Vgl. Frieder Naschold, Organisation und Demokratie, a.a.O.

74 A.a.O., S. 62 ff.

75 A.a.O., S. 70

76 A.a.O., S. 73 f.

77 Vgl. u. a. Dieter Oberndörfer, Demokratisierung von Organisationen? Eine kritische Auseinandersetzung mit Frieder Nascholds »Organisation und Demokratie«, in: ders. (Hrsg.) Systemtheorie, Systemanalyse und Entwicklungsländerforschung, Berlin 1971, S. 577 ff.

78 A.a.O., S. 599

79 Vgl. Dieter Oberndörfer, a.a.O., S. 601 und Klaus v. Beyme, Die politischen Theorien der Gegenwart, a.a.O., S. 220

5. Politik als Entscheidungshandeln

1 Vgl. T. B. Bottomore, Elite und Gesellschaft, München 1966, S. 18 f.

2 Vgl. Hans Peter Dreitzel, Elitebegriff und Sozialstruktur, Stuttgart 1962, S. 44 f.

3 Hans Peter Dreitzel, a.a.O., S. 113

4 Ralf Dahrendorf, Soziale Klassen und Klassenkonflikt in der industriellen Gesellschaft, Stuttgart 1957

5 Ebenda, S. 67

6 Vgl. Urs Jaeggi, Macht und Herrschaft in der Bundesrepublik, Frankfurt/Main und Hamburg 1968, S. 33

7 Ebenda, S. 76

8 Vgl. David Riesman u. a., Die einsame Masse, Hamburg 1968

9 Ebenda, S. 229

10 Vgl. Robert Dahl, Who Governs? Democracy and Power in an American City, New Haven 1961

11 Vgl. Fritz Scharpf, Demokratietheorie zwischen Utopie und Anpassung, Konstanz 1970, S. 43

12 Ebenda, S. 53

13 Vgl. C. Wright Mills, The Power Elite, New York 1959

14 Erwin K. Scheuch, Führungsgruppen und Demokratie in Deutschland, in: Die neue Gesellschaft, Jg. 15, 1966, S. 356

15 Erwin K. Scheuch, Abschied von den Eliten, in: Das 198. Jahrzehnt, Eine Team-Prognose für 1970–1980, Hamburg 1969, S. 316

16 Vgl. Urs Jaeggi, a.a.O., S. 15

17 Vgl. Ralf Dahrendorf, Gesellschaft und Demokratie in Deutschland, München 1965, S. 306

18 A.a.O., S. 18

19 A.a.O., S. 29

20 Ralf Dahrendorf, Soziale Klassen und Klassenkonflikt in der industriellen Gesellschaft, a.a.O., S. 142

21 Max Weber, Wirtschaft und Gesellschaft, 4. Aufl. Tübingen 1956, S. 28

22 Allerdings faßt auch Dahrendorf den Herrschaftsbegriff nicht ausschließlich dichotomisch, sondern charakterisiert die Bürokratie als hierarchisch strukturierte Organisation, in der ein komplexes System von Delegation und Verantwortung die Grenze zwischen positiven und negativen Autoritätspositionen praktisch verwische – ohne allerdings daraus Konsequenzen für seinen theoretischen Ansatz zu ziehen!

23 Erwin K. Scheuch, Führungsgruppen und Demokratie in Deutschland, a.a.O., S. 362

24 So schreibt Jaeggi an einer anderen Stelle, es genüge nicht, »die außerordentlich ›flüssige‹ Machtstruktur einzig auf die formell-institutionelle oder die nach dem Legitimationsprinzip abgegrenzte Herrschaftsstruktur zu reduzieren; ... das Problem der Machtstruktur bleibt ... bestehen, die, wie wir heute wissen, häufig erst informell ist, was freilich erst konkrete, auf tatsächliche Fälle bezogene Untersuchungen zutage fördern.« Urs Jaeggi, Die gesellschaftliche Elite, Eine Studie zum Problem der sozialen Macht, Bern/Stuttgart 1960, S. 129

25 A.a.O., S. 28

26 Urs Jaeggi, Macht und Herrschaft in der Bundesrepublik, a.a.O., S. 106

27 Vgl. dazu u. a. Robert Dahl, Modern Political Analysis, Englewood Cliffs 1970

28 Wolfgang Zapf, Wandlungen der deutschen Elite, München 1965, S. 199

29 Vgl. Lasswell/Lerner/Rothwell, The Comparative Studies of Elites, Hoover-Institute-Studies, Series B, Stanford 1952

30 Vgl. u. a. Daniel Lerner, The Nazi Elite, Stanford 1951, Maxwell Knight, The German Executive 1890–1933, Stanford 1952, K. G. Schueller, The Polite Buro, Stanford 1951, R. C. North, Kuomingtang and Chinas Communist Elites, Stanford 1952

31 Vgl. L. J. Edinger, Post-totalitarian Leadership, Elites in the German Federal Republic, in: The American Political Science Review, Bd. 54, 1960 und zusammen mit K. W. Deutsch, Germany rejoins the Powers, Stanford University Press 1959

32 Lasswell/Kaplan, Power and Society, a.a.O., S. 267

33 Ralf Dahrendorf, Gesellschaft und Demokratie in Deutschland, a.a.O., S. 297

34 Erwin K. Scheuch, Abschied von den Eliten, a.a.O., S. 314

35 Klaus von Beyme, Die politische Elite in der Bundesrepublik Deutschland, München 1971

36 A.a.O., S. 14

37 A.a.O., S. 10

38 Entgegen Beymes These scheint es beim augenblicklichen Forschungsstand doch ratsamer, derartige Fragestellungen den Popularisatoren und der »Hundert-Bonner-Köpfe-Literatur« zu überlassen.

39 Vgl. M. Rainer Lepsius, Demokratie in Deutschland als historisch-soziologisches Problem, in: Spätkapitalismus oder Industriegesellschaft? Verhandlungen des 16. Deutschen Soziologentages, hrsg. von Theodor Adorno, Stuttgart 1969, S. 202

40 Vgl. Heinz Kluth, Sozialprestige und sozialer Status, Stuttgart 1957, S. 8

41 Vgl. Otto Brunner, Land und Herrschaft, 4. veränd. Aufl. Wien/Wiesbaden 1959

42 Jürgen Habermas, Analytische Wissenschaftstheorie und Dialektik, in: Der Positivismusstreit in der deutschen Soziologie, a.a.O., S. 161

43 Vgl. Peter Bachrach, Die Theorie demokratischer Elitenherrschaft, Frankfurt 1970, S. 73

44 Ebenda, S. 119

45 Vgl. dazu und zum folgenden vor allem Alfred Mechtersheimer, Der militärisch-industrielle Komplex in den USA und in der Bundesrepublik Deutschland, in: Beilage zur Wochenzeitung Das Parlament, Nr. B 28/71

46 Ebenda, S. 9

47 Vgl. dazu u. a. Fritz Vilmar, Rüstung und Abrüstung im Spätkapitalismus. Eine soziologische Analyse des Militarismus in unserer Gesellschaft, 5. erw. Aufl. Frankfurt/Main 1970

48 Vgl. u. a. den Beitrag von Claus Grossner, Ein militärisch-industrieller Komplex in der Bundesrepublik? in dem Buch von Richard J. Barnet, Der amerikanische Rüstungswahn oder Die Ökonomie des Todes, Reinbek 1971

49 Vgl. Dieter Claessens, Arno Klönne, Armin Tschoepe, Sozialkunde der Bundesrepublik Deutschland, 6. grundlegend überarbeitete Aufl., Düsseldorf 1973, S. 151

50 Vgl. Alfred Mechtersheimer, a.a.O., S. 33

51 So heißt es bei ihm a.a.O., S. 33 f. »Obwohl die Bundesrepublik Deutschland die zahlenmäßig stärkste Armee in Westeuropa unterhält und in einem geographischen Brennpunkt des west-östlichen Spannungsbereichs liegt, ist das eingangs skizzierte Phänomen eines militärisch-industriellen Komplexes in der bundesrepublikanischen Wirklichkeit nicht nachzuweisen. Weder das gesamte politische System noch die Subsysteme werden von relevanten Militarisierungstendenzen beeinflußt. Eine Rüstungsindustrie von gesamtwirtschaftlicher Bedeutung gibt es nur in Ansätzen ... Das Militär ist vornehmlich mit sich selbst beschäftigt und besitzt einen mäßigen politischen Einfluß. Schließlich sind im Parlament keine starken politischen Kräfte auszumachen, die über allgemeine Industrieinteressen hinaus Rüstungsbelange mit besonderem Nachdruck zur Geltung bringen.« Mechtersheimer führt zur Untermauerung seiner Behauptung drei Gründe an:

1. Die Stationierung von Verbänden der NATO-Partner auf deutschem Boden führt als Gegenleistung im Devisenausgleichsverfahren zu umfangreichen Waffenkäufen der BRD in diesen Ländern.
2. Der Waffenexport der BRD spielt eine untergeordnete Rolle.
3. Die Wehrverfassung der BRD ist von zivilen und bürokratischen Normen bestimmt, die den Einfluß des Militärs stark beschneiden.

Alle drei Argumente sind aber nicht stichhaltig für das Entstehen eines militärisch-industriellen Komplexes in der BRD, wie im Text dargelegt.

52 Vgl. Jörg Huffschmid, Die Politik des Kapitals. Konzentration und Wirtschaftspolitik in der Bundesrepublik, Frankfurt/Main 1969, S. 57

53 Vgl. Helge Pross, Zum Begriff der pluralistischen Gesellschaft, in: dieselbe, Kapitalismus und Demokratie. Studien über westdeutsche Sozialstrukturen, Frankfurt/Main 1972, S. 22

54 Vgl. Dieter Grosser, Konzentration ohne Kontrolle, Köln und Opladen 1969, Einführung S. 22
55 Vgl. Frieder Naschold, Gesellschaftsreform und politische Planung, in: Naschold/Väth (Hrsg.), Politische Planungssysteme, Opladen 1973, S. 69
56 Fritz Scharpf, Demokratietheorie zwischen Utopie und Anpassung, a.a.O., S. 84
57 A.a.O., S. 85
58 Frieder Naschold, Gesellschaftsreform und politische Planung, a.a.O., S. 87
59 Ebenda
60 Joachim Hirsch, Zur politischen Ökonomie des politischen Systems, in: Kress/Senghaas (Hrsg.), Politikwissenschaft, Eine Einführung in ihre Probleme, Frankfurt/Main 1972, S. 207
61 Joachim Hirsch, Parlament und Verwaltung 2. Teil. Haushaltsplanung und Haushaltskontrolle in der Bundesrepublik Deutschland, Stuttgart 1968, S. 176
62 Ebenda, S. 181
63 Ebenda
64 Thomas Ellwein, Das Regierungssystem der Bundesrepublik Deutschland, 3. neu bearb. u. erw. Aufl. Opladen 1973, S. 119
65 Ebenda, S. 143 f.
66 Vgl. Wilhelm Hennis, Zum Begriff der öffentlichen Meinung, und: Meinungsforschung und repräsentative Demokratie, in: ders.: Politik als praktische Wissenschaft, München 1968 und Jürgen Habermas, Strukturwandel der Öffentlichkeit, 4. Aufl. Neuwied und Berlin 1969
67 Vgl. die Einleitung von Ralf Zoll zu dem von ihm herausgegebenen Sammelband »Manipulation der Meinungsbildung«, Opladen 1971, 12 f.
68 Ralf Zoll, a.a.O., S. 13
69 Hermann Meyn, Massenmedien in der Bundesrepublik Deutschland, ergänzte Neuauflage Berlin 1970, S. 37
70 Abgedruckt bei Hermann Meyn, a.a.O., S. 64
71 Vgl. Ralf Zoll/Eike Henning, Massenmedien und Meinungsbildung, München 1970, S. 68
72 Vgl. Heribert Schatz, »Tagesschau« und »Heute« – Politisierung des Unpolitischen, in: Manipulation der Meinungsbildung, a.a.O., S. 111 ff.
73 Vgl. Zoll/Henning, a.a.O., S. 190
74 Vgl. Zoll/Henning, a.a.O., S. 191 f.
75 Vgl. Zoll/Henning, a.a.O., S. 67
76 Thomas Ellwein, Das Regierungssystem der Bundesrepublik Deutschland, a.a.O., S. 142
77 Gerhard Schmidtchen, Die befragte Nation, Frankfurt/Hamburg 1965, S. 301 ff.
78 A.a.O., S. 45 ff.
79 A. a. O., S. 87 f.
80 Edgar Traugott, Die Herrschaft der Meinung, Düsseldorf 1970, S. 109 ff.
81 Vgl. Gerhard Schmidtchen, a.a.O., S. 276 ff.
82 A.a.O., S. 281

83 Ebenda

84 Vgl. u. a. Wilhelm Hennis, Meinungsforschung und repräsentative Demokratie, a.a.O., Ludwig von Friedeburg, Zum politischen Potential der Umfrageforschung, in: Kölner Zeitschrift für Soziologie und Sozialpsychologie, Bd. 13, Jg. 1961, Edgar Traugott, Die Herrschaft der Meinung, a.a.O., Kurt Sontheimer, Meinungsforschung und Politik, in: Der Monat, Heft 187/1964

85 Kurt Sontheimer, a.a.O., S. 45

6. Politisches Verhalten

1 Vgl. David Riesman u. a., Die einsame Masse, rde Bd. 72/73, Hamburg 1958

2 A.a.O., S. 180

3 A.a.O., S. 193

4 Helmut Schelsky, Der Mensch in der wissenschaftlichen Zivilisation, in: ders.: Auf der Suche nach Wirklichkeit, Düsseldorf-Köln 1965

5 A.a.O., S. 446

6 A.a.O., S. 453

7 A.a.O., S. 455

8 A.a.O., S. 459

9 Hans Paul Bahrdt, Helmut Schelskys technischer Staat, in: Atomzeitalter Heft 9, Jg. 1961

10 Otto Stammer/Peter Weingart, Politische Soziologie, München 1972, S. 215

11 Jürgen Habermas, Verwissenschaftliche Politik in demokratischer Gesellschaft, in: H. Krauch u. a. (Hrsg.): Forschungsplanung, München/Wien 1966

12 A.a.O., S. 132

13 Darauf weisen u. a. auch Stammer/Weingart, a.a.O., S. 216 hin.

14 Ebenda

15 Vgl. Gisela Zimpel, Selbstbestimmung oder Akklamation? Politische Teilnahme in der bürgerlichen Demokratietheorie, Stuttgart 1972, S. 113

16 Vgl. Jürgen Habermas u. a., Student und Politik. Eine soziologische Untersuchung zum politischen Bewußtsein Frankfurter Studenten, Neuwied 1961, S. 14

17 Ebenda, S. 15

18 Ebenda, S. 45

19 Gisela Zimpel, a.a.O., S. 206

20 Die Teilnahmefeindlichkeit moderner Demokratien wird übrigens auch von den Verfechtern normativer demokratietheoretischer Ansätze gesehen. Vgl. u. a. Gisela Zimpel, Der beschäftigte Mensch. Beiträge zur sozialen und politischen Partizipation, München 1970, S. 11: »Sollte je im Sinne der klassischen Theorie unmittelbare, also auch spontane Beteiligung möglich gewesen sein, dann wäre es das Kernproblem der modernen Demokratie, daß ihr Teilnahmeangebot gerade nicht unmittelbar und spontan gemeint sein kann, sondern sich beschränkt auf die durch formale Organisation gegebenen Möglichkeiten und auf Ein-

flußnahme in langfristigen, komplizierten Planungen bedürftigen Entwicklungsprozessen. Kurz: Geht man davon aus, daß Teilnahmebereitschaft in dem Maße erlahmt, in dem sich die Fristen von der Vorarbeit über den Beschluß bis zur Verwirklichung verlängern, dann ist die durch Komplexität gekennzeichnete moderne Demokratie extrem teilnahmefeindlich.«

21 Vgl. Fritz W. Scharpf, Demokratietheorie zwischen Utopie und Anpassung, Konstanz 1970, S. 57, dem auch die folgenden Argumente entnommen sind.

22 Ebenda, S. 59

23 Ebenda, S. 63

24 Ebenda, S. 70

25 Vgl. zum folgenden auch die Arbeit von Dirk Berg-Schlosser, Politische Kultur. Eine neue Dimension politikwissenschaftlicher Analyse, München 1972, die eine vorzügliche Einführung in diesen Forschungsansatz bietet.

26 Ralf Dahrendorf, Gesellschaft und Demokratie in Deutschland, München 1965, S. 337

27 Vgl. Kurt Sontheimer, Grundzüge des politischen Systems der Bundesrepublik Deutschland, München 1971, S. 71 ff.

28 A.a.O., S. 77. Vgl. dazu auch die ganz ähnliche Interpretation von Ralf Dahrendorf, Gesellschaft und Demokratie in Deutschland, a.a.O., S. 225 ff.

29 A.a.O., S. 374

30 Kurt Sontheimer, a.a.O., S. 78 f.

31 A.a.O., S. 163 ff.

32 Ebenda, S. 163

33 Kurt Sontheimer, a.a.O., S. 79. Vgl. dazu auch Dahrendorf, a.a.O., S. 260 ff. Lenins ironisches Wort, wenn die Deutschen einen Bahnhof stürmen wollten, würden sie zuerst einmal Bahnsteigkarten lösen, illustriert diese vier Traditionen vielleicht am treffendsten.

34 Vgl. Gabriel Almond/Sidney Verba, The Civic Culture. Political Attitudes and Democracy in Five Nations, Princeton 1963, S. 89 f.

35 Ebenda, S. 102

36 Ebenda, S. 152 f.

37 Ebenda, S. 227

38 Ebenda, S. 250. Das wird u. a. auch in einer empirischen Studie zum Wahlverhalten der Deutschen bestätigt, die ergab, daß eine Partei-Identifikation im Sinne einer psychologischen Bindung an eine Partei wie z. B. in den USA für die BRD nicht gilt. Vgl. dazu Max Kaase, Determinanten des Wahlverhaltens bei der Bundestagswahl 1969, in: Politische Vierteljahresschrift, Jg. 11, 1970, S. 60

39 Ebenda, S. 251

40 Vgl. Manfred Koch, Die Deutschen und ihr Staat, Hamburg 1972, S. 33

41 Vgl. Ludwig v. Friedburg/Jürgen Habermas/Christoph Oehler/Friedrich Weltz, Student und Politik. Eine soziologische Untersuchung zum politischen Bewußtsein Frankfurter Studenten, Neuwied 1961

42 Vgl. Walter Jaide, Das Verhältnis der Jugend zur Politik, Berlin/Neuwied 1963

43 Die Zahlen sind gemittelte Ergebnisse der Kombination von Monographien und Repräsentativbefragung.

44 Vgl. Jürgen Steiner, Bürger und Politik. Empirisch-theoretische Befunde über die politische Partizipation der Bürger in den Demokratien unter besonderer Berücksichtigung der Schweiz und der BRD, Meisenheim/Glan 1969

45 Friedhelm Neidhardt, Zwischen Apathie und Anpassung. Unterschichtenverhalten in der Bundesrepublik, in: Hamburger Jahrbuch für Wirtschafts- und Gesellschaftspolitik 1970, S. 222

46 Vgl. Max Kaase, Demokratische Einstellungen in der Bundesrepublik, in: Sozialwissenschaftliches Jahrbuch für Politik, Bd. 2, München-Wien 1971

47 Ebenda, S. 216

48 Vgl. zur Kritik des Political-Culture-Ansatzes auch Klaus v. Beyme, Die politischen Theorien der Gegenwart, a.a.O., S. 204 f.

49 Vgl. zum folgenden vor allem die beiden Aufsätze von Kurt Sontheimer »Antidemokratisches Denken in der Bundesrepublik« und »Gefahr von links«, beide abgedruckt in: ders., Deutschland zwischen Demokratie und Antidemokratie, München 1971

50 Iring Fetscher, Rechtes und rechtsradikales Denken in der Bundesrepublik, in: Rechtsradikalismus, hrsg. von Iring Fetscher, Frankfurt/Main 1967, S. 13

51 A.a.O., S. 198

52 A.a.O., S. 146 f.

53 A.a.O., S. 148

54 A.a.O., S. 154 f.

55 A.a.O., S. 162

56 Helga Grebing, Linksradikalismus gleich Rechtsradikalismus. Eine falsche Gleichung, Stuttgart/Berlin/Köln/Mainz 1971

57 Hans Klingemann/Franz Urban Pappi, Politischer Radikalismus, München 1972

58 Die von Klingemann und Pappi getroffene Unterscheidung zwischen wertorientiertem und normorientiertem Demokratiebegriff erscheint nicht sehr glücklich, decken inhaltlich aber genau das ab, was wir als »normativ« bzw. »realistisch« (vgl. 3.3) bezeichnet haben.

59 A.a.O., S. 75

60 A.a.O., S. 38 f.

61 A.a.O., S. 39

62 A.a.O., S. 40

63 A.a.O., S. 47

64 A.a.O., S. 46

65 Axel Görlitz, Demokratie im Wandel, Köln/Opladen 1969, S. 145

66 Vgl. seinen Aufsatz »Motive des Bürgersinn«, zuerst veröffentlicht in der Festgabe für Carlo Schmid, Tübingen 1962; wiederabgedruckt in der Aufsatzsammlung von Hennis »Politik als praktische Wissenschaft«, München 1968

67 Wilhelm Hennis, Das Modell des Bürgers, in: Politik als praktische Wissenschaft, a.a.O., S. 203

68 Ebenda, S. 206

69 Ebenda, S. 211

70 Thomas Ellwein, Politische Verhaltenslehre, Stuttgart 1964

71 Thomas Ellwein, a.a.O., S. 15 ff.

72 So berichtete die Süddeutsche Zeitung in ihrer Ausgabe vom 24. 7. 1973 über eine Umfrage des Instituts für Angewandte Sozialwissenschaft, aus der hervorgeht, daß in Bürgerinitiativen vor allem Beamte und höhere Angestellte mitarbeiten, Arbeiter dagegen kaum vertreten sind.

73 Claus Offe, Strukturprobleme des kapitalistischen Staates, Frankfurt 1972, S. 142

74 Auf der anderen Seite kann nicht oft genug betont werden, daß mit steigender Bildung keineswegs zwangsweise auch eine stärkere Demokratisierung der Bevölkerung einhergeht, wie etwa Lipset postuliert hat. So stellten etwa Schmidt und Becker in ihrer Untersuchung »Reaktionen auf politische Vorgänge. Drei Meinungsstudien aus der Bundesrepublik«, Frankfurt 1970, in der die Einstellung der Bevölkerung zur Spiegelaffäre 1962 und zum Metallarbeiterstreik 1963 in Baden-Württemberg untersucht wurde, fest, daß zwar mit höherer Schulbildung auch das Informationsniveau und das politische Interesse steigt, was aber *keinen* Einfluß auf das demokratische Potential hat.

75 Thomas Ellwein, Was hat die politische Bildung erreicht?, in: Bürger im Staat, hrsg. von Theodor Pfizer, a.a.O., S. 58 f.

8. Literaturverzeichnis

Abendroth, Wolfgang: Antagonistische Gesellschaft und politische Demokratie. Aufsätze zur politischen Soziologie. 2. Aufl. Berlin/Neuwied 1972 1965;

Adorno, Theodor (Hrsg.): Spätkapitalismus oder Industriegesellschaft? Verhandlungen des 16. Deutschen Soziologentages, Stuttgart 1969 u. a. Der Positivismusstreit in der deutschen Soziologie, Neuwied u. Berlin 1969

Agnoli, Johannes/Brückner, Peter: Die Transformation der Demokratie, Frankfurt/Main 1968

Almond, Gabriel A./Verba, Sidney: The Civic Culture, Princeton University Press 1963

Apel, Hans: Der deutsche Parlamentarismus, rde Bd. 298/299, Hamburg 1968

Assel, Hans Günter: Demokratisierung. Zur Kontroverse eines umstrittenen Begriffs politischer Bildung, in: Politische Studien, Heft 205, Sept./Okt. 1972

Bachrach, Peter: Die Theorie demokratischer Elitenherrschaft. Eine kritische Analyse, Frankfurt 1970

Bahr, Hans-Eckehard (Hrsg.): Politisierung des Alltags – gesellschaftliche Bedingungen des Friedens, Darmstadt und Neuwied 1972

Bahrdt, Hans Paul: Helmut Schelskys technischer Staat, in: Atomzeitalter, Heft 9, Jg. 1961

Becker, Egon/Herkommer, Sebastian/Bergmann, Joachim: Erziehung zur Anpassung? Eine soziologische Untersuchung der Politischen Bildung in den Schulen, 2. Aufl. Frankfurt a. Main 1968

Behrmann, Günter: Soziales System und politische Sozialisation. Eine Kritik der neueren politischen Pädagogik, Stuttgart 1972

Berg-Schlosser, Dirk: Politische Kultur. Eine neue Dimension politikwissenschaftlicher Analyse, München 1972

Bethusy-Huc, Viola Gräfin von: Demokratie und Interessenpolitik, Wiesbaden 1962

Beyme, Klaus von: Interessengruppen in der Demokratie, München 1970 Die politische Elite in der Bundesrepublik Deutschland, München 1971

Bilstein, Helmut/Troitzsch, Klaus G.: Bürgerinitiative – Chancen politischer Einflußnahme, in: Gegenwartskunde, Heft 3, 1972

Bottomore, T. B.: Elite und Gesellschaft, München 1966

Bracher, Karl Dietrich: Das deutsche Dilemma. Leidenswege der politischen Emanzipation, München 1971

Braunthal, Julius: The Federation of German Industry in Politics, New York 1967
Breitling, Rupert: Die Verbände in der Bundesrepublik, Meisenheim/Glan 1955
Claessens, Dieter/Klönne, Arno/Tschoepe, Armin: Sozialkunde der Bundesrepublik Deutschland. 6. grundlegend überarb. Aufl., Düsseldorf 1973
Dahl, Robert: Who Governs? Democracy and Power in an American City, New Haven 1961; Modern Political Analysis, Englewood Cliffs 1970
Dahrendorf, Ralf: Gesellschaft und Demokratie in Deutschland, München 1965;
Soziale Klassen und Klassenkonflikt in der industriellen Gesellschaft, Stuttgart 1957;
Gesellschaft und Freiheit. Zur soziologischen Analyse der Gegenwart, München 1961
Demokratisierung: Colloquium über einen umstrittenen Begriff, in: Beilage zur Wochenzeitung Das Parlament, Nr. B 18/71
Dittberner, Jürgen/Ebbighausen, Rolf (Hrsg.): Parteiensystem in der Legitimationskrise. Studien und Materialien zur Soziologie der Parteien in der Bundesrepublik Deutschland, Opladen 1973
Dreitzel, Hans P.: Elitebegriff und Sozialstruktur. Eine soziologische Begriffsanalyse, Stuttgart 1962
Duverger, Maurice: Demokratie im technischen Zeitalter, München 1973
Edinger, Lewis J./Deutsch, Karl W.: Germany rejoins the Power, Stanford University Press 1959
Ellwein, Thomas: Das Regierungssystem der Bundesrepublik Deutschland. 3. neubearb. u. erw. Auflage, Opladen 1973;
Die großen Interessenverbände und ihr Einfluß, in: Beilage zur Wochenzeitung Das Parlament, Nr. B 48/73;
Politische Verhaltenslehre, Stuttgart 1964;
/Görlitz, Axel: Parlament und Verwaltung. 1. Teil: Gesetzgebung und politische Kontrolle, Stuttgart 1967
Eschenburg, Theodor: Herrschaft der Verbände?, Stuttgart 1956
Fetscher, Iring: Die Demokratie. Grundfragen und Erscheinungsformen, Stuttgart 1970
Fischer, Kurt Gerhard: Einführung in die Politische Bildung, Stuttgart 1970
Fraenkel, Ernst: Deutschland und die westlichen Demokratien, 3. erw. Aufl., Stuttgart 1968;
Strukturanalyse der modernen Demokratie, in: Beilage zur Wochenzeitung Das Parlament, Nr. B 49/69
Friedeburg, Ludwig von: Zum politischen Potential der Umfrageforschung, in: Kölner Zeitschrift für Soziologie und Sozialpsychologie, Bd. 13, Jg. 1961;
/Hübner, Peter: Das Geschichtsbild der Jugend, 2. erg. Aufl., München 1970
Giesecke, Hermann: Didaktik der politischen Bildung, 5. Aufl., München 1970;
Didaktik der politischen Bildung, Neue Ausgabe, München 1972

Görlitz, Axel: Politikwissenschaftliche Propädeutik, rororo studium Bd. 25, Reinbek 1972;
Demokratie im Wandel, Köln/Opladen 1969
Grebing, Helga: Linksradikalismus gleich Rechtsradikalismus. Eine falsche Gleichung, Stuttgart/Berlin/Köln/Mainz 1971
Grebing/Greiffenhagen/v. Krockow/Müller: Konservatismus. Eine deutsche Bilanz, München 1971
Greiffenhagen, Martin: Demokratisierung – Zur Problematik eines aktuellen Begriffs, in: Gesellschaft – Staat – Erziehung, Heft 5, 14. Jg. 1969.
Grosser, Dieter: Konzentration ohne Kontrolle, Reihe Kritik Bd. II, Köln und Opladen 1969
Grossmann, Heinz (Hrsg.): Bürgerinitiativen. Schritte zur Veränderung?, Frankfurt/M. 1971
Grossner, Claus: Ein militärisch-industrieller Komplex in der Bundesrepublik? Nachwort zu Richard J. Barnet, Der amerikanische Rüstungswahn oder Die Ökonomie des Todes, rororo aktuell Bd. 1450/51, Reinbek 1971
Habermas, Jürgen: Strukturwandel der Öffentlichkeit, 4. Aufl. Neuwied und Berlin 1969;
Theorie und Praxis. Sozialphilosophische Studien, Berlin/Neuwied 1967;
Technik und Wissenschaft als Ideologie, Frankfurt/M. 1968;
Legitimationsprobleme im Spätkapitalismus, Frankfurt/M. 1973;
Verwissenschaftlichte Politik in demokratischer Gesellschaft, in: H. Krauch u. a. (Hrsg.): Forschungsplanung. Eine Studie über Ziele und Strukturen amerikanischer Forschungsinstitute, München/Wien 1966;
/Friedeburg/Oehler/Weltz: Student und Politik. Eine soziologische Untersuchung zum politischen Bewußtsein Frankfurter Studenten, Neuwied 1961
Hartwich, Hans Hermann: Politik im 20. Jahrhundert, 2. Aufl., Braunschweig 1967
Hennis, Wilhelm: Politik als praktische Wissenschaft. Aufsätze zur politischen Theorie und Regierungslehre, München 1968;
Verfassungsordnung und Verbandseinfluß, in: Politische Vierteljahresschrift, Jg. 2, 1961
Hereth, Michael: Die Reform des Deutschen Bundestages, Opladen 1971
Hirsch, Joachim: Parlament und Verwaltung. Haushaltsplanung und Haushaltskontrolle in der Bundesrepublik Deutschland, Stuttgart/Berlin/Köln/Mainz 1968
Holzer, Horst: Gescheiterte Aufklärung? Politik, Ökonomie und Kommunikation in der Bundesrepublik Deutschland, München 1971;
Massenkommunikation und Demokratie in der Bundesrepublik Deutschland, Opladen 1969
Hornung, Klaus: Etappen politischer Pädagogik in Deutschland, 2. Aufl., Bonn 1965;
Politik und Zeitgeschichte in der Schule. Didaktische Grundlagen, Villingen 1966
Huffschmid, Jörg: Die Politik des Kapitals. Konzentration und Wirtschaftspolitik in der Bundesrepublik, Frankfurt/Main 1969
Jäger, Wolfgang: Partei und System. Eine kritische Einführung in die Parteienforschung, Stuttgart 1973

Jaeggi, Urs: Macht und Herrschaft in der Bundesrepublik, Fischer-Bücherei Bd. 1014, Frankfurt/Main 1969

Jaide, Walter: Jugend und Demokratie. Politische Einstellungen der westdeutschen Jugend, München 1970

Kaack, Heino: Geschichte und Struktur des deutschen Parteiensystems, Opladen 1971

Kaase, Max: Demokratische Einstellungen in der Bundesrepublik, in: Sozialwissenschaftliches Jahrbuch für Politik, Bd. 2, München-Wien 1971

Kaltefleiter, Werner: Wirtschaft und Politik in Deutschland. Konjunktur als Bestimmungsfaktor des Parteiensystems, 2. erw. Aufl., Köln 1968

Klingemann, Hans/Pappi, Franz Urban: Politischer Radikalismus, München 1972

Kluth, Heinz: Sozialprestige und sozialer Status, Stuttgart 1957

Kniffler, Carter/Schlette, Hanna: Politische Bildung in der Bundesrepublik, Berlin-Neuwied 1967

Knoll, Joachim H.: Jugend, Politik und politische Bildung. Eine kritische Dokumentation, Heidelberg 1962

Koch, Manfred: Die Deutschen und ihr Staat – Ein Untersuchungsbericht, Hamburg 1972

Kress, Gisela/Senghaas, Dieter: Politikwissenschaft. Eine Einführung in ihre Probleme, redividerte Neuaufl., Frankfurt 1972

Krockow, Christian Graf von: Politik als praktische Wissenschaft, in: Gesellschaft – Staat – Erziehung, Heft 2, 11. Jg. 1966

Lasswell, Harold D./Kaplan, Abraham: Power and Society. A Framework for Political Inquiry. New Haven 1950

Lehmbruch, Gerhard: Einführung in die Politikwissenschaft, Stuttgart 1967

Leibholz, Gerhard: Strukturprobleme der modernen Demokratie, 3. erw. Aufl., Karlsruhe 1967

Lenk, Kurt: Wie demokratisch ist der Parlamentarismus? Grundpositionen einer Kontroverse, Stuttgart 1972

Lipset, Seymour Martin: Soziologie der Demokratie, Berlin/Neuwied 1962; /Trow, Martin A./Coleman, James: Union Democracy – The Internal Politics of the International Typographical Union, New York 1962

Litt, Theodor: Die politische Selbsterziehung des deutschen Volkes, 6. Aufl., Oberhausen 1961

Lohmar, Ulrich: Innerparteiliche Demokratie, Stuttgart 1963

Lompe, Klaus: Gesellschaftspolitik und Planung. Probleme politischer Planung in der sozialstaatlichen Demokratie, Freiburg 1971

Mayntz, Renate: Parteigruppen in der Großstadt. Untersuchungen in einem Berliner Kreisverband der CDU, Köln 1959

Mechtersheimer, Alfred: Der militärisch-industrielle Komplex in den USA und in der Bundesrepublik Deutschland, in: Beilage zur Wochenzeitung Das Parlament, Nr. B 28/71

Maier, Christian: Entstehung des Begriffs »Demokratie«, Frankfurt/Main 1970

Meier, Heinz-Dieter: Der Militärisch-Industrielle Komplex, in: Neue Politische Literatur, Heft 3, 1972

Meyn, Hermann: Massenmedien in der Bundesrepublik Deutschland, ergänzte Neuaufl., Berlin 1970
Michels, Robert: Zur Soziologie des Parteiwesens in der modernen Demokratie, Neudruck, Stuttgart 1957
Mickel, Wolfgang: Politische Bildung an Gymnasien 1945–1965. Analyse und Dokumentation, Stuttgart 1967
Mills, Charles Wright: The Power Elite, New York 1959
Müller, Hans Dieter: Der Springer-Konzern. Eine kritische Studie, München 1968
Müller, Ute: Die demokratische Willensbildung in den politischen Parteien, Mainz 1967
Narr, Wolf-Dieter: CDU – SPD. Programm und Praxis seit 1945, Stuttgart 1966;
Theoriebegriffe und Systemtheorie. Einführung in die moderne Theorie, Teil I, Stuttgart, 2. Aufl. 1971;
/Naschold, Frieder: Theorie der Demokratie. Einführung in die moderne politische Theorie, Teil III, Stuttgart 1971
Naschold, Frieder: Systemsteuerung. Einführung in die moderne politische Theorie, Teil II, Stuttgart, 2. Aufl. 1971;
Politische Wissenschaft. Entstehung, Begründung und gesellschaftliche Einwirkung, Freiburg/München, 2. Aufl. 1972;
Wahlprognosen und Wählerverhalten in der BRD, Stuttgart 1971;
Kassenärzte und Krankenversicherungsreform. Zu einer Theorie der Statuspolitik, Freiburg 1967;
Organisation und Demokratie, Stuttgart 1971;
/Väth, Werner (Hrsg.): Politische Planungsprobleme, Opladen 1973
Neidhardt, Friedhelm: Zwischen Apathie und Anpassung. Unterschichtenverhalten in der Bundesrepublik, in: Hamburger Jahrbuch für Wirtschafts- und Gesellschaftspolitik 1970
Nuscheler, Franz/Steffani, Winfried (Hrsg.): Pluralismus. Konzeptionen und Kontroversen, München 1972
Oberndörfer, Dieter (Hrsg.): Wissenschaftliche Politik, 2. Aufl., Freiburg/Brsg. 1966;
Systemtheorie, Systemanalyse und Entwicklungsländerforschung, Berlin 1971
Oetinger, Friedrich: Partnerschaft – die Aufgabe der politischen Erziehung, Stuttgart 1953
Offe, Claus: Strukturprobleme des kapitalistischen Staates, Frankfurt/M. 1972
Pappi, Franz Urban: Wahlverhalten und politische Kultur, Meisenheim/Glan 1970
Pateman, Carole: Participation and Democratic Theory, Cambridge 1970
Pfizer, Theodor (Hrsg.): Bürger im Staat. Politische Bildung im Wandel, Stuttgart 1971
Popper, Karl R.: Logik der Forschung, Tübingen 1966
Probleme der Demokratie heute. Tagung der deutschen Vereinigung für Politische Wissenschaft in Berlin 1969. Sonderheft 2 der Politischen Vierteljahresschrift, Jg. 11, 1970
Pross, Helge: Kapitalismus und Demokratie. Studien über westdeutsche Sozialstrukturen, Frankfurt/Main 1972

Rammstedt, Ottheim: Partizipation und Demokratie, in: Zeitschrift für Politik, Jg. 1970
Reigrotzki, Erich: Soziale Verflechtungen in der Bundesrepublik, Tübingen 1956
Riesman, David/Denney, Reuel/Glazer, Nathan: Die einsame Masse, rde. Bd. 72/73, Hamburg 1958
Röhrig, Paul: Politische Bildung. Herkunft und Aufgabe, Stuttgart 1964
Romain, Lothar/Schwarz, Gotthart: Abschied von der autoritären Demokratie? Die Bundesrepublik im Übergang, München 1970
Roth, Heinrich (Hrsg.): Gemeinschaftskunde und Politische Bildung. Zweites Sonderheft der Neuen Sammlung, Göttingen 1963
Scharpf, Fritz W.: Demokratietheorie zwischen Utopie und Anpassung, Konstanz 1970
Schäfer, Gert/Neddelmann, Carl (Hrsg.): Der CDU-Staat. Analysen zur Verfassungswirklichkeit der Bundesrepublik, Frankfurt, 2. Aufl. 1969 (ed. Suhrkamp Bd. 370/1 und 2)
Schefer, Gerwin: Das Gesellschaftsbild des Gymnasiallehrers. Eine Bewußtseinsanalyse des deutschen Studienrats, Frankfurt/M. 1969
Schelsky, Helmut: Der Mensch in der wissenschaftlichen Zivilisation, in: ders.: Auf der Suche nach Wirklichkeit, Düsseldorf-Köln 1965;
Systemüberwindung, Demokratisierung und Gewaltenteilung. Grundsatzkonflikte der Bundesrepublik, München 1973
Scheuch, Erwin K.: Führungsgruppen und Demokratie in Deutschland, in: Die neue Gesellschaft, Jg. 15, 1966;
Abschied von den Eliten, in: Das 198. Jahrzehnt. Eine Team-Prognose für 1970–1980, Hamburg 1969
Schmidt, Regina/Becker, Egon: Reaktionen auf politische Vorgänge. Drei Meinungsstudien aus der Bundesrepublik, Frankfurt/M. 1970
Schmidtchen, Gerhard: Die befragte Nation, Fischer Bücherei, Frankfurt/Hamburg 1965;
Der häßliche Meinungsforscher, in: Der Monat, Heft 188/1964
Schmiederer, Rolf: Zur Kritik der Politischen Bildung. Ein Beitrag zur Soziologie und Didaktik des Politischen Unterrichts, Frankfurt/Main 1971;
Zwischen Affirmation und Reformismus. Politische Bildung in Westdeutschland seit 1945, Frankfurt/Main 1972
Schmölder, Günter: Das Selbstbild der Verbände. Empirische Erhebung über die Verhaltensweisen der Verbände in ihrer Bedeutung für die wirtschaftspolitische Willensbildung in der Bundesrepublik Deutschland, Berlin 1965
Schumpeter, Joseph: Kapitalismus, Sozialismus und Demokratie, München, 2. Aufl. 1950
See, Hans: Volkspartei im Klassenstaat oder Das Dilemma der innerparteilichen Demokratie, rororo Bd. 1576, Reinbek 1972
Senghaas, Dieter: Rüstung und Militarismus, Frankfurt/Main 1972
Sontheimer, Kurt: Grundzüge des politischen Systems der Bundesrepublik Deutschland, München 1971;
Deutschland zwischen Demokratie und Antidemokratie, München 1971;
Meinungsforschung und Politik, in: Der Monat, Heft 187/1964;

Politische Bildung zwischen Utopie und Verfassungswirklichkeit, in: Zeitschrift für Pädagogik, Bd. 9, 1963
Spranger, Eduard: Gedanken zur staatsbürgerlichen Bildung, Bonn 1957
Stammer, Otto: Verbände und Gesetzgebung. Die Einflußnahme der Verbände auf die Gestaltung des Personalvertretungsgesetzes, Köln 1965;
Politische Soziologie und Demokratieforschung. Ausgewählte Reden und Aufsätze zur Soziologie und Politik, Berlin 1965;
/Weingart, Peter: Politische Soziologie, München 1972
Steffani, Winfried (Hrsg.): Parlamentarismus ohne Transparenz, Reihe Kritik Bd. III, Opladen 1971
Steiner, Jürg: Bürger und Politik. Empirisch-theoretische Befunde über die politische Partizipation der Bürger in den Demokratien unter besonderer Berücksichtigung der Schweiz und der BRD, Meisenheim/Glan 1969
Stimpel, Hans Martin: Schüler, Lehrerstudenten und Politik. Ein internationaler Vergleich, Göttingen 1970
Sutor, Bernhard: Didaktik des politischen Unterrichts. Eine Theorie der politischen Bildung, Paderborn 1971
Teschner, Manfred: Politik und Gesellschaft im Unterricht. Eine soziologische Analyse der Politischen Bildung an Hessischen Gymnasien, Frankfurt/Main 1968
Traugott, Edgar: Die Herrschaft der Meinung. Über die Wechselwirkung von demoskopischen Daten und politischen Entscheidungsprozessen, Düsseldorf 1970
Varain, Heinz Josef: Parteien und Verbände. Eine Studie über ihren Aufbau, ihre Verflechtung und ihr Wirken in Schleswig-Holstein 1945–1958, Köln 1964
Vilmar, Fritz: Strategien der Demokratisierung, 2 Bde., Darmstadt/Neuwied 1973;
Rüstung und Abrüstung im Spätkapitalismus. Eine sozio-ökonomische Analyse des Militarismus in unserer Gesellschaft, 5. erw. Aufl., Frankfurt/M. 1970
Weber, Max: Wirtschaft und Gesellschaft, 4. Aufl., Tübingen 1956
Weber, Werner: Spannungen und Kräfte im westdeutschen Verfassungssystem, 2. erw. Aufl., Stuttgart 1958;
Der deutsche Bürger und sein Staat, Göttingen 1968
Weniger, Erich: Politische Bildung und staatsbürgerliche Erziehung, Würzburg 1954
Zapf, Wolfgang: Wandlungen der deutschen Elite, München 1965
Zeuner, Bodo: Innerparteiliche Demokratie, ergänzte Neuaufl. Berlin 1970
Zimpel, Gisela: Selbstbestimmung oder Akklamation? Politische Teilnahme in der bürgerlichen Demokratie, Stuttgart 1972;
Der beschäftigte Mensch. Beiträge zur sozialen und politischen Partizipation, München 1970
Zoll, Ralf (Hrsg.): Manipulation der Meinungsbildung, Reihe Kritik Bd. IV, Opladen 1971;
/Henning, Eike: Massenmedien und Meinungsbildung. Angebot, Reichweite, Nutzung und Inhalt der Medien in der BRD, München 1970

zeitnah
kritisch
weltweit
ausführlich
und oft
unbequem
DEUTSCHES
ALLGEMEINES
SONNTAGS
BLATT
WOCHENZEITUNG FÜR POLITIK WIRTSCHAFT
HERAUSGEBER HANNS LILJE
Berichte,
Kommentare,
Analysen aus
Politik, Kultur
und der Wirtschaft.
Die Wochenzeitung
der besser Informierten.
Fordern Sie kostenlos drei
Ansichtsexemplare bei uns an:
2000 Hamburg 13 · Mittelweg 111